ROGER DOMMERGUE

VERDAD Y SÍNTESIS
EL FIN DE LAS FARSAS

OMNIA VERITAS®

ROGER-GUY POLACCO DE MENASCE

(1924-2013)

Roger Dommergue fue un profesor de filosofía franco-luxemburgués conocido por sus controvertidas posturas sobre el Holocausto. Dommergue apoyó las teorías revisionistas del Holocausto, cuestionando el número de víctimas judías y afirmando que las cámaras de gas nazis eran un mito. Dio conferencias y concedió entrevistas en las que negó la magnitud de los crímenes cometidos por el régimen nazi durante la Segunda Guerra Mundial.

VERDAD Y SÍNTESIS

EL FIN DE LAS FARSAS

Vérité et synthèse – La fin des impostures

2000

Traducido y publicado por

OMNIA VERITAS LTD

OMNIA VERITAS.

www.omnia-veritas.com

© Omnia Veritas Limited – 2025

Todos los derechos reservados. Queda prohibida la reproducción total o parcial de esta publicación por cualquier medio sin la autorización previa del editor. El código de la propiedad intelectual prohíbe las copias o reproducciones para uso colectivo. Toda representación o reproducción total o parcial por cualquier medio, sin el consentimiento del editor, del autor o de sus derechohabientes, es ilícita y constituye una infracción sancionada por los artículos del Código de la Propiedad Intelectual.

PRÓLOGO 17
   El judío es el principal enemigo..24
PRIMERA PARTE 25
LO QUE LOS JUDÍOS DECÍAN DE SÍ MISMOS 25
  Prólogo fundamental..25
UN RABINO SE DECLARA CULPABLE 29
LO QUE DICEN LOS JUDÍOS SOBRE LOS JUDÍOS..............36
   Baruch Lévy, judío...39
   Las glándulas de la humanidad..39
   "Mundo judío..40
   Walter Ratheneau, judío...41
   Benjamin Disraeli, judío..41
   Benjamin Disraeli, judío..43
   Marcus Éli Ravage, judío..43
   Isidore Loeb, judío..45
   "La Revue des Études Juives...45
   Los Protocolos de los Sabios de Sion.....................................47
   Werner Sombart, judío...48
   Coadjutor del Gran Rabino de Jerusalén..............................48
   Henri Barbusse, judío..48
   Adolphe Crémieux, judío...49
   Adolphe Crémieux, judío...50
   René Groos, judío..51
   Blumenthal, judío..51
   Conferencia Central de Rabinos Americanos......................51
   Declaraciones realizadas en el seno de B'nai B'rith............52
LO QUE LOS PROPIOS JUDÍOS DICEN SOBRE EL
COMUNISMO 57
   Rabino Judah L. magnes...57
   Sr. Cohan, judío..57
   Nahum Sokolow, judío..58
   Rabino Lewis Brown..58
   Profesor Reinhold Niebuhr, judío...58
   "El hebreo americano..58

Hermalin, judío *59*
"Crónica Judía *59*
Rabino Judah L. Magnes *59*
Otto Weininger, judío *60*
"Hacia Moscú *60*
Angelo Rappoport, judío *60*
Moritz Rappoport, judío *60*
"Tribuna judía *61*
Kadmi Cohen, judío *61*
"Los macabeos *62*
Maurice Samuel, judío *62*
Angelo Rappoport, judío *62*
Bernard Lazare, judío *62*
"El mundo israelita *63*
"Archivos israelitas *63*
"New York Time *63*
Elie Eberlin, judío *64*
"Crónica Judía *64*
Manifiesto de los rabinos *65*
Louis Fisher, judío *65*
"Los macabeos *66*
"Mundo judío *66*
" Crónica Judía Canadiense *66*
Maurice Murrey, judío *66*
"Novy mar *67*
J. Olgin, judío *67*
Bernard Lazare, judío *67*
Angelo Rappoport, judío *72*
Alfred Nossig, judío *72*

EL COMUNISMO APOYADO Y FINANCIADO POR LA ALTA BANCA JUDIA **74**

He aquí el texto y los análisis del Padre Fahey. *74*
Informe del Servicio Secreto de EE.UU. *75*
Capitalistas judíos *77*
La Revolución Rusa fue una inversión judía *78*
El simbolismo de la bandera roja *79*

Judíos y liberalismo 80
Un interesante documento británico sobre los judíos 80
Hallazgos inevitables 81
Un importante banquero judío hace una confesión sensacional 82
He aquí un documento atroz: 91
La gran propiedad destruye la pequeña 91
Los verdaderos genocidios de la Historia 92
Interesante documento sobre la conversión del Gran Rabino Neofit .. 95
Dos citas interesantes de Zinovieff, un judío 96
El oro judío, dueño del mundo 97
El zar en el castillo Rothschild 102
"Etiqueta 103
"Los judíos deben vivir 103
Un abismo insalvable 110
Los judíos son los más racistas de todos los pueblos 112
La Sociedad de Naciones, una organización judía 112
Dr. Klee, judío 112
Jesse E. Sampter, judío 113
Max Nordau, judío 113
Nahum Sokolov, judío 113
Lucien Wolf, judío 113
Lennhorr, judío 113
"Judische Rundschau 114
Sir Max Waechter, judío 114
Lenin, judío 114
Emil Ludwig, judío 115
En el Gran Convento Masónico Internacional 115
En el convento del Gran Oriente 115
En el Congreso del Comité Judío Americano 116
La Conferencia de Paz 116
La masonería, un instrumento judío 116
Benjamin Disraeli, judío 118
"La verdad israelita 118
Bernard Shillmann, judío 119
Bernard Lazare, judío 119
Ludwig Blau, judío 119
Isaac Wise, judío 119

Bernard Lazare, judío 120
"La Sociedad Histórica Judía 120
"La guía libre del masón 120
"Enciclopedia de la masonería 120
Rudolph Klein, judío 120
Rev. S. Mac Gowan 120
"Simbolismo 121
"El libro de texto de la masonería libre 121
"Alpina 121
"Las Constituciones Anderson 121
Samuel Untermeyer, judío y masón 121
Findel, judío y masón 122
"El tribuno judío 122
"La Enciclopedia Judía 122
"Revista B'nai B'rith 123

¿POR QUÉ LOS JUDÍOS NO PUEDEN SER NUNCA NACIONALES DE NINGÚN PAÍS? **124**

PRUEBA ILIMITADA DE ELLO 124

Dr. Chaïm Weizman, judío 124
Ludwig Lewinsohn, judío 124
"Israel mensajero 124
Jesse E. Sempter, judío 125
"Enciclopedia judía 125
"Tribuna de Nueva York 125
Max Nordau, judío 125
"Crónica Judía 125
"Archivos israelíes 126
Lévy-Bing, judío 126
Bernard Lazare, judío 126
"Pro-Israel 126
Max Nordau, judío 126
Nahum Sololow, judío 127
S. Rokhomovsky, judío 127
"El mundo israelita 127
"Archivos israelíes 127

"Crónica Judía 128
Wodislawski, judío 128
"Sunday Chronicle 128
"Mundo judío 128
Theodore Herzl, judío 129
Léon Lévy, judío 129
"Mundo judío 130
"Mundo judío 130
Rabino Morris Joseph 130
Arthur D. Lawis, judío 130
Léon Simon, judío 130
Moses Hess, judío 131
"Crónica Judía 131
"Correo Judío 131
G. B Stern, judío 131
S. Gerald Soman, judío 131
La oración del Kol Nidre 136
Consecuencias de esta psicopatología 136
Klatskin, judío 137
Jacob Braffmann, judío 137
Marcus Éli Ravage, judío 137
James Darmesteter, judío 137
Kurt Munzer, judío 138
Otto Weininger, judío 138
Bernard Lazare, judío 138
René Groos, judío 139
Sr. J Olgin, judío 139
Medina Ivrit, judío 139
Koppen, judío 139
Baruch Lévi, judío 140
Dr. Ehrenpreis, Gran Rabino 140

EL COLAPSO DE RUSIA 142

"La verdad del Israel británico 142
¿Es tolerable la Judeopatía totalitaria? 142
"Enciclopedia judía 143
Bernard Lazare, judío 144

Dr. Hugo Ganz, judío 144
Théodore Reinach, judío 144
Dr. Rudolf Wasserman, judío 145
Cerfbeer de Medelsheim, judío 145
La usura dio a los judíos la mitad de Alsacia 146
Oscar Frank, judío 146
Graetz, judío 147
Dr. Rudolf Wasserman, judío 147
Dr. M. J. Guttmann, judío 147
Kreppel, judío 147
La bandera francesa vista por el judío Jean Zay 148
Simbolismo del puño cerrado y el brazo levantado, mano abierta.. 152
¡Peligro! 152
Comunismo y judaísmo en Canadá 154
Un interés vital 154
Karl Marx, fundador del comunismo 155
Boicot sistemático de todas las obras que no son pro-judías, desde 1895 155
El destino de Rusia se decidió en 1913 156
Acerca de la Biblia 156
Acerca de Japón 157

LO QUE HAN HECHO POR LA HUMANIDAD 159

Latzis, judío 159
Dr. Fromer, judío 159
Algunas declaraciones significativas de judíos 160
Corrupción fundamental 161
La Crónica Judía comenta la obra de un teólogo irlandés ... 164
Los judeo-comunistas del Frente Popular español y 1837 ... 165
Testimonio unánime de judíos y gentiles por igual 166

TRÁGICA CONCLUSIÓN 170
¿QUÉ DIJERON LOS JUDÍOS EN ESTA PRIMERA PARTE DEL LIBRO? 171

¡Mil años! ¡Al lado de la eterna Sión! 183

SEGUNDA PARTE 191
LO QUE LOS GENTILES DICEN DE LOS JUDÍOS 191

Winston Churchill *191*
Mohammed *193*
Erasmus *193*
Luther *193*
Ronsard *194*
Voltaire *194*
Emmanuel Kant *194*
Benjamin Franklin *194*
Malesherbes *195*
Fichte *195*
Napoleón *195*
Charles Fourier *196*
Schopenhauer *196*
Alfred de Vigny *196*
Honoré de Balzac *196*
Alphonse Toussenel *196*
Proudhon *197*
Michelet *197*
Ernest Renan *197*
Bakunin *197*
Dostoievski *197*
Víctor Hugo *198*
Wagner *198*
Édouard Drumont *198*
Edmond de Goncourt *199*
Guy de Maupassant *199*
Julio Verne *200*
Adolphe Hitler *200*
Georges Simenon *200*
Jean Giraudoux *200*
Lucien Rebatet *200*
Paul Morand *201*
Marcel Aymé *201*
Pierre-Antoine Cousteau *202*
Louis Ferdinand Céline *202*

EL HOLOCAUSTO SHERLOCKHOLMIZADO **205**

Más sobre la ONU 211
Secretaría General 212
Centro de información 213
Oficina Internacional del Trabajo (OIT). 213
Organización de las Naciones Unidas para la Agricultura y la Alimentación (FAO) 213
Organización de las Naciones Unidas para la Educación, la Ciencia y la Cultura (Unesco) 214
Banco Mundial para la Reconstrucción y el Desarrollo 215
Fondo Monetario Internacional (FMI) 215
Organización Mundial de Refugiados 215
Organización Mundial de la Salud (OMS) 216
Organización Mundial del Comercio (OMC) 216
Unión Internacional de Telecomunicaciones (UIT) 217

TERCERA PARTE **218**
UN TEXTO ABRUMADORAMENTE CIERTO ATRIBUIDO A UN JUDÍO **218**

El derecho de la raza superior 219

¡NUESTRO PARA FRANCIA! **248**
JUDEOPATÍA GLOBALISTA TOTALITARIA **264**
CONCLUSIÓN **269**
OTROS TITULOS **271**

PRÓLOGO

"Todo acabará con el canalla". Nietzsche

Apegados a su comunidad, los judíos no pueden ser asimilados. El genio del pueblo judío consiste en haber presentado el problema judío únicamente en su aspecto religioso. Según el judío, hay franceses de fe judía, igual que hay franceses de fe católica. Muchos goyim (extraños al pueblo judío) han caído en esta trampa. Monseñor Lustiger es un ejemplo típico de judío católico.

En primer lugar, los semitas no son de origen europeo; son étnicamente próximos a los árabes, no a los galos.

En segundo lugar, el judío pertenece ante todo al pueblo de Israel, que es su comunidad nacional.

Por último, el judaísmo respalda religiosamente la forma de racismo más antigua que el mundo ha conocido. Sólo el pueblo elegido pertenece a la esencia misma de Dios, el resto de la humanidad es asimilada a los animales. Los rabinos no hacen proselitismo, convertir animales al judaísmo no tiene sentido.

Prueba de su traición, el judío se hace llamar francés de origen rumano (François Copé, Pierre Moscovici), francés de origen húngaro (Nicolas Sarkozy), francés de origen luxemburgués (Stéphane Bern), francés de origen español (David Pujadas)...

Cuando no se llaman franceses, los judíos se llaman europeos, corsos, bretones... Ciudadanos del mundo.

Pero nunca, oh nunca, se llama a sí mismo judío.

Donde está el oro, allí está nuestra patria", este dicho típicamente judío es cierto en todas partes. Los judíos se concentran en las regiones más ricas de las naciones más ricas. No hay judíos en Mozambique, hay muchos judíos en Estados Unidos. La región de París y Alsacia, las dos regiones más ricas de Francia, concentran la mayor parte de la población judía.

El dinero gobierna el mundo y los judíos son los reyes de las finanzas: Soros, Barclay, Rothschild, Rockefeller...

Incluso el usurero Moisés instó a su pueblo a prestar dinero, pero nunca a pedirlo prestado.

Los préstamos con interés entre judíos están prohibidos religiosamente.

Esta pasión por el oro se ve confirmada por los nombres de nuestros economistas más famosos: Marc Touati, Elie Cohen, Alain Minc, Guy Sorman...

Nueve de cada diez ministros de finanzas pertenecen a la raza errante. Mientras que la población judía de nuestro país es del uno por ciento.

Que conste que la primera letra del éxito comercial de Jean-Jacques Goldman (en francés: *L'homme en or*) era "*Un jour j'aurai tout ce qui brille entre mes mains*" ("*Un día tendré en mis manos todo lo que brilla*"). Más que un símbolo, una profecía.

Cada año, en la reunión del CRIF (Consejo Representativo de las Instituciones Judías de Francia), se convoca a todos los dirigentes políticos y se les pide que juren públicamente fidelidad a la comunidad judía. A excepción del Frente Nacional, excluido de la vida política francesa por orden de la B'naï B'rith (masonería exclusivamente judía) en 1986.

Jacques Chirac (el más judío de los franceses) debe su posición a la promesa que hizo a la comunidad de que, una vez elegido, denunciaría oficialmente al Estado francés y sus medidas antijudías de preservación nacional.

En 2002, el estafador fue reelegido con más del 80% de los votos, defendiendo el valor más importante que el pueblo judío exige a los demás: la tolerancia.

El sueño judío de un mundo sin fronteras implica la disolución de las naciones en Europa, y luego la disolución de Europa en el mundo. Recuerde la consternación de la judía Christine Ockrent cuando Francia dijo no al referéndum euroglobalista en 2005.

Los judíos son los partidarios más fanáticos de la entrada de Turquía en la Unión Europea:

Daniel Cohn-Bendit, Pierre Lellouche, Gilles Martin-Chauffier, Pierre Moscovici, Alexandre Adler...

Su sueño debe convertirse en nuestra pesadilla. El argumento es que Turquía siempre ha sido el protector de los judíos, incluso en las horas más oscuras de nuestra historia.

Los judíos de Estados Unidos luchan con el mismo ahínco por la entrada de México en la unión americana.

Siempre este deseo judío de aniquilar al hombre blanco que podría amenazar de nuevo a la gente-pequeña-que-sufre.

Como siempre ha sostenido el Front National, no hay que culpar a los inmigrantes, sino a los responsables de la política de inmigración.

De Marek Halter a Elie Wiesel, aquí en Francia los judíos sueñan con la inmigración, con el mestizaje, con abrirse al mundo, con acoger al Otro, con mayúsculas.

El motor de esta obsesión es la venganza. El pueblo judío quiere hacernos pagar las represalias, que considera injustas, que ha sufrido a lo largo de la historia de nuestro país.

El pueblo judío nos recuerda constantemente nuestro deber de memoria. En el mejor de los casos para sacarnos dinero, en el peor para hacernos aceptar lo inaceptable: la sustitución de una población francesa de origen europeo por otra de origen africano. La escenificación del Holocausto y su explotación política nos impiden dar cualquier paso hacia la salvación nacional.

Los partidarios más rabiosos de los sin papeles pertenecen a la raza de Judas: la bestia judía Emmanuelle Béart, la bestia judía Stéphane Hessel, la bestia judía Alain Krivine, la bestia judía Patrick Gaubert, la bestia judía Mathieu Kassovitz, la bestia judía Arno Klarsfeld...

Durante 30 años, el judío apoyó la arabización y la islamización de Francia. Judíos y árabes marcharon de la mano contra los sinceros representantes del pueblo francés. Despotricando contra el Frente Nacional y su presidente. El judío Bernard Stasi machacaba con su eslogan *"La inmigración es una oportunidad para Francia"*. Eran los días felices del racismo del S.O.S., fundado por el judío Julien Dray.

Desde el estallido de violencia en Oriente Medio entre judíos y árabes. Hemos asistido a una inversión de la situación, y ahora estas dos comunidades están en guerra en nuestro propio suelo. Incluso la comunidad negra está pidiendo cuentas a los judíos que se beneficiaron de la trata de esclavos (familias judías de Nantes, entre ellas la familia Mendès-France). El pueblo judío se dirige ahora a los franceses, buscando su apoyo a través de la voz de Alain Finkielkraut, que denuncia ahora el racismo antiblanco.

La islamofobia, caballo de batalla de Philippe de Villiers, es ante todo una señal dirigida a la comunidad judía. Es una señal de lealtad y de adhesión a un grupo de presión que no existe.

Después de Irak, los judíos preparan a la opinión pública para una guerra contra Irán. La guerra preventiva, tan apreciada por Bernard Kouchner, es ante todo la posibilidad de destruir preventivamente cualquier país que pueda amenazar al Estado de Israel.

Tras la victoria judía en 1945, el antirracismo, el multiculturalismo y el mestizaje se convirtieron en los valores fundacionales de la sociedad judeooccidental.

La pareja de Sarkozy, Cécilia, judía de pura cepa, se jacta de no tener ni una sola gota de sangre francesa en sus venas. Mientras que su marido explica el declive de las civilizaciones por la falta de mestizaje.

Para la judía Madame de Fontenay, organizadora de las elecciones a Miss Francia, las mujeres más guapas se encuentran en las regiones más mestizas.

Oficialmente, las razas no existen, pero tienen que mezclarse, ¡y es vital mezclar lo que no existe!

Los dominantes dicen amar la justicia. Más cercano a los asesinos que a sus víctimas, el judío Robert Badinter hizo abolir la pena de muerte.

El judío André Gluksmann denuncia constantemente los errores cometidos en Chechenia, pero ignora sistemáticamente los crímenes cometidos por el pueblo judío en Palestina.

El guardián del templo de la memoria, Claude Lanzmann, ha declarado públicamente que si se permitiera a los historiadores revisionistas expresarse libremente, en 2 o 3 años ya nadie creería en el Holocausto.

Es cierto que para ser un pueblo que dice haber sido exterminado, abundan en los medios de comunicación: los Druckers, los Arthurs, los Fogiel, los Castaldi, los Moati, los Okrent, los Millers, los Benamou, los Schonberg, los Pujadas, los Attals, los Veils, los Abikers, los Beigbeders, los Namias, etc.

Fueron los mismos medios que organizaron manifestaciones espontáneas contra el FN en vísperas de las elecciones presidenciales de 2002.

Se dice que los antisemitas sufren de paranoia, que ven judíos por todas partes. Tomemos un ejemplo al azar. Los candidatos del Partido Socialista a las elecciones presidenciales de 2007 son:

Laurent Fabius: *Judío*

Dominique (*Gaston*) Strauss-Kahn: *Judío*

Jack Lang: *Judío*

François Hollande: *Judío*

Bernard Kouchner: *Judío*

Ségolène Royal: *¡por fin una francesa!*

Se dice que los antisemitas sobrestiman la influencia del judío. Pero, ¿quién dicta la política exterior estadounidense? Hasta tal punto que ya no está claro si es Estados Unidos el aliado de Israel o viceversa.

De Voltaire a Shakespeare, pasando por Dostoievski, las mentes más brillantes de la cultura europea son antisemitas.

En cuanto a los filósofos, quieren convencernos de que todos los hombres son iguales. Sin embargo, la agresión real a un francés suscita generalmente poco interés; es una noticia más, una trivialidad, un punto de detalle. En cambio, el atentado real (*asunto Halimi*) o ficticio (*asunto RER*) contra un semita desencadena inmediatamente un clamor, la emoción suscitada es máxima y las más altas autoridades lanzan su llamada al orden: "*Atacar a un judío es atacar a toda Francia*".

Se nos recuerda urgentemente que la vida de un solo judío vale la vida de 60 millones de franceses.

Esta Francia judía la encarna moralmente el multimillonario Bernard Henry Levy. En su libro de trapo *L'idéologie française*, vomita la France profonde, la Francia francesa.

Las civilizaciones nacen y mueren, pero el judío siempre está ahí, eterno para sí mismo. Dispersos por el mundo, minoritarios en todas partes, han sobrevivido a los milenios.

Cuando Francia, africanizada hasta la muerte, se incorpore por fin al Tercer Mundo. Los judíos harán las maletas y se dirigirán a tierras más prósperas (*probablemente Asia*) para continuar con sus negocios. Jacques Attali siempre ha mostrado su desprecio por los pueblos sedentarios apegados a su tierra.

La inmigración para la repoblación y el fomento del aborto (*inaugurado por la judía Simone Veil*) son los 2 pilares de la política judía contra los franceses nativos. Sin duda no debemos generalizar sobre la culpabilidad de los judíos en el exterminio del pueblo francés. Puede que hubiera algunos inocentes entre ellos.

Durante mucho tiempo, nuestros reyes nos protegieron del poder financiero judío. La monarquía consiguió incluso expulsar al pueblo judío del reino de Francia.

En cuanto a la Iglesia católica, ha traicionado su misión primordial: protegernos de la perfidia de los deicidas.

Hoy en día, la bestia judía tiene puestas todas sus esperanzas en el capitalismo sin Estado. El mundo entero visto como un gran mercado abierto, sin fronteras, sin naciones, sin identidades, sin tradiciones. Un mundo monocolor poblado por consumidores que visten vaqueros Levis.

Nada parece interponerse ahora en el camino del ascenso del pueblo judío hacia el gobierno mundial de los Sabios.

Pero, ¿significa eso que debemos renunciar a toda esperanza, tumbarnos y morir esa muerte lenta que tan bien se les da a los judíos?

En el pasado, el pueblo judío creía que lograría su objetivo de dominación mundial a través del comunismo (*la ideología del judío Marx, la revolución del judío Trotsky*). El comunismo dio lugar al fascismo y al nazismo.

Cada vez que la bestia judía se acerca a su objetivo supremo, se muestra demasiado segura de sí misma; se vuelve temeraria; revela su arrogancia altanera. Causando que el no judío salte a la vida.

El judío es el principal enemigo

Para convencerse de ello, lea la prensa judía, en particular la revista *Droit de vivre* de la LICRA. Tomemos el ejemplo de la RECONQUISTA, la lucha de 5 siglos contra la ocupación árabe de España, que nunca habría sido posible sin la expulsión previa del pueblo judío.

G. S.

Solsticio de verano de 2006

PRIMERA PARTE
LO QUE LOS JUDÍOS DECÍAN DE SÍ MISMOS

"Los reyes de la época en que vamos a entrar serán los que mejor sepan apoderarse de las riquezas. Los hijos de Israel poseen esta aptitud en un grado que aún no ha sido igualado, y en el movimiento general que se está formando en todas partes contra ellos, debemos ver los síntomas precursores de las temibles luchas que habrá que librar contra ellos para escapar a su poder amenazador".[1] Gustave le Bon, *finales del siglo XIX*

PRÓLOGO FUNDAMENTAL

La palabra antisemita no significa absolutamente nada.

Un judío sólo es semita si las circunstancias geográficas le obligan a serlo, y entonces sólo de la misma manera que los demás semitas. Un judío alto, rubio y de ojos azules cuya familia ha vivido en Polonia durante siete siglos no es en modo alguno semita. Un judío bajo y corpulento de Sudamérica no tiene nada en común con este judío polaco, aparte de un particularismo constante en el tiempo y en el espacio, del que este libro tratará extensamente.

Aparte de las razas blanca, negra, amarilla y roja, las razas no existen: sólo hay grupos étnicos que son el resultado de la adaptación hormonal a un entorno fijo, a lo largo de al menos ocho o diez

---

[1] Lo lamentable es que, un siglo después, en 1999, la judeopatía totalitaria ha completado su obra hegemónica, con las consecuencias de una contaminación moral, física y ecológica que, por ser antinatural, sólo puede resolverse mediante cataclismos multiformes.

siglos. Los judíos nunca han vivido en un lugar geográfico fijo durante mil años, ni siquiera en Palestina: no pueden constituir en modo alguno un grupo étnico.

Los rasgos caricaturescos que suelen mostrar, así como sus capacidades especulativas sin par, pero carentes de sentido moral y espíritu de síntesis, como vemos con profusión en las noticias de este siglo, y en la Historia, se deben exclusivamente a los efectos de la circuncisión del día 8, el primero de los veintiún días de la primera pubertad.[2]

Así que no hay Goyim como Soros, Warburg, Hammer, Marx o Freud (finanzas, lógica desmantelada, sueños de sistema).

Por tanto, es posible ser "antijudío" por razones obvias, demostradas con argumentos y hechos implacables.

Judíos famosos los denunciaron. Famosos goyim como Benjamin Franklin, que quería negarles la ciudadanía estadounidense, los confirmaron.

Cualquier verdad sobre los judíos es automáticamente tachada de "antisemita" y en lo sucesivo penada por la ley, ya que los judíos se han hecho promulgar leyes racistas "antirracistas" (delito de pensamiento según Orwell) que prohíben revelar sus maniobras, sus acciones, su monstruosa importancia en los gobiernos occidentales donde, como en Estados Unidos, lo dominan todo.

---

[2] El problema de la circuncisión judía se trata en mi libro "*Los archivos secretos del siglo XXI*". Este descubrimiento se debe al doctor Jean Gautier, que explicó la anterioridad funcional del sistema hormonal sobre el sistema nervioso. Defendí una tesis doctoral en la Sorbona basada en sus trabajos: "*Le dandysme, hyperthyroïdie physiologique*".

En este libro estudiaremos las verdades expresadas por judíos muy famosos y confirmadas por goyim famosos.

En los tiempos que corren, semejante estudio es confidencial, ya que en el año 2000 todavía no existe libertad de expresión, aparte de la que se concede profusamente a las drogas, la pornografía, la homosexualidad, el aborto, la píldora patógena y teratógena, los chemtrails alimentarios y farmacéuticos, la pedofilia, la destrucción ecológica y el horror económico en general...

A menudo me preguntan: "¿Por qué usted, judío, decide revelar la verdad que sólo puede perjudicar a su 'raza'?

Mi respuesta a eso es que, en primer lugar, no es una cuestión de raza, sino de patología extradimensional, y que el hecho de tener la peste no significa que se deba afirmar que la peste es un criterio de salud.

Es más, la simbiosis de la perversidad judía y la estupidez goyish (no hay otra palabra para ello) está llevando al mundo entero a la nada, a su fin.

Me gustaría, en la medida de mis posibilidades, impedir que se haga realidad la predicción de Hitler en *Mein Kampf*: "Si los judíos, con su profesión de fe marxista, toman las riendas de la humanidad, entonces la tierra se verá privada de sus habitantes y comenzará a girar de nuevo, sola en el éter, como hace millones de años".

El siguiente texto: *"Un rabino se declara culpable"*, es de tal importancia que lo he puesto deliberadamente al principio de este libro. Con implacable lucidez, el rabino Manfred Reifer ofrece una visión magistral de la necrosis judía que precedió a Hitler, desmitificando la demonización de Hitler y poniendo de relieve la demonización judía.

Nunca un goy 'antisemita' ha escrito con una lucidez tan implacable, ni siquiera Céline...

UN RABINO SE DECLARA CULPABLE

Este documento, que ya no está disponible, fue destruido en masa por los judíos.

Es fácil ver por qué. Ocho meses después de que Hitler llegara al poder, el *Czernowitz Allgemeine Zeitung* publicó este artículo del rabino Manfred Reifer el 2 de septiembre de 1933.

"La situación actual de los judíos en Alemania es la culminación de un proceso histórico. Se trata de un desarrollo cuyo comienzo puede remontarse a la época de Bismarck. Tenía que producirse de esta manera si queremos entender la profunda importancia histórica de este movimiento antisemita, del que Hitler es la expresión más fuerte. Cualquiera que no pudiera preverlo estaba ciego.[3]

Intentábamos cerrar los ojos ante los acontecimientos y actuábamos según el axioma vulgar: en lo que no queremos, no creemos". *Era una forma cómoda de evitar las cuestiones fundamentales, de mirar el mundo a través de unas gafas de color de rosa. Los predicadores de la asimilación judía intentaron correr un tupido velo sobre la realidad de las cosas y jugaron al liberalismo, muerto hace tiempo, como última carta.* No entendían el curso de la historia y pensaban que podían escapar de ella declarándose "alemanes de la fe mosaica", *negando la existencia de una nación judía, cortando todos los cables que les unían*

---

[3] Diez años antes del nazismo, el filósofo judío Henri Bergson advirtió a los judíos de que, si no cambiaban su comportamiento, vivirían la mayor manifestación antisemita de la historia.
Pero hoy, cuando los parámetros del antisemitismo están tan concentrados como nunca lo han estado en la historia, les digo exactamente lo mismo: no me escucharán porque ni siquiera puedes decírselo sin que te acusen, seas judío o goy. Este magnífico análisis se completará con el mío propio en la segunda parte del libro.

a la judería, borrando la palabra "Sión" de sus libros de oraciones e inaugurando el "servicio dominical". Consideraban el antisemitismo como un fenómeno pasajero que podía eliminarse mediante una intensa propaganda y la organización de sociedades fundadas para combatirlo.[4]

Estos eran los pensamientos de un gran número de judíos alemanes. De ahí la inmensa decepción, la profunda resignación ante la victoria de Hitler, de ahí la desesperación sin nombre, la psicosis creciente, que culminó en suicidio, la desmoralización completa. Pero cualquiera que juzgue los acontecimientos en Alemania según el principio de causalidad juzgará el movimiento nacionalsocialista como la culminación de un desarrollo natural.

También comprenderá que la historia no conoce accidentes, que cada época es el resultado de la que la precedió. Esta es la clave para comprender la situación actual. En Alemania, la lucha contra lo judío se ha librado con gran intensidad y precisión alemana durante medio siglo. El antisemitismo científico ha echado raíces en el suelo mismo de Alemania.

Los judíos de Alemania se negaron a ver todo esto. Se alimentaban de falsas esperanzas, ignoraban la realidad y soñaban con el cosmopolitismo, con la era de Dohm, Lessing y Mendelssohn. Los judíos desarraigados se entregaron a fantasías y se engañaron a sí mismos con sueños cosmopolitas. Esto se manifestaba de dos maneras: o aclamaban el liberalismo general o se convertían en abanderados del socialismo. Ambos campos de actividad proporcionaron nuevo forraje para el antisemitismo. De buena fe, deseosos de servir a la causa de la humanidad, los judíos comenzaron a infiltrarse activamente en la vida

---

[4] Vuelven a cometer el mismo error: se imaginan que la creación del MRAP, la LICRA, SOS Racisme, etc. les impedirá quedar totalmente desfasados, aunque alcancen el nivel estalinista de la ley Gayssot.
No podrán escapar a una terrible explosión porque el problema no está en ellos. Está en ellos mismos. La única solución radical es abolir la circuncisión al octavo día, porque son incapaces de cambiar su comportamiento: al contrario, lo están empeorando por progresión geométrica.

del pueblo alemán. Con su característica pasión judía, se lanzaron a todos los campos del saber. Se apoderaron de la prensa, organizaron a las masas obreras y se esforzaron por influir en toda la vida espiritual en la dirección del liberalismo y la democracia. Naturalmente, esto provocó una profunda reacción en los pueblos que los amparaban.

Cuando los judíos, por ejemplo, se hicieron con el control de las llamadas disciplinas internacionales, cuando se distinguieron en los campos de la física, la química, la medicina, la astronomía y, hasta cierto punto, la filosofía, como mucho pudieron inspirar envidia a sus colegas arios, pero no un odio general a toda la nación. A la gente no le gustaba que los judíos ganaran Premios Nobel, pero lo aceptaba en silencio. Pero cuando se trata de disciplinas nacionales, la cosa cambia bastante.

En este campo, cada nación se esfuerza por desarrollar sus fuerzas originales y transmitir a las generaciones presentes y futuras los frutos de los trabajos espirituales de la raza. No indiferente para el pueblo saber quién escribe sobre la Navidad, quién celebra misa, quién pide asistir a la Iglesia. Cada pueblo en cada nación quiere que sus hijos sean educados en su propio espíritu. Pero mientras grandes sectores del pueblo alemán luchaban por mantener su especie, los judíos llenábamos las calles de Germania con nuestro clamor.

Nos hicimos pasar por reformadores mundiales y pensamos que podríamos influir en la vida pública con nuestras ideas.

Tocamos las campanas y llamamos a la oración en silencio, preparamos la Cena del Señor y celebramos su Resurrección.

Jugamos con las posesiones más sagradas del pueblo y nos burlamos de todo lo que era sagrado para la nación.

Confiábamos en los imperecederos derechos de la democracia y nos sentíamos ciudadanos del Estado en pie de igualdad en la comunidad alemana. Nos hicimos pasar por censores de la moral del pueblo y vertimos copas llenas de sátira sobre el Michael alemán.

Quisimos ser profetas en los campos paganos de Germania y nos olvidamos de nosotros mismos hasta el punto de olvidar que todo esto traería la destrucción sobre nosotros.

Hicimos revoluciones y, como eternos buscadores de Dios, nos lanzamos a la cabeza de las masas.

Hemos dado una segunda Biblia al proletariado internacional, una Biblia a tono con los tiempos, y hemos despertado las pasiones del Tercer Estado.

> ➤ *Desde Alemania, el judío Karl Marx declaró la guerra al capitalismo.*
> ➤ *El judío Lassalle organizó a las masas en la propia Alemania.*
> ➤ *El judío Édouard Bernstein popularizó la idea.*
> ➤ *Los judíos Karl Liebknecht y Rosa Luxemburgo dieron vida al movimiento espartaquista.*
> ➤ *Kurt Eistner, judío, fundó la República Soviética de Baviera y fue su primer presidente.*

Contra todo esto, la nación alemana se levantó y se rebeló. Quería forjar su propio destino, determinar el futuro de sus hijos. No se le puede culpar por ello.

Con lo que nunca he estado de acuerdo es con la idea de la ciudadanía mundial y el cosmopolitismo, con los judíos al frente de sus tropas. Estos desarraigados imaginaron que poseían la fuerza necesaria para trasplantar las ideas de Isaías a las llanuras de Germania y asaltar el Walhalla con Amós.[5] A veces lo consiguieron, pero se engulleron a sí mismos con todo el pueblo judío bajo las ruinas de un mundo que se había derrumbado.

---

[5] Simone Weil volvió a utilizar este término: "Los judíos, este puñado de '*desarraigados*', provocaron el desarraigo de todo el globo".

Debemos contemplar la lucha del régimen de Hitler desde un ángulo distinto del que nosotros imponemos y aprender a comprenderla. ¿Acaso los judíos no nos rebelamos y libramos guerras sangrientas contra todo lo extranjero?

¿Qué eran las guerras de los macabeos sino una protesta contra un modo de vida extranjero, no judío? ¿Y en qué consistían las eternas batallas de los profetas? Nada más que la eliminación de los elementos extraños y la sagrada preservación de la naturaleza original del judaísmo. ¿Acaso no nos rebelamos contra los reyes mestizos de la casa de los idumeos? ¿No excluimos a los samaritanos de nuestra comunidad porque practicaban los matrimonios mixtos?

¿Por qué no habrían de hacer los nacionalistas alemanes lo mismo que nosotros, cuando un Kurt Eisner se apropia personalmente de las prerrogativas de los Wittelsbach?

Debemos aprender a mirar la verdad a la cara y sacar nuestras propias conclusiones.

Me gustaría ser un falso profeta, pero descartar los hechos tangibles no resolverá el problema.

Lo que ocurre hoy en Alemania ocurrirá mañana en Rusia. Por todos los crímenes que han resultado del sistema comunista los judíos de la Rusia soviética tendrán que sufrir algún día. Tendremos que pagar muy caro el hecho de que Trotsky, Joffe, Sinovieff, etc. hayan desempeñado papeles dirigentes en la Rusia soviética.

¿No pecamos más gravemente contra la democracia en la Rusia soviética que en Alemania? Mientras que en Alemania Hitler fue elegido por la mayoría, en Rusia no ocurrió nada parecido. En ese país, una pequeña minoría, que hoy cuenta apenas con cuatro millones de personas, proclamó, tras quince años de organización, la dictadura del proletariado.

En la Rusia soviética, los judíos también intentaron ser los precursores y proclamadores de una nueva verdad absoluta. Intensificaron sus esfuerzos para interpretar la Biblia bolchevique e influir en el pensamiento del pueblo ruso.

Este proceso exige la más fuerte resistencia y conduce al antisemitismo. ¿Qué ocurrirá cuando caiga el gobierno soviético y la democracia celebre su solemne entrada en Rusia?

¿Estarán los judíos mejor que hoy en Alemania?[6] Detrás de los Trotskys, los Kameneffs, los Sinovieffs, etc., ¿no descubrirá el pueblo ruso sus antiguos nombres judíos y hará sufrir a sus hijos por los crímenes de sus padres? ¿No descubrirá el pueblo ruso sus antiguos nombres judíos y hará sufrir a sus hijos por los crímenes de sus padres? ¿O durará tan poco el régimen que los propios padres tendrán que expiar?[7]

¿Acaso no hay ejemplos de ello? ¿Acaso no perdieron la vida miles de judíos en Hungría porque Bela Kuhn estableció una república soviética en la tierra de San Esteban? ¡El mismo Bela Kuhn que hizo masacrar a 25.000 cristianos en menos de cien días! Los judíos de Hungría pagaron muy caro hacer de profeta.

Dentro de los Internationales, los judíos parecían ser los elementos más radicales.

Los alemanes, los franceses, los polacos y los checos tienen una patria y su internacionalismo reside en Alemania, Francia, Polonia y Checoslovaquia. Son nativos bajo un poder nacional. En 1914, los

---

[6] Este análisis es tanto más actual cuanto que, el 17 de noviembre de 1998, el antisemitismo ruso, incluso el comunista, acababa de estallar, llegando incluso a los pogromos. Esto subraya la lucidez de este análisis, del que ningún goy, que yo sepa, ha sido capaz.

[7] En un programa histórico de la cadena francesa La Cinq, nos enteramos de que Stalin, justo antes de su muerte, había planeado un pogromo nacional que no tuvo lugar a causa de su muerte.

alemanes quemaron la bandera roja en el zoo de Berlín y huyeron a la guerra con estribillos patrióticos en los labios. El socialista polaco Daszinski estaba al frente de la lucha por resucitar Polonia y los socialistas checos cantaban con entusiasmo su canción patriótica (Kde domov muj).

Sólo los judíos no querían oír hablar de patria. Cayeron como profetas conspicuos en el campo de batalla de la libertad. Karl Liebnecht, Rosa Luxemburgo, Kurt Eisner, Gustave Landauer: no se recitará ningún Kaddosh, no se dirá ninguna misa [8] *Ellos, y en cierta medida los hijos del liberalismo, todos estos poetas, autores, artistas, periodistas (judíos) han preparado los tiempos actuales, han alimentado el antijudaísmo, han proporcionado la base y los materiales para el nazismo. Todos ellos deseaban lo mejor y sólo consiguieron lo contrario.*

La maldición de la ceguera les había golpeado.[9]

No vieron acercarse la catástrofe. No oyeron los pasos del tiempo, los pesados pasos de su destino, los pesadísimos pasos de la némesis de la Historia".

---

[8] Todos fueron asesinados durante los disturbios provocados por las revoluciones que habían organizado.

[9] Y siempre les golpeará hasta que hayan destruido a la humanidad destruyéndose a sí mismos. Sólo la abolición radical de la circuncisión en el 8º día podría salvar a los judíos y a la humanidad.

LO QUE DICEN LOS JUDÍOS SOBRE LOS JUDÍOS

En su número del 1 de julio de 1880, *"Le Contemporain"*, una importante revista parisina, publicó un largo artículo titulado *"Compte rendu de Sir John Readcliff sur les événements politico-historiques survenus dans les dix dernières années"*. Se trataba de un discurso pronunciado en Praga por el rabino Reichhorn en 1869 ante la tumba del Gran Rabino Simeón Ben Jehuda. Este documento se reprodujo en el libro *"La Russie juive"*, de Calixte de Volsky, luego en *"The Britons"* de Londres, después en *"La Vieille France"* (nº 214), y en otros periódicos. *La Vieille France"* informó de que Readcliff había sido asesinado poco antes de la publicación de este documento y que el judío que lo había proporcionado (un tal Lassalle) había muerto en un duelo.

Estas fueron las palabras del rabino Reichorn:

"Cada cien años, nosotros, los Sabios de Israel, acostumbramos reunirnos en Sanedrín para examinar nuestro progreso hacia el dominio que nos prometió Jehová, y nuestras conquistas sobre el cristianismo enemigo.

Este año, reunidos ante la tumba de nuestro venerado Simeón Ben Jehouda, podemos decir con orgullo que el siglo transcurrido nos ha acercado a nuestro objetivo, y que éste pronto se alcanzará. El oro siempre ha sido y siempre será el poder irresistible. Manejado por manos expertas, siempre será la palanca más útil para quien lo posee y el objeto de envidia para quien no lo tiene. El oro sirve para comprar las conciencias más rebeldes, para fijar el tipo de todos los valores, el precio de todos los productos y para subvencionar los préstamos de los gobiernos, que quedan así a nuestra merced.

Ya están en nuestras manos los principales bancos, las bolsas mundiales y los créditos a todos los gobiernos. El otro gran poder es la prensa. Mediante la repetición incesante de ciertas ideas, la prensa hace que se acepten como verdades. El teatro presta servicios similares. (El cine no existía entonces y se convertiría en su monopolio).

En todas partes, la prensa y el teatro obedecen nuestras directrices. Alabando incansablemente el régimen democrático, dividiremos a los cristianos en partidos políticos, destruiremos la unidad de sus naciones y sembraremos la discordia. Impotentes, se someterán a la ley de nuestro banco, siempre unidos, siempre entregados a nuestra causa. Llevaremos a los cristianos a la guerra, explotando su orgullo y su estupidez. Se masacrarán unos a otros y nos despejarán el camino para empujar a los nuestros. La posesión de tierras siempre ha traído influencia y poder. En nombre de la justicia social y de la igualdad, disolveremos los grandes latifundios, entregaremos fragmentos de ellos a los campesinos que los desean con todas sus fuerzas y que pronto se endeudarán a causa de la explotación. Nuestro capital nos hará dueños de ellos. Nosotros, a nuestra vez, nos convertiremos en los grandes terratenientes, y la posesión de la tierra nos garantizará el poder.

Esforcémonos por sustituir el oro en circulación por el papel moneda. Nuestras arcas absorberán el oro y regularemos el valor del papel, lo que nos hará dueños de todas las vidas. Tenemos entre nosotros oradores capaces de fingir entusiasmo y persuadir a las multitudes. Los difundiremos entre los pueblos para anunciar los cambios que deben traer la felicidad al género humano. Con oro y lisonjas nos ganaremos al proletariado que se encargará de destruir el capitalismo cristiano. Prometeremos a los obreros salarios con los que nunca se han atrevido a soñar, pero luego subiremos el precio de las cosas necesarias hasta tal punto que nuestros beneficios serán aún mayores. De este modo, prepararemos las revoluciones que harán los propios cristianos, y cosecharemos todos los frutos.

Con nuestras burlas, con nuestros ataques, haremos a sus sacerdotes ridículos y odiosos, y a su religión tan ridícula y odiosa como su clero.

Seremos así dueños de sus almas. Porque nuestro piadoso apego a nuestra religión y a nuestro culto demostrará la superioridad de nuestras almas.

Ya hemos colocado a nuestros hombres en todos los puestos importantes. Esforcémonos por dotar a los goyim de abogados y médicos. Los abogados conocen todos los intereses; los médicos, una vez en la casa, se convierten en confesores y directores de conciencia.

Pero, sobre todo, hagámonos cargo de la educación. Al hacerlo, difundiremos las ideas que nos son útiles desde la infancia y moldearemos los cerebros a nuestro gusto. Si uno de los nuestros cae por desgracia en las garras de la justicia cristiana, corramos en su ayuda. Busquemos cuantos testimonios sean necesarios para salvarlo de sus jueces, hasta que nosotros mismos nos convirtamos en jueces.

Los monarcas de la Cristiandad, hinchados de ambición y vanidad, se rodean de lujo y de numerosos ejércitos. Les proporcionaremos todo el dinero que exija su locura y los mantendremos a raya. Debemos tener cuidado de no impedir el matrimonio de nuestros hombres con hijas cristianas, pues a través de ellas penetramos en los círculos más cerrados. Si nuestras hijas se casan con goyim, no nos serán menos útiles porque los hijos de madre judía son nuestros. Propaguemos la idea de la unión libre para destruir el apego de las mujeres cristianas a los principios y prácticas de su religión.

Desde hace siglos, los despreciados y perseguidos hijos de Israel se abren camino hacia el poder. Controlan la vida económica de los malditos cristianos; su influencia es predominante sobre la política y la moral. A la hora deseada, fijada de antemano, desencadenaremos la revolución que, arruinando a todas las clases de la cristiandad, nos esclavizará definitivamente a los cristianos.

Así se cumplirá la promesa de Dios a su pueblo.[10]

BARUCH LÉVY, JUDÍO

Amigo de Adolphe Crémieux y de los Rothschild, Baruch Lévy escribió la siguiente carta a Karl Marx. Esta carta poco conocida fue sin embargo reproducida en numerosos libros y periódicos, entre ellos la *"Revue de Paris"* del 1 de junio de 1928, página 574: *"En la nueva organización de la humanidad, los hijos de Israel se extenderán por toda la superficie del globo y se convertirán en todas partes, sin la menor oposición, en el elemento dirigente, sobre todo si consiguen imponer a la clase obrera el firme control de algunos de ellos. Los gobiernos de las naciones que forman la República Universal pasarán sin esfuerzo a manos judías al amparo de la victoria del proletariado.*

La propiedad privada será entonces abolida por los gobernantes judíos, que controlarán los fondos públicos en todas partes. Se cumplirá así la promesa del Talmud de que cuando llegue el tiempo del Mesías, los judíos poseerán la propiedad de todos los pueblos de la tierra.

El propio San Pablo dijo: *"Los judíos no agradan a Dios y son enemigos de la humanidad"* (Primera Epístola). Todo lo que aquí se relata, perfectamente realizado en el año 2000, no prueba que San Pablo se equivocara...

LAS GLÁNDULAS DE LA HUMANIDAD

Texto compuesto por Louis Lévy en 1918, publicado por *"Nytnordisk Forlag"* en Copenhague. Fue leído por el actor judío

---

[10] Los judíos sólo pueden negar la autenticidad de tales textos: no tiene sentido, porque estas simples líneas son un relato perfecto de la política del siglo tal como yo la he observado y tal como ha llegado a suceder.
También decían que *"Los Protocolos de los Sabios de Sión"* era una falsificación. No me cuesta creerlo, pero, por desgracia, todo lo que dice ese libro es absolutamente cierto, y muy alejado de los horrores de la actualidad (globalismo, ruina económica, pornografía, drogas, homosexualidad, colapso ecológico, etc.).

Samuel Basekow en una fiesta de apoyo a Karen Hajesad en Copenhague el 8 de diciembre de 1935, según el "*Berlingske Tidende*" del 9 de diciembre de 1935, ante un público judío delirante.

"Los tiempos han llegado - y sólo una cosa importa ahora - y es que nos mostremos como lo que somos: una nación entre naciones - los príncipes del dinero y la inteligencia. Un suspiro se elevará de toda la tierra y las multitudes temblarán al escuchar atentamente la sabiduría que reside en los judíos.

¿Quién no sabe lo que significan las glándulas del cuerpo humano? Pues bien, ahora, por un juicioso instinto de autoconservación, los judíos se han fijado en las glándulas de la moderna comunidad de pueblos. Los ganglios de esta comunidad de pueblos son las Bolsas, los Bancos, los Ministerios, los grandes diarios, las editoriales, las comisiones de arbitraje, las compañías de seguros, los hospitales, los tribunales de justicia.

Hay unos cuantos publicanos y unos cuantos pecadores, eruditos y catedráticos que afirman que no existe la cuestión judía. Pregúntale al primero que pase por la calle, él sabe que no es así. Por sus celos beligerantes, ¡este patán será antisemita!

Naturalmente, el pueblo judío tendría que tener una representación internacional, un territorio nacional propio. No crean que los judíos de Europa Occidental darán un solo paso. En apariencia, todo permanecerá sin cambios, sin embargo, todo se transformará. Jerusalén se convertirá en el nuevo Papado. Jerusalén se asemejará a una laboriosa tela de araña, una tela cuyos hilos de electricidad brillarán sobre el mundo entero.

El centro de esta red dorada, de la que fluirán todos los hilos, será Jerusalén.

"Mundo judío

Uno de los principales periódicos judíos de Inglaterra publicó lo siguiente el 9 de febrero de 1883: "*La dispersión de los judíos los ha convertido en un pueblo cosmopolita. Son el único pueblo verdaderamente cosmopolita, y en esa calidad deben actuar y actúan como disolventes de todas las distinciones de raza y nacionalidad.*

El gran ideal del judaísmo no es que los judíos se reúnan un día en algún rincón de la tierra con fines separatistas, sino que el mundo entero se impregne de la enseñanza judía y que en una hermandad universal de naciones -un judaísmo mayor, de hecho- desaparezcan todas las razas y religiones separadas.

Como pueblo cosmopolita, los judíos han superado la etapa que la forma nacional de separatismo representa en la vida social. Nunca podrán volver a ella. Han hecho del mundo entero su hogar, y ahora tienden la mano a las demás naciones del mundo para que sigan su ejemplo. Están haciendo más. Por su actividad en la literatura y la ciencia, por su posición dominante en todas las ramas de la actividad pública, están moldeando gradualmente pensamientos y sistemas no judíos en moldes judíos."

WALTER RATHENEAU, JUDÍO

El industrial (AEG) y organizador de la economía de guerra del Reich durante la Primera Guerra Mundial, Walter Ratheneau, judío y ministro alemán de Asuntos Exteriores, publicó los siguientes comentarios en la "*Wiener Press*" en diciembre de 1921: "*Sólo trescientos hombres, cada uno de los cuales conoce a todos los demás, rigen los destinos de Europa. Eligen a sus sucesores en su propio círculo. Los judíos alemanes tienen en sus manos los medios para acabar con cualquier forma de gobierno que consideren irrazonable.*"

BENJAMIN DISRAELI, JUDÍO

El Primer Ministro de la Reina Victoria escribió esto en "*Coningsby*", una famosa novela publicada en 1844: "*Y en este mismo momento, a pesar de siglos o decenas de siglos de degradación, la mente judía ejerce una vasta influencia sobre los asuntos de Europa. No me refiero a sus leyes, que siempre obedecéis, ni a su literatura, con la que vuestros cerebros están saturados, sino al intelecto israelita de hoy. Nunca veréis un gran movimiento intelectual en Europa en el que los judíos no hayan desempeñado un papel importante. Esta misteriosa diplomacia rusa que tanto alarma a Europa está organizada y dirigida principalmente por judíos. Esta gran revolución, que será de hecho una segunda Reforma, más importante que la primera, y de la que tan poco se sabe en Inglaterra, se está desarrollando bajo los auspicios de judíos que monopolizan en gran medida las cátedras de Alemania.*

Neander, fundador del cristianismo espiritual y Catedrático Real de Teología de la Universidad de Berlín, es judío. Benary, también famoso y de la misma universidad, también es judío.

Hace unos años, se dirigieron a nosotros desde Rusia. La verdad es que nunca ha habido lazos de amistad entre la Corte de San Petersburgo y mi familia (Rothschild)... Sin embargo, las circunstancias tendían a un acercamiento entre los Romanoff y los Sidonia (Rothschild). Decidí ir yo mismo a San Petersburgo. Al llegar, tuve una reunión con el ministro ruso de Finanzas, el conde Cancrine. Me encontré cara a cara con el hijo de un judío lituano. El préstamo estaba relacionado con negocios españoles. Hice el viaje de un tirón. Nada más llegar, me concedieron una audiencia con el ministro español, el señor Mendizabel. Me encontré cara a cara con un compañero judío, hijo de un "nuevo cristiano", un judío aragonés.

A raíz de lo que ocurría en Madrid, me dirigía directamente a París para consultar al Presidente del Consejo francés. Me encontré cara a cara con un judío francés: un héroe, un mariscal del Imperio, y no había nada de sorprendente en ello, pues ¿dónde iban a estar los héroes militares sino entre los que adoran al Dios de los ejércitos?

- Y Soult, ¿es judío? - Sí, y muchos otros mariscales franceses. El más famoso de ellos es Masséna, cuyo verdadero nombre es Manasseh.

Pero volvamos a mi anécdota. El resultado de nuestras consultas fue que sería una buena idea recurrir a alguna potencia del norte como amiga y mediadora. Nos decidimos por Prusia, y el Presidente del Consejo se dirigió al ministro prusiano que asistió a nuestra conferencia unos días más tarde. El Conde Arnim entró en el gabinete y me encontré cara a cara con un judío prusiano. Ya ve, mi querido Coningsby, que el mundo está gobernado por personajes bastante diferentes de los que imaginan los que no están entre bastidores...".

BENJAMIN DISRAELI, JUDÍO

Benjamin Disraeli, (Lord Beaconsfield) publicó otro libro titulado *"La vida de Lord George Bentinck, una biografía política"*. En la página 357 de este libro, escribió: "*Si estalla una insurrección contra la tradición y la aristocracia, contra la religión y el derecho de propiedad, entonces la igualdad natural del hombre y la abolición del derecho de propiedad serán proclamadas por sociedades secretas que forman gobiernos provisionales, pues a la cabeza de cada una de estas sociedades se encuentran judíos. El pueblo de Dios colabora con los ateos: los más hábiles acumuladores de riquezas se alían con los comunistas. La raza particular y elegida echa una mano a toda la escoria de los bajos fondos de Europa, y todo porque los judíos quieren destruir esa ingrata cristiandad que les debe incluso su nombre y cuya tiranía ya no desean soportar.*"

Disraeli también escribió en la misma página, a propósito de la revolución de 1848 que sumió a varios países en el caos: "*De no haber sido por los judíos, este indeseable disturbio no habría asolado Europa*".

MARCUS ÉLI RAVAGE, JUDÍO

Este autor judío escribió lo siguiente en el "Century Magazine" de enero y febrero de 1928:

"Estás haciendo mucho ruido sobre la influencia indebida de los judíos en el teatro y el cine. De acuerdo. Admitamos que su queja tiene fundamento. Pero ¿qué es eso comparado con nuestra penetrante influencia en vuestras iglesias, vuestras escuelas, vuestras leyes, vuestros pensamientos cotidianos? Aún no habéis empezado a apreciar la verdadera profundidad de nuestra culpa. Somos intrusos. Somos alborotadores. Somos subversivos. Hemos tomado su mundo natural, sus ideales, su destino y los hemos desdibujado. Hemos estado en el origen no sólo de la última gran guerra, sino de casi todas vuestras guerras, no sólo de la revolución rusa, sino de todas las grandes revoluciones de vuestra historia. Hemos traído discordia, confusión y frustración a vuestras vidas personales y públicas. Seguimos haciéndolo y nadie puede decir cuánto tiempo más lo haremos.

Quién sabe qué gran y glorioso destino os habría deparado si os hubiéramos dejado en paz. Pero no os dejamos solos. Os tomamos en nuestras manos y derribamos la hermosa y generosa estructura que habíais construido, y cambiamos el curso de vuestra historia. Os conquistamos de un modo que ninguno de vuestros imperios ha conquistado jamás África o Asia. Y lo hicimos sin armas, sin balas, sin derramamiento de sangre y sin ruido, por la pura fuerza de nuestro espíritu. Lo hicimos únicamente por la fuerza irresistible de nuestro espíritu, nuestras ideas y nuestra propaganda.

Tomemos las tres principales revoluciones de los tiempos modernos: la francesa, la estadounidense y la rusa. ¿Qué son sino el triunfo de la idea judía sobre la justicia social, política y económica? Todavía os dominamos... ¿No es de extrañar que estéis resentidos con nosotros? Hemos frenado vuestro progreso. Simplemente hemos dividido vuestra alma, confundido vuestros impulsos y paralizado vuestros deseos. Si estuviéramos en vuestro lugar, os odiaríamos más de lo que os odiamos. Nos llamáis subversivos, agitadores, fomentadores de revoluciones. Y es verdad. Con el más simple esfuerzo y la más mínima toma de conciencia de los hechos podéis saber que hemos estado en el corazón de todas las grandes revoluciones de vuestra historia. Sin duda desempeñamos un papel importante en la revolución luterana, y es un hecho conocido que fuimos los principales instigadores de las revoluciones democráticas burguesas de antepenúltimo siglo en Francia y Estados Unidos. De no haber sido así, habríamos ignorado nuestros intereses.

ISIDORE LOEB, JUDÍO

En su libro "*La cuestión judía*", Georges Batault cita a Isidore Loeb en los siguientes términos: "*Las naciones se reunirán para presentar sus respetos al pueblo de Dios: todas las riquezas de las naciones pasarán al pueblo judío. Caminarán detrás del pueblo judío encadenados como cautivos y se inclinarán ante ellos. Los reyes criarán a sus hijos y las princesas amamantarán a sus hijos. Los judíos mandarán sobre las naciones. Llamarán hacia ellos a pueblos que ni siquiera conocen, y pueblos que no los conocen vendrán corriendo hacia ellos. Las riquezas del mar y las riquezas de las naciones vendrán por sí mismas a los judíos. El pueblo y el reino que no sirvan a Israel serán destruidos. El pueblo elegido beberá la leche de las naciones y mamará del pecho de los reyes. Comerán las riquezas de las naciones y se cubrirán con su gloria. Los judíos vivirán en la abundancia y la alegría. Su felicidad no tendrá fin, sus corazones se regocijarán, crecerán como la hierba. Los judíos serán una raza bendecida por Dios y todo el pueblo será un pueblo de dioses. La posteridad de los judíos y su nombre serán eternos. El más pequeño de ellos se multiplicará por miles y el más pequeño se convertirá en una gran nación. Dios hará un pacto eterno con ellos. Volverá a reinar sobre ellos y su poder sobre los hombres será tal que, como dice el refrán, caminarán a grandes zancadas por las alturas de la tierra. La naturaleza misma se transformará en una especie de paraíso terrenal: será la edad de oro de la humanidad*".

"LA REVUE DES ÉTUDES JUIVES

Financiada por James de Rothschild, esta revista publicó en 1880 un documento inédito que mostraba a los Sabios de Sión actuando en Francia a partir del siglo XV, dirigiendo la acción conquistadora de los judíos.

El 13 de enero de 1489, Chamor, rabino de los judíos de Arles en Provenza, escribió al Gran Sanedrín reunido en Constantinopla y le pidió consejo en circunstancias críticas.

Los franceses de Aix, Arles y Marsella, que entonces no se traicionaban a sí mismos eligiendo a un Léon Blum, amenazaron a las sinagogas: ¿Qué se podía hacer?

Esta fue la respuesta: "*Amados hermanos en Moisés, hemos recibido vuestra carta en la que nos habláis de las angustias y desgracias que estáis soportando. Nos llenamos de tanta pena como vosotros.*

La opinión de los grandes sátrapas y rabinos es la siguiente: a lo que dices que se te impone, es bueno que te hagas cristiano. Hazlo porque debes hacerlo, pero guarda la Ley de Moisés en tu corazón.

A lo que dices es una orden para despojarte de tus bienes: Haced a vuestros hijos mercaderes para que poco a poco despojen a los cristianos de los suyos. Cuando digáis que vuestras vidas están en juego, haced a vuestros hijos médicos y boticarios para que despojen a los cristianos de sus vidas.[11] *A lo que decís que destruyen vuestras sinagogas, haced a vuestros hijos canónigos y clérigos para que destruyan su Iglesia.* [12]*A lo*

---

[11] Esta afirmación parece exagerada e incluso absurda. Pero la realidad es mucho peor: el mandarinato de la medicina alopática es judío. Esta medicina química es patógena y teratógena. Los laboratorios de terapia química están radicalmente ligados a las finanzas judías. No es a los cristianos a quienes matan sino al Hombre en su conjunto a nivel cromosómico. El aborto de Simone Veil y la píldora patógena de Baulieu son judíos. La vacunación sistemática, una bendición financiera, destruye los sistemas inmunitarios y degenera masivamente a la raza humana. (500 casos de esclerosis múltiple en 1995 tras la vacunación contra la hepatitis B).

[12] El prelado francés más importante en los albores del año 2000 es judío: el cardenal Lustiger, arzobispo de París. No es él quien apoyará a J.M. Le Pen,

que decís de que os infligen otras vejaciones: haced a vuestros hijos abogados, notarios, y que se inmiscuyan siempre en los asuntos de los Estados para que, sometiendo a los cristianos a vuestro yugo, dominéis el mundo y podáis vengaros de ellos.

No os desviéis de esta orden que os damos, porque seréis rebajados en un momento en que pronto estaréis en la cima del poder". (Firmado; V.S.S.V.F.F., *Príncipe de los Judíos*, 21 de Casleu, noviembre de 1489)

LOS PROTOCOLOS DE LOS SABIOS DE SION

Citemos para que conste este texto confuso. El Congreso Judío Canadiense intentó desacreditar este documento apoyándose en un artículo de "*L'Ordre*" que el "*Patriote*" había confundido en marzo de 1934. En un panfleto. El CJC afirma que "*Los Protocolos de los Sabios de Sión*" se publicaron por primera vez en Londres en 1920, aunque el Museo Británico había catalogado esta obra, edición Nilus, ya en 1906 (como 3926 D17, 10 de agosto de 1906, según mencionan los editores de la primera edición inglesa, "*Eyres and Spottishwoode, Limited*", la imprenta del gobierno británico).

Una vez más, la autenticidad es , ya que que figura en estos textos es cierto. Durante mi vida, a lo largo del siglo XX, he asistido personalmente a la realización de todas las consignas de este libro, e incluso de cosas mucho peores (freudismo, pornografía, música patógena y criminógena, drogas, hundimiento ecológico,

---

poseedor de las ideas cristianas elementales, o simplemente de las ideas elementales para que una nación sea sana, sea cual sea su tradición religiosa.
Del mismo modo, la madre de Juan Pablo II es judía. Por lo tanto, el Papa es judío. La penetración judía ha hundido a la Iglesia, mientras que un rabino decía: "Si yo fuera católico, sería fundamentalista, porque siendo judío, ciertamente soy fundamentalista. No es en una sinagoga donde se encontraría el equivalente de una mujer sin sombrero, en vaqueros, misa delante del pueblo, en francés, con música regresiva bajo la coartada de la apertura y la tolerancia. Nada se movía en la sinagoga. Todo se ha vuelto grotesco en el catolicismo.

hundimiento intelectual y estético, por no hablar del horror supremo del marxismo).

WERNER SOMBART, JUDÍO

En su estudio "*Los judíos y la vida económica*" (1926, página 51), el economista y sociólogo alemán Werner Sombart nos dice: "*Hasta cierto punto, tenemos derecho a afirmar que es a la impronta judía a la que los Estados Unidos deben lo que son, es decir, su americanismo, pues lo que llamamos americanismo no es más que el espíritu judío habiendo encontrado su expresión definitiva. Y en vista de la enorme influencia que América ha ejercido en la vida económica de Europa y en el conjunto de la cultura europea desde su descubrimiento, el papel que los judíos han desempeñado en la construcción del mundo americano ha adquirido una importancia capital para todo el desarrollo de nuestra historia*".

COADJUTOR DEL GRAN RABINO DE JERUSALÉN

Este informe sobre la situación en Palestina (Fuente: *Agence Télégraphique Juive*, julio de 1920) afirmaba: "*El judío parece ser ahora el verdadero monarca del mundo. Imperios como Rusia, Alemania y Austria están gobernados por judíos. Los judíos son los líderes de los pueblos. Otros países y naciones pronto les seguirán. Los judíos verán ondear su bandera sobre el mundo entero.*

HENRI BARBUSSE, JUDÍO

En su libro "*Jésus nous dit*", este admirador de Stalin dice lo siguiente: "*Trataremos a las naciones con vara de hierro. La justicia es la restauración de la dinastía de David. La piedad es la condición de los judíos. La fe es la venganza. Os digo que somos los verdaderos y únicos cumplidores de la ley de la lucha final por el reino de Dios y por la vida eterna, que es la gloria eterna del conquistador judío. A través de vosotros, que la palabra del Señor ruede sobre las como un pergamino. Tengo en mente un levantamiento parecido a una revolución".*

ADOLPHE CRÉMIEUX, JUDÍO

Adolphe Crémieux, que emancipó a los judíos de Argelia, fue Gran Maestre del Gran Oriente de Francia, Presidente de la Alliance Israélite Universelle y dos veces Ministro de Justicia en 1848 y 1870, en el momento crítico de estas dos revoluciones. La siguiente declaración se publicó en *The Morning Post* de Londres el 6 de septiembre de 1920: *"La unión que deseamos fundar no será una unión francesa, inglesa, irlandesa o alemana, sino una unión judía universal. Otros pueblos y razas están divididos en nacionalidades. Nosotros no tenemos ciudadanos sino correligionarios.*

Bajo ninguna circunstancia un judío se hará amigo de un cristiano o de un musulmán hasta que llegue el momento en que la luz de la fe judía, la única religión de la razón, brille sobre el mundo entero. Dispersos entre las demás naciones, que desde tiempos inmemoriales han sido hostiles a nuestros derechos e intereses, deseamos ante todo ser y permanecer inmutablemente judíos. Nuestra nacionalidad es la religión de nuestros padres, y no reconocemos ninguna otra nacionalidad. Vivimos en tierras extranjeras y no podemos preocuparnos por las ambiciones cambiantes de países que nos son totalmente ajenos mientras nuestros problemas morales y materiales son cruciales. La educación judía debe extenderse a toda la tierra.

¡Israelitas! Dondequiera que os lleve el destino, dispersos como estáis por toda la tierra, debéis consideraros siempre parte del pueblo elegido.

Si os dais cuenta de que la fe de vuestros padres es vuestro único patriotismo, si reconocéis que a pesar de las nacionalidades que habéis adoptado, permanecéis y formáis siempre y en todas partes una sola nación, si creéis que el judaísmo es la única verdad religiosa y política, si estáis convencidos de ello, israelitas del universo, entonces venid, escuchad nuestra llamada y enviadnos vuestra adhesión.

Nuestra causa es grande y santa, y su éxito está asegurado. El catolicismo, nuestro enemigo de siempre, yace en el polvo, herido de muerte en la cabeza. La red que Israel está tendiendo ahora por todo el mundo se está ensanchando y extendiendo, y las graves profecías de nuestros libros sagrados se cumplirán por fin.

Se acerca el momento en que Jerusalén se convertirá en la casa de oración de todas las naciones y pueblos, en que el estandarte único del Dios de Israel se desplegará y se alzará hasta las costas más lejanas. Aprovechemos al máximo todas las oportunidades.

Nuestro poder es inmenso: aprendamos a adaptar ese poder a nuestra causa. ¿Qué hay que temer? No está lejos el día en que todas las riquezas, todos los tesoros de la tierra pasarán a ser propiedad de los hijos de Israel."

Adolphe Crémieux, judío

Este hombre de influencia declaró en la revista "*Les Archives israélites*" (número 25, 1861):

"*La Jerusalén de un nuevo orden, una santa fundación entre Oriente y Occidente, debe sustituir al doble imperio de papas y emperadores. No oculto que a lo largo de los años he dedicado mi pensamiento a esta única obra. Apenas iniciada su labor, la influencia de la Alliance Israélite Universelle se dejó sentir por todas partes.*

No se limita sólo a nuestra fe, sino que quiere penetrar en todas las religiones, igual que ha penetrado en todos los países.

- ➢ *Las nacionalidades deben desaparecer, las religiones deben abolirse.*
- ➢ *Israel no debe desaparecer, porque este pequeño pueblo es el elegido de Dios.*

En todos los países debemos poner en contacto a los judíos aislados con las autoridades para que a la primera noticia de un ataque podamos levantarnos como un solo hombre. Queremos que nuestras voces se oigan en los despachos de los ministros, en los oídos de los príncipes, y pase lo que pase. Tanto peor si tenemos que utilizar leyes de fuerza incompatibles con el progreso de la época, entonces nos uniremos a todos los manifestantes.[13] *Se nos insta a perdonar el pasado, pero ahora es el momento de construir una alianza inmortal sobre cimientos inquebrantables.*

RENÉ GROOS, JUDÍO

En un artículo publicado en "*Le Nouveau Mercure*" en mayo de 1927, escribió: "*Las dos internacionales de las finanzas y la revolución están trabajando duro: son las dos caras de la internacional judía... Hay una conspiración judía contra todas las naciones.*

BLUMENTHAL, JUDÍO

Este redactor de la "*Judisk Tidskrift*" escribió lo siguiente (n° 57, 1929): "*Nuestra raza ha dado al mundo un nuevo profeta, pero tiene dos caras y dos nombres: Rothschild, jefe de los grandes capitalistas, y Karl Marx, el apóstol de los enemigos del otro*".

(Estas líneas resumen la política mundial).

CONFERENCIA CENTRAL DE RABINOS AMERICANOS

---

[13] En los albores del año 2000, todas las organizaciones racistas de protesta, disfrazadas de antirracismo, son judías: SOS Racisme, LICRA, MRAP que, bajo el disfraz del antirracismo, urden un racismo monstruoso de yuxtaposiciones de etnias mutuamente inasimilables que no plantearían ningún problema si vivieran según las normas geográficas, lógicas y naturales que les conciernen. La mistificación antirracista infligida por el racismo judío megalómano es una mistificación suprema que se apoya sobre todo en la estupidez de los Goyim.

El periódico judío de Chicago "*The Sentinel*", en su edición del 24 de septiembre de 1936, informaba de las siguientes observaciones hechas durante esta conferencia: "*La más notable pero también la más perjudicial de las consecuencias de la guerra mundial ha sido la creación de nuevos nacionalismos y la exaltación de los ya existentes.*

El nacionalismo es un peligro para el pueblo judío. Hoy, como en todas las épocas de la historia, se ha demostrado que los judíos no pueden permanecer en Estados fuertes donde se haya desarrollado una elevada cultura nacional."[14]

DECLARACIONES REALIZADAS EN EL SENO DE B'NAI B'RITH

Esta secta masónica exclusivamente judía está, pues, prohibida a los goyim. Le *Réveil du Peuple*" de febrero de 1936 citaba las siguientes declaraciones: "*Mientras persista entre los Goyim una concepción moral del orden social, y mientras la fe, el patriotismo y la dignidad no hayan sido desarraigados, nuestro reinado sobre el mundo es imposible.*

Ya hemos cumplido parte de nuestra tarea, pero aún no podemos afirmar que todo el trabajo esté hecho. Aún nos queda un largo camino por recorrer antes de derrocar a nuestro principal enemigo: la Iglesia católica. Debemos tener siempre presente que la Iglesia católica es la única institución que ha sobrevivido, y mientras sobreviva, se interpondrá en nuestro camino.

La Iglesia Católica, a través de su trabajo metódico y sus enseñanzas edificantes y morales, mantendrá siempre a sus hijos en un estado mental tal que tendrán demasiado amor propio para doblegarse ante nuestra dominación y nuestro futuro Rey de Israel.

---

[14] De ahí la necesidad de los judíos de degradar a las naciones por todos los medios posibles: laicismo, marxismo, freudismo, quimificación, vacunaciones sistemáticas, la pornografía de Benazareff et al, drogas administradas por sus Altas Finanzas, música patógena y criminógena, etc...

Por eso nos hemos esforzado en descubrir los mejores medios para sacudir a la Iglesia Católica hasta sus cimientos. Hemos difundido el espíritu de rebelión y el falso liberalismo entre las naciones de los Goyim para persuadirlos a abandonar su fe e incluso inspirarles la vergüenza de profesar los preceptos de su religión y obedecer los mandamientos de su Iglesia. Hemos llevado a muchos de ellos a jactarse de ser ateos y, mejor aún, ¡a jactarse de ser descendientes del mono!

Les hemos proporcionado nuevas teorías radicalmente imposibles de realizar, como el comunismo, el socialismo y el anarquismo.

Estos mitos sirven a nuestros propósitos. Los estúpidos goyim los han aceptado con el mayor entusiasmo, sin darse cuenta en lo más mínimo de que estas teorías proceden de nosotros y que son un poderoso instrumento contra ellos mismos.

Hemos ensuciado a la Iglesia con las calumnias más ignominiosas. Hemos mancillado su historia y desacreditado sus actividades más nobles. Le hemos imputado los males de sus enemigos y los hemos acercado a nosotros. Y así, hoy somos testigos satisfechos de rebeliones contra la Iglesia en muchos países.

Hemos convertido a su clero en objeto de odio y escarnio. Los hemos expuesto al desprecio de las masas. Hemos hecho que las prácticas de la religión católica parezcan anticuadas y una pérdida de tiempo.

Los Goyim, para nuestro asombro, han demostrado ser unos extraordinarios embaucadores. Esperábamos de ellos más inteligencia y sentido práctico, pero no son mejores que un rebaño de ovejas: dejémosles pastar en nuestros campos hasta que engorden lo suficiente como para ser sacrificados a nuestro futuro Rey del Mundo.

Hemos fundado muchas asociaciones secretas que trabajan para nuestros fines, bajo nuestras órdenes y dirección. Hemos convertido en un honor para los goyim pertenecer a ellas. Están floreciendo más que nunca gracias a nuestro oro.

Los Goyim que traicionan así sus más preciados intereses deben ignorar que estas asociaciones son obra nuestra y que trabajan para nosotros. Uno de los muchos triunfos de la Masonería es que los Goyim ni siquiera sospechan que los estamos utilizando para construir sus propias prisiones, y que están forjando las cadenas de su propio servilismo hacia nosotros.[15]

Hasta ahora hemos atacado a la Iglesia desde fuera. Pero eso no es todo. Veamos ahora cómo hemos procedido para acelerar la ruina de la Iglesia, cómo hemos penetrado en sus círculos más íntimos y hemos inducido a una gran parte de su clero a convertirse en predicadores de nuestra causa.

Además de la influencia de nuestra filosofía, dimos otros pasos para quebrantar a la Iglesia. Indujimos a algunos de nuestros hijos a ingresar en el cuerpo católico, con la insinuación explícita de que debían trabajar aún más eficazmente para desintegrar la Iglesia creando escándalos en su seno. Obedecimos la vieja orden: "haced canónigos a vuestros hijos para que destruyan la Iglesia".

Por desgracia, no todos los judíos conversos han sido fieles a su misión.[16] *Muchos nos han traicionado. Pero muchos han mantenido su promesa y honrado su palabra.*

Somos los padres de todas las revoluciones, incluso de las que a veces se han vuelto contra nosotros. Somos los amos supremos de la paz y de la guerra. Podemos presumir de haber sido los creadores de la Reforma.

---

[15] No sólo la masonería desempeña este papel. Asociaciones como el CFR, el Club de Roma, el Bilderberg, la Comisión Trilateral, etc., han esclavizado a políticos de todos los partidos. La masonería no oculta su deseo de destruir "la raza, la nación y la familia" (véase "*Juifs et Francs-Maçons constructeurs de temples*", Editions du Rocher, de Bérésniak).

[16] Hoy, los judíos conversos son todos fieles a esta instrucción de desintegrar la Iglesia. Ni un solo prelado famoso apoya a Jean Marie Le Pen, que es el único defensor de los valores tradicionales sin los cuales ninguna nación puede sobrevivir y que son fundamentalmente católicos.

Calvino era judío, las autoridades judías confiaron en él y contó con la ayuda de las finanzas judías para elaborar su plan de reforma.

Martín Lutero cedió a las influencias de sus amigos judíos y, gracias a la autoridad y las finanzas judías, su complot contra la Iglesia se vio coronado por el éxito.

Gracias a nuestra propaganda, a nuestras teorías sobre el Liberalismo, a nuestra perversa definición de la Libertad, los Goyim estaban dispuestos a aceptar la Reforma. Se separaron de la Iglesia para caer en nuestras redes. La Iglesia se debilitó, su autoridad sobre los reyes se redujo a la nada.

Agradecemos a los protestantes su lealtad a nuestros propósitos. Pero la mayoría de ellos no tienen idea de que nos son leales. Pero les estamos agradecidos por la maravillosa ayuda que nos prestan en nuestra lucha contra el baluarte de la civilización cristiana y nuestros preparativos para el advenimiento de nuestra supremacía sobre el mundo entero y los reinos de los gentiles.

Hemos logrado derrocar a la mayoría de los tronos de Europa. Los demás nos seguirán en un futuro próximo. Rusia ya sirve a nuestra dominación. Francia, con su gobierno masónico, está enteramente a nuestra merced. Inglaterra, con su dependencia de nuestras finanzas, está bajo nuestro talón y su protestantismo destruirá el catolicismo en el país. España y México no son más que juguetes en nuestras manos.

Muchos países están en nuestras manos: Estados Unidos es uno de ellos. Pero la Iglesia sigue viva. Debemos destruirla sin más demora y sin piedad.[17] La prensa mundial está bajo nuestro control. Promovamos el

---

[17] Hoy, la Iglesia está destruida. Sus prelados son grotescos. Treinta obispos comunistas han firmado un *"arrepentimiento"* sobre un holocausto que es un disparate aritmético-técnico. Pero es cierto que los judíos murieron durante la Segunda Guerra Mundial, por actos de guerra, tifus y malnutrición en los campos.

odio a la Iglesia Católica con más violencia. Intensifiquemos nuestras actividades para envenenar la moral de los gentiles. Difundamos el espíritu de la revolución en el corazón del pueblo.

Hay que llevarles a despreciar el patriotismo y el amor a la familia, a considerar su fe como un sinsentido, su obediencia a la Iglesia como un servilismo degradante, para que se vuelvan sordos a la llamada de la Iglesia y ciegos a sus gritos de alarma contra nosotros.[18]

Sobre todo, hagamos imposible que los cristianos ajenos a la Iglesia se unan a ella y que los no cristianos se unan a ella. De lo contrario, se reforzará el mayor obstáculo a nuestra dominación y nuestra obra quedará sin realizar.[19] Nuestro complot quedaría al descubierto. Los goyim se volverían contra nosotros con espíritu de venganza y nuestra dominación se haría imposible.[20]

Mientras la Iglesia tenga militantes, no seremos los amos del mundo. Los judíos no reinarán hasta que el Papa de Roma sea destronado, como todos los demás monarcas de la tierra."

Pero doscientos o trescientos mil judíos que murieron en la Segunda Guerra Mundial están muy lejos de los quince millones de alemanes que murieron en una guerra que los judíos declararon a Hitler en 1933.

[18] Todo esto se ha conseguido perfectamente en el año 2000.

[19] Esta política ha cambiado: hoy los judíos predican el ecumenismo, que es una ventaja en una Iglesia que ha desaparecido.

[20] Dada la estupidez de los gentiles, no hay riesgo. No ven nada, no entienden nada y se manifiestan en cuanto un judío levanta un dedo.

LO QUE LOS PROPIOS JUDÍOS DICEN SOBRE EL COMUNISMO

RABINO JUDAH L. MAGNES

Hablando en Nueva York en 1919, declaró: *"Las cualidades radicales que hay en el judío van hasta el fondo de las cosas; en Alemania, se convierte en un Marx o un Lassalle, un Haas y un Edouard Bernstein. En Austria, se convierte en un Victor Adler, en Rusia, en un Trotsky. Observen la situación actual en Alemania y Rusia. La revolución está poniendo en acción sus fuerzas creadoras; fíjense en el gran contingente de judíos que están inmediatamente listos para la batalla. Socialistas revolucionarios, mencheviques, bolcheviques, socialistas mayoritarios y minoritarios, cualquiera que sea el nombre que se les dé, en todos estos partidos hay judíos como sus abnegados dirigentes y como sus trabajadores regulares."*

SR. COHAN, JUDÍO

Esta declaración se publicó en *"El Comunista"*, Kharkoff, nº 72, 12 de abril de 1919):

"Se puede decir sin exagerar que la gran revolución rusa se hizo de la mano de los judíos. Fueron precisamente los judíos que dirigieron al proletariado ruso en los albores de la Internacional quienes no sólo dirigieron sino que siguen dirigiendo la causa de los Soviets, que permanecen en sus fiables manos. Es cierto que no hay judíos en el Ejército Rojo en lo que se refiere a los soldados, pero los judíos mandan valientemente como dirigentes de los comités y organizaciones soviéticas, y conducen a las masas del proletariado ruso a la victoria. El símbolo de los judíos se ha convertido en el símbolo del proletariado ruso. Con este símbolo vendrá la muerte de los parásitos de la burguesía que pagarán con gotas de sangre las lágrimas judías."

Nahum Sokolow, judío

Este gran líder judío afirma en su libro "*La historia del sionismo*": "*El sionismo desempeñó un papel importante en las actividades bolcheviques en Rusia*".

Rabino Lewis Brown

Este rabino nos dice, en su libro "*Qué extraño de Dios*": "*Queremos rehacer el mundo no judío, hacer lo que los comunistas están haciendo en Rusia*".

Profesor Reinhold Niebuhr, judío

Este famoso teólogo protestante, hablando el 3 de octubre de 1934 ante el *Instituto Judío de Religión* de Nueva York: "*El marxismo es una forma moderna de profecía judía*".

"El hebreo americano

El siguiente artículo apareció en la edición del 10 de septiembre de 1920: *A partir del caos económico, el judío concibió el capital con su mecanismo de aplicación, el banco. Uno de los fenómenos impresionantes de nuestros tiempos modernos es la rebelión de los judíos contra este monstruo que su mente había concebido y sus manos habían moldeado. La revolución bolchevique en Rusia, ese logro destinado a pasar a la historia como el resultado primordial de la Gran Guerra, fue en gran medida el resultado del pensamiento judío, del descontento judío.*

Lo que el idealismo judío y el descontento judío han ayudado tan poderosamente a conseguir en Rusia, las mismas cualidades históricas judías de corazón y mente tienden a conseguirlo en otros países.[21]

¿América, como la Rusia de los zares, acusará al judío de destructor y le obligará a ser un enemigo irreconciliable? ¿O se aprovechará Estados Unidos del genio judío? Esa es una pregunta que debe responder el pueblo de Estados Unidos.

HERMALIN, JUDÍO

Este comunista judío declaró en un discurso en Nueva York en 1917: "*La revolución rusa la hicieron los judíos. Formamos sociedades secretas. Imaginamos el reino del terror. Hicimos triunfar la revolución con nuestra propaganda convincente y asesinatos en masa para formar un gobierno propio.*"

"CRÓNICA JUDÍA"

En la edición del 4 de abril de 1919 del principal periódico judío de Londres: "*Hay mucho en el hecho mismo del bolchevismo, en el hecho de que tantos judíos sean bolcheviques, en el hecho de que los ideales del bolchevismo se fundan en muchos puntos, con los más altos ideales del judaísmo.*"

RABINO JUDAH L. MAGNES

Este rabino de Nueva York hizo la siguiente declaración en la Conferencia Nacional Radical de Estados Unidos en abril de 1918: "*Afirmo ser un verdadero bolchevique. Puedo decir definitivamente que el Presidente de los Estados Unidos pedirá en breve a los gobiernos*

---

[21] No hace falta insistir en el universalmente tentacular marxismo y sus 200 millones de víctimas...

aliados una paz inmediata. Exigirá la paz inmediata sobre la sencilla base propuesta por los bolcheviques de Rusia."

OTTO WEININGER, JUDÍO

En *"Sexo y carácter"*, publicado en Viena en 1921, este judío austriaco declara en la página 406:

"La idea de propiedad está indisolublemente ligada a la individualidad, a la particularidad del carácter. Esta es una de las razones por las que los judíos acuden al comunismo".

En la página 413: *"El judío es comunista"*.

En la página 407: *"La completa incapacidad del judío para comprender la idea del Estado"*.

"HACIA MOSCÚ

En la edición de septiembre de 1919 de este periódico bolchevique judío, leemos: *"No debemos olvidar que el pueblo judío forma el verdadero proletariado, la verdadera internacional que no tiene patria"*.

ANGELO RAPPOPORT, JUDÍO

El autor de *"Pioneros de la Revolución Rusa"* nos dice: *Los judíos de Rusia, en su conjunto, fueron responsables de la revolución"*.

MORITZ RAPPOPORT, JUDÍO

El autor de las siguientes líneas, comentando la revolución alemana de 1918: *"La revolución nos recuerda una vez más la importancia de la cuestión judía, porque los judíos son el elemento dirigente de la revolución"*.

"TRIBUNA JUDÍA

En su edición del 5 de julio de 1922: *"La revolución alemana es obra de los judíos. Los partidos democráticos liberales cuentan con un gran número de judíos a la cabeza, y los judíos desempeñan un papel predominante en los altos cargos del gobierno"*.

KADMI COHEN, JUDÍO

En su libro "Nómadas", publicado en 1928, el judío Kadmi Cohen declaraba: "El propio instinto de propiedad, resultante además del apego a la tierra, no existe entre los judíos que nunca han poseído la tierra, que nunca han querido poseerla. De ahí su innegable tendencia comunista desde los tiempos más remotos. (página 85) ¿No basta recordar los nombres de los grandes revolucionarios judíos de los siglos XIX y XX, los Karl Marx, los Lassalle, los Kurt Eisner, los Bela Kuhn, los Trotsky, los Léon Blum, para que se mencionen los nombres de los teóricos del socialismo moderno?

Aunque no es posible declarar al bolchevismo, tomado en su conjunto, como una nación judía, no es menos cierto que los judíos proporcionaron varios líderes del movimiento maximalista y que, de hecho, desempeñaron un papel importante. Las tendencias de los judíos hacia el comunismo, al margen de cualquier colaboración material en las organizaciones del partido, se ven confirmadas de forma sorprendente por la profunda aversión que un gran judío, un gran poeta, Henri Heine, sentía por el Derecho Romano.

Las causas subjetivas, las causas apasionadas de la revuelta de Rabí Aquiba y Bar Kocheba en el año 70 d.C. contra la Pax romana y el Jus romanum, comprendidas y sentidas subjetivamente, apasionadamente por un judío del siglo XIX, que aparentemente no había conservado ningún vínculo con su raza. Y los revolucionarios judíos y los comunistas judíos que atacan el principio de la propiedad privada, cuyo monumento más sólido es el Codex Juris Civilis de Justiniano y Vulpiano, ¿hacen algo diferente de sus antepasados que resistieron a Vespasiano y Tito? En realidad, son los muertos los que hablan". (página 86).

"LOS MACABEOS

En noviembre de 1905, este periódico judío neoyorquino publicó un resonante artículo bajo el título

"*Una revolución judía*" - "*La revolución de 1905 en Rusia es una revolución judía, una crisis en la historia judía. Es una revolución judía porque en Rusia vive casi la mitad de los judíos del mundo y el derrocamiento de su gobierno despótico tendrá una influencia muy grande en los destinos de millones de judíos que viven en ese país y de miles que han emigrado de todas partes. Pero la revolución rusa es una revolución judía porque los judíos son los revolucionarios más activos del imperio del Zar*".

MAURICE SAMUEL, JUDÍO

En su libro *Moi, le Juif (Yo, el judío)*, publicado en 1923, el autor declaraba: "*Los judíos somos revolucionarios. Dios nos ha hecho y constituido de tal manera que si nos fuera dado alcanzar alguna de nuestras metas, el objeto de nuestros deseos declarados, nos pondríamos inmediatamente manos a la obra, por principio, para tratar de demoler lo que se acaba de construir*".

ANGELO RAPPOPORT, JUDÍO

En "*Pioneros de la Revolución Rusa*", publicado en 1918, en la página 100: "*A lo largo de la historia, el espíritu de los judíos ha sido siempre revolucionario y subversivo, pero subversivo con la idea de construir sobre las ruinas.*"

BERNARD LAZARE, JUDÍO

En su libro publicado en París en 1894, *"L'antisémitisme et ses causes"*, el autor nos dice: *"El judío desempeña un papel en las revoluciones y participa en ellas como judío o, más correctamente, mientras siga siendo judío. El espíritu judío es esencialmente revolucionario y, conscientemente o no, el judío es un revolucionario"*.

"EL MUNDO ISRAELITA

En el número del 5 de septiembre de 1867: *"La revolución con su igualdad y su fraternidad es la estrella de Israel"*.

"ARCHIVOS ISRAELÍES

En el número del 6 de julio de 1889: *"El año 1789 es una nueva Pascua, la Revolución Francesa tiene un carácter hebraico muy pronunciado."*

"NEW YORK TIME

En la edición del 24 de marzo de 1917: *"Kennan reescribe la historia. Cuenta cómo Jacob Schiff, un banquero judío, financió la propaganda revolucionaria en el ejército del zar. El señor Kennan habló del trabajo realizado para la revolución por los amigos de la libertad rusa. Dijo que durante la guerra ruso-japonesa estuvo en Tokio y se le permitió visitar a los 12.000 prisioneros rusos en manos japonesas. Había concebido la idea de imbuir al ejército ruso de ideas revolucionarias. Trajo de América toda la propaganda revolucionaria rusa que pudo conseguir. Dijo que un día el Dr. Nicholas Russell fue a verle a Tokio y le dijo que le habían enviado para ayudarle en su trabajo.*

El movimiento fue financiado por un banquero neoyorquino al que todos ustedes conocen y adoran", dijo refiriéndose al Sr. Schiff. Pronto recibimos tonelada y media de propaganda revolucionaria en ruso. Al final de la guerra, 50.000 oficiales y soldados rusos regresaban a casa como ardientes revolucionarios. Los amigos de la libertad rusa habían plantado 50.000 semillas de libertad en 100 regimientos. No sé cuántos de estos oficiales capturaron la fortaleza de Petrogrado la semana pasada, pero sí sabemos el papel que el ejército acaba de desempeñar en la revolución. A continuación se leyó ante la asamblea un telegrama de Jacob Schiff, que decía en parte lo siguiente: Di a los que están aquí esta noche de mi parte cuánto lamento no poder celebrar con los 'amigos de la libertad rusa' la recompensa tangible por lo que hemos esperado y hecho durante estos largos años".

ELIE EBERLIN, JUDÍO

Este judío, en su libro "*Los judíos de hoy*", publicado en 1928, escribió lo siguiente: *"El Pueblo del Sionismo continúa su tarea en Rusia, Palestina y otros lugares. En la actualidad, parece ser el único partido proletario internacional. Una de sus fracciones se adhiere a la Internacional Comunista, la otra a la Internacional Socialista (página 24). En el curso de su existencia autónoma, el pueblo judío ha pasado por muchas formas de gobierno. Pero ni la dictadura paternal del gran Moisés, ni el poder de los reyes regidos por una constitución religiosa, ni la república de los fieles bajo la presidencia de los sumos sacerdotes, ni el despotismo de los últimos reyes apoyados en Roma fueron aceptados por este pueblo de soñadores. Los judíos siempre han tenido un gobierno, pero siempre han estado sometidos a él (página 134). En consecuencia, los judíos no han podido mantener su estado entre los estados de la Antigüedad y han tenido que convertirse inevitablemente en la levadura revolucionaria del universo (página 143). Lo que sigue siendo judío en el bolchevismo es la renuncia a las recompensas del más allá, en el otro mundo, y la búsqueda de la felicidad en la tierra. Esta idea, que marca el triunfo de los valores judíos sobre los valores místico-cristianos, es común a todos los pueblos de hoy".* (página 155).

"CRÓNICA JUDÍA

El periódico judío de Londres publicó lo siguiente en su edición del 6 de enero de 1933: *"Más de un tercio de todos los judíos de Rusia se han convertido en oficiales soviéticos".*

Manifiesto de los rabinos

Manifiesto del 25 de febrero de 1930, firmado por los rabinos Menahem Gluskin de Minsk, Osée L. Zimbalist, Herz Mazel, Gabriel Gabrielow, Oscher Kerstein y Mendel Jarcho, y publicado por el comunista judío Michael Sheimann en "*Krestobyl Pokhod Protiv*" URSS, Moscú, 1930, páginas 103 y 104:

"No nos es posible separar nuestro destino del del pueblo judío, respecto al cual el gobierno de la URSS puede proclamarse el único que combate abiertamente todas las manifestaciones de antisemitismo. Desde el punto de vista mundial es un hecho de la mayor importancia que el líder del Partido Comunista y jefe del Estado soviético, Lenin, emitiera un decreto declarando enemigos del pueblo a los antijudíos. Y mientras bajo la dominación británica todavía eran posibles conflictos sangrientos, y en Rumanía y muchos otros países seguían produciéndose pogromos y otras manifestaciones antijudías, en la URSS se movilizaron todos los medios de propaganda contra el antisemitismo e incluso se puso en marcha el aparato de la ley.[22] *Bajo el régimen soviético nunca fuimos objeto de persecución alguna a causa de nuestras convicciones religiosas*[23]

Louis Fisher, judío

Este corresponsal en Rusia del periódico "*Nation*" escribió en el "*New York Jewish Tribune*" del 18 de enero de 1924 lo siguiente: *"Si juzgamos a los bolcheviques por lo que los judíos han ganado con ellos en el campo de la educación, el veredicto está ciertamente a su favor. Los niños judíos, decenas de miles de ellos, asisten a escuelas públicas oficiales donde el yiddish es la lengua de instrucción. El gobierno ha creado seminarios pedagógicos judíos especiales en los que se forma a los profesores para que impartan clases en yiddish en las escuelas*

---

[22] Es lo que ocurre ahora en Francia con la ley estalino-orwelliana *"Fabius-Gayssot"*.

[23] Hay que señalar que no es el caso de otras religiones: en el momento en que se escribió este texto, 42.800 altos dignatarios, sacerdotes y ministros de las confesiones cristianas habían sufrido el martirio y la muerte...

judías. Incluso hay secciones en las universidades donde la enseñanza se imparte en yiddish. Antes de la revolución bajo el zar, la proporción de estudiantes judíos estaba limitada al 4%. Ahora no hay límite. En algunas universidades, el 50% de los estudiantes son judíos. En Minsk (Rusia Blanca) el porcentaje es aún mayor.

"LOS MACABEOS

Extracto de un artículo del judío Haas publicado en este periódico: "*La revolución rusa es una revolución judía porque marca un hito en la historia judía. También es una revolución judía porque los judíos fueron los revolucionarios más activos del Imperio ruso.*"

"MUNDO JUDÍO

Artículo publicado el 8 de agosto de 1922: "*Los negocios se están recuperando en Rusia y, bajo el nuevo régimen, los judíos se están convirtiendo rápidamente en los capitanes de la industria. Ahora hay 100.000 judíos en Moscú y en muchas calles pueden verse carteles de carnicerías kosher. Sin embargo, el antisemitismo creció en la ciudad a medida que aumentaba la población judía.*

" CRÓNICA JUDÍA CANADIENSE

Edición del 10 de agosto de 1923, citada por la *Oficina de Correspondencia Judía*: "*El número de bandidos judíos en Moscú está aumentando de forma alarmante. Apenas pasa un día sin que se cometan atentados en la vía pública o robos violentos por bandas cuyos miembros son en su mayoría judíos. Son los amos de los bajos fondos, incluida la Mafia, y para implicar mejor a los italianos, cambian sus nombres judíos por italianos*".

MAURICE MURREY, JUDÍO

En su libro *L'Esprit juif (El espíritu judío)*, este judío francés escribió: "*Por sangre y tradición, Karl Marx pertenece en cuerpo y alma al judaísmo. Karl Marx y Rothschild representan los dos extremos, pero como se suele decir, "los extremos se tocan".*

Tanto Marx como Rothschild personifican el ideal judío elevado a su máxima potencia. Cuanto más se alejan las masas del cristianismo, más visiblemente judías se vuelven. El idealismo regenerador judío puede estar preparando una revolución desastrosa para el siglo XX. Cada manifestación intensa de idealismo propiamente judío en Europa ha coincidido con levantamientos, asesinatos y rebeliones."

"NOVY MAR

El 16 de marzo de 1922, este órgano de prensa bolchevique publicó un llamamiento a los trabajadores y ciudadanos judíos de todo el mundo, que decía: *"Nuestro gobierno de los Soviets ha gastado miles de millones para ayudar a los judíos que han sufrido los pogromos. Pero hoy nuestra república está desamparada. Debéis presionar a vuestros gobiernos para que reparen a sus expensas los distritos judíos devastados y compensen a los judíos que han sufrido en Rusia. Todas las organizaciones judías del mundo están invitadas a presentar esta petición a la Conferencia de Génova a través de la delegación soviética. Es vuestro sagrado deber presionar a vuestros gobiernos, estén o no representados en Génova, para obligarles a apoyar las demandas de los judíos de Rusia. Debéis insistir en que los delegados de vuestros respectivos países en Génova apoyen las demandas que los judíos habrán presentado por medio de sus representantes, los delegados de los Soviets."*

J. OLGIN, JUDÍO

Este líder comunista, en su periódico neoyorquino *"Morning Freiheit"*, publicó las siguientes líneas: *"Todo judío debe apoyar al Frente Popular porque es el baluarte que defiende los derechos del pueblo judío"*.

BERNARD LAZARE, JUDÍO

En su libro "*L'antisémitisme et ses causes*" *(El antisemitismo y sus causas)*, publicado en París en 1894, el historiador judío nos dice: "*En medio de todas las naciones de Europa, los judíos existen como una comunidad confesional con nacionalidad propia, que ha conservado un tipo particular, aptitudes especiales y un espíritu propio*". (página 297)

"*El judío es un tipo confesional tal como es; son la ley y el Talmud los que lo han hecho más fuerte que la sangre y las variaciones climáticas; han desarrollado en él caracteres que la imitación y la herencia han perpetuado.*" (página 283)[24]

"*Ninguna religión ha sido tan buena amasadora de almas y mentes como la religión judía*". (página 283)

[La religión judía es] "más antigua, más inmutable, más estrecha y más estrictamente adherida que cualquier otra". (página 281)

"*Animado por ese viejo materialismo hebraico que soñaba perpetuamente con un paraíso realizado en la tierra y repelía siempre la esperanza lejana y problemática de un Edén después de la muerte*". (página 346)

"*La filosofía del judío era simple. Disponiendo de un número limitado de años para dedicarse a sí mismo, quería disfrutarlos, y no eran placeres morales lo que pedía, sino placeres materiales para embellecer su existencia y hacerla dulce. Como el cielo no existía, sólo podía esperar favores tangibles de Dios a cambio de su fidelidad y piedad, no vagas promesas buenas para los buscadores del más allá, sino logros formales, que se resolvieran en un aumento del bienestar. Sin esperanza de compensación futura, el judío no podía resignarse a las desgracias de la*

---

[24] Sabemos que todo esto es falso, o en todo caso insignificante, sobre todo porque la mayoría de los judíos burgueses ignoran por completo su religión, como sabe cualquier judío que haya vivido en la alta burguesía occidental. El particularismo judío proviene exclusivamente de la circuncisión al octavo día. Es obvio que *la* "*atmósfera sociológica judía*" lo refuerza, pero no es en absoluto decisiva. (véase *Archivos secretos del siglo XXI*).

vida; sólo muy tarde pudo consolarse de sus infortunios pensando en la bienaventuranza celestial. No respondió a los azotes que le sobrevinieron con fatalismo musulmán o resignación cristiana, sino con revuelta". (página 307)

"Así pues, la concepción que los judíos tenían de la vida y de la muerte constituyó el primer elemento de su espíritu revolucionario. Partiendo de la idea de que la bondad, es decir, la justicia, debía realizarse no más allá de la tumba, ya que más allá de la tumba hay sueño hasta la resurrección de los cuerpos, sino que durante la vida buscaban la justicia y al no encontrarla, perpetuamente insaciables, se agitaban para obtenerla." (página 314)

"Sin la ley, sin Israel para practicarla, el mundo no existiría. Dios lo haría entrar en la nada y el mundo no conocerá la felicidad hasta que esté sometido al imperio universal de esta ley, es decir, al imperio de los judíos." (página 8)

"La felicidad se alcanzará mediante la libertad, la igualdad y la justicia. Sin embargo, aunque Israel fue la primera nación que pensó en estas ideas, otros pueblos en diversos momentos de la historia las apoyaron y no fueron por ello rebeldes como el pueblo judío. ¿Por qué? Porque aunque estos pueblos estaban convencidos de la excelencia de la justicia, la igualdad y la libertad, no consideraban posible su plena realización, al menos en este mundo, y en consecuencia no trabajaron únicamente para su advenimiento. Por el contrario, los judíos no sólo creían que la justicia, la libertad y la igualdad podían ser las soberanas del mundo, sino que también creían que habían sido especialmente comisionados para trabajar por este régimen. Todos los deseos y esperanzas que suscitaban estas tres ideas acabaron cristalizando en torno a una idea central: la de los tiempos mesiánicos, la de la venida del Mesías que debía ser enviado por Yahvé para instaurar su poder terrenal soberano". (página 322)

"Tal como era, con sus disposiciones, con sus tendencias, era inevitable que el judío desempeñara un papel en las revoluciones: lo hizo". (página 329)

"Los judíos siempre han estado descontentos. No quiero sugerir que fueran simplemente rebeldes u opositores sistemáticos de cualquier gobierno, pero no estaban satisfechos con la forma en que estaban las cosas. Estaban perpetuamente preocupados, esperando algo mejor que nunca encontraron. (página 305)

"Las causas que dieron origen a esta agitación, que la sostuvieron y perpetuaron en el alma de algunos judíos modernos, no son causas externas, como la tiranía efectiva de un príncipe, de un pueblo o de un código feroz. Son causas internas, es decir, que tienen que ver con la esencia misma del espíritu hebreo. Debemos preguntarnos cuáles eran las razones de los sentimientos de rebelión que animaban a los judíos en su idea de Dios y en su concepción de la vida y de la muerte[25]

"Durante el segundo período revolucionario, que comenzó en 1830, mostraron aún más ardor que durante el primero, porque en la mayoría de los Estados de Europa no gozaban de la plenitud de sus derechos. Incluso aquellos de ellos que no eran revolucionarios por razón o temperamento, lo eran por interés, y al trabajar por el triunfo del liberalismo, trabajaban para sí mismos. No cabe duda de que con su oro, su energía y su talento apoyaron y secundaron la revolución

---

[25] Bernard Lazare comprendió muy bien que esta mentalidad rebelde tiene una causa interna: es su naturaleza hormonal. Cuando la insuficiencia intersticial es total, conduce a la demencia. Hay pues un descontrol, una falta de razón, que se ve agravada por un potencial tiroideo muy superior al de los goyim.
La tiroides es la glándula de la inteligencia y la sensibilidad, pero también del orgullo y la tentación.
Esta configuración hormonal, a la que se añade una posibilidad hipofisaria igualmente décuple (especulación analítica, finanzas, ciencia, ideologías), constituye el determinismo de la naturaleza de los judíos y de su especulación. Los judíos no son los dueños de su naturaleza especulativa-parasitaria ni de su naturaleza subversiva: todo esto proviene exclusivamente de la circunscripción al 8º día.

europea. Durante aquellos años, sus banqueros, sus industriales, sus sacerdotes, sus escritores y sus tribunos, movidos por ideas muy diferentes, trabajaban todos por el mismo objetivo". (página 341)

"Se les encuentra mezclados en el movimiento de la joven Alemania; eran numerosos en las sociedades secretas, que formaban el ejército de combate revolucionario en las logias masónicas, en los grupos de la Charbonnerie, en las Altas Ventas romanas, por todas partes en Francia, Alemania, Suiza, Austria e Italia".

"Por un lado, estuvieron entre los fundadores del capitalismo industrial y financiero y colaboran activamente en esta centralización extrema del capital, que sin duda facilitará su socialización.

"Por otro, se encuentran entre los más ardientes opositores al capital. Al judío buscador de oro, producto del exilio, el talmudismo, la legislación y la persecución, se opone el judío revolucionario, hijo de la tradición bíblica y profética, la tradición que animó a los libertarios anabaptistas alemanes del siglo XVI y a los puritanos de Cromwell."[26] (página 393)

"A Rothschild corresponden Marx y Lassalle. A la lucha por el dinero corresponde la lucha contra el dinero y el cosmopolitismo del agioteur se convierte en internacionalismo proletario y revolucionario." (página 343)

"Los judíos emancipados entraron en las naciones como extranjeros. Entraron en las sociedades modernas no como invitados, sino como conquistadores. Eran como un rebaño de ganado. De repente, cayeron las barreras y se precipitaron a campo abierto. Pero no eran guerreros: hicieron la única conquista para la que estaban armados: la conquista económica que habían estado preparando durante muchos años." (página 223)

---

[26] El judío buscador de oro es un producto de la circuncisión del 8º día, como el judío revolucionario mencionado inmediatamente.

"La Revolución Francesa fue ante todo una revolución económica. Si puede considerarse como el resultado de una lucha de clases, también debe considerarse como el resultado de una lucha entre dos formas de capital: el capital inmobiliario y el capital mobiliario, el capital terrateniente y el capital industrial y de agencia. Con la supremacía de la nobleza desapareció la supremacía del capital terrateniente, mientras que la supremacía de la burguesía trajo consigo la supremacía del capital industrial y de agencia. La emancipación de los judíos está ligada a la historia de la preponderancia de este capital industrial". (página 224)

ANGELO RAPPOPORT, JUDÍO

En la página 25 de su libro *"Pioneros de la Revolución Rusa"*, publicado en 1918: *"No había una sola organización política en este vasto país ruso que no estuviera influida por los judíos o dirigida por ellos. El Partido Socialdemócrata, el Partido Socialista Revolucionario y el Partido Socialista Polaco contaban con judíos entre sus dirigentes". Quizás Plehve tenía razón cuando decía que la lucha por la emancipación política en Rusia y la cuestión judía eran prácticamente idénticas. El Bund, o Unión General de Trabajadores Judíos, se fundó en 1897. Es una asociación política y económica del proletariado judío, al principio opuesta a todas las distinciones nacionalistas, luego imbuida gradualmente de sentimientos nacionalistas* judíos."

En la página 288: *"Más que los polacos, los letones, los finlandeses, o de hecho cualquier grupo étnico en el vasto imperio de los Romanofs, los judíos fueron los partidarios de la Revolución* de 1917."

ALFRED NOSSIG, JUDÍO

Para el autor de *"Integrales Judentum"*, publicado en Berlín en 1922: *"El movimiento socialista moderno es, en su mayor parte, obra de los judíos. Fueron judíos quienes le imprimieron su impronta. También fueron judíos quienes desempeñaron un papel destacado en la dirección de las primeras repúblicas socialistas.*

Sin embargo, la mayoría de los líderes socialistas judíos estaban muy alejados del judaísmo. A pesar de ello, el papel que desempeñaban no dependía sólo de ellos. En ellos operaba inconscientemente el viejo principio eugenésico del mosaicismo; la sangre del antiguo pueblo apostólico vivía en sus cerebros y en su temperamento social. El socialismo mundial actual es la primera etapa de la realización del mosaicismo, el comienzo de la realización del mundo futuro predicho por nuestros profetas.

Sólo cuando exista una Sociedad de Naciones, sólo cuando sus ejércitos aliados se empleen eficazmente en la protección de todos los débiles, podremos esperar que los judíos puedan desarrollar sin obstáculos su Estado nacional en Palestina, y sólo una Sociedad de Naciones imbuida del espíritu socialista hará posible que disfrutemos de nuestras necesidades tanto internacionales como nacionales.

Por eso todos los grupos judíos, ya sean sionistas o dispersalistas, tienen un interés vital en la victoria del socialismo. Deben exigirlo no sólo por su identidad con el mosaicismo, sino también como principio táctico."

EL COMUNISMO APOYADO Y FINANCIADO POR LA ALTA BANCA JUDIA

Ya nadie lo duda, pero es interesante examinar algunos documentos sobre el tema. Fueron los grandes banqueros judíos de Nueva York quienes financiaron el bolchevismo en Rusia. El Servicio Secreto de los Estados Unidos envió el siguiente documento a todas las embajadas de los países aliados. Este prodigioso documento fue reproducido en 1929 en muchos periódicos patrióticos de diversos países. También fue reimpreso en una revista católica *"El Cuerpo Místico de Cristo en los Tiempos Modernos"* con el imprimatur de un obispo, por el Padre Denis Fahey, Profesor de Teología en el Black Rocks College, Dublín, Irlanda.

HE AQUÍ EL TEXTO Y LOS ANÁLISIS DEL PADRE FAHEY.

El principal documento que trata de la forma en que se financió la revolución rusa es el publicado por el servicio secreto americano y remitido por el Alto Comisario francés a su gobierno. Fue publicado por *"Documentation Catholique"* en París el 6 de marzo de 1920, precedido de las siguientes observaciones: "Garantizamos la autenticidad de este documento. El servicio secreto americano se responsabiliza de la exactitud de las informaciones que contiene". Este documento fue publicado en 1920 en un suplemento del diario parisino *"La Vieille France"*, que añadía: "Todos los gobiernos de la Entente tenían conocimiento de este memorándum, redactado a partir de informaciones del Servicio Secreto americano y enviado al Alto Comisario francés y a sus colaboradores".

Esta memoria también se puede encontrar en el libro de Monseigneur Jouin *"Le péril judéo-maçonnique"*, parte III, páginas 249-351, con la observación adicional de que los judíos obstruyeron su publicación, por lo que la mayoría del público ignoraba su existencia. Aunque se ha cuestionado el origen judío de Kerensky, que provocó la primera revolución rusa en 1917, parece seguro que era hijo del judío Aaron Kerbis y de la judía Adler.[27] El documento está dividido en ocho secciones. A continuación se reproducen las secciones I a IV y VI a VIII.

INFORME DEL SERVICIO SECRETO DE EE.UU.

Sección I: *En febrero de 1916 se descubrió por primera vez que se estaba fomentando una revolución en Rusia. Se descubrió que las siguientes personas, junto con los bancos mencionados, estaban comprometidas en esta obra de destrucción. Jacob Schiff, judío, Guggenheim, judío, Max Breitung, judío, Kuhn, Loeb & Cº banco judío cuyos directores eran: Jacob Schiff, Felix Warburg, Otto Kahn, Mortimer Schiff, S.H Hanauer, todos judíos.*

No cabe duda de que la Revolución Rusa que estalló un año después de que se filtrara la información anterior fue fomentada y declarada por influencias específicamente judías. De hecho, en abril de 1917, Jacob Schiff hizo una declaracion publica en el sentido de que fue el y su ayuda financiera que habian llevado al exito de la Revolucion Rusa.

Sección II: *En la primavera de 1917, Jacob Schiff comenzó a proporcionar a Trotsky (un judío) fondos para llevar a cabo la revolución social en Rusia. El "New Cork Daily Forward", órgano judeo-bolchevique, hizo una suscripción con el mismo fin. En Estocolmo, el judío Max Warburg también proporcionó fondos a Trotsky & Coº. También recibieron fondos del Rhenish Westphalian Syndicate, que es una importante compañía bancaria judía. Del mismo*

---

[27] Este detalle realmente no importa, ya que todo el mundo sabe que la revolución bolchevique fue, en su conjunto, judía: ideólogos, financieros, políticos, administradores, verdugos de prisiones y campos de concentración. Hablaremos de ello más adelante.

modo, otro judío, Olaf Aschberg, del banco Nya de Estocolmo, y Givotovsky, un judío cuya hija estaba casada con Trotsky.

Sección III: *En octubre de 1917 estalló la revolución en Rusia. Gracias a esta revolución, las organizaciones soviéticas se hicieron con el liderazgo del pueblo ruso. Entre los soviéticos, se hicieron famosos los siguientes individuos, todos ellos judíos:*

Lenin (*Uliánov*)	Garine (*Garfeld*)	Trotsky (*Bronstein*)
Zinovieff (*Apfelbaum*)	Kameneff (*Rosenfeld*)	Dan (*Gourevitch*)
Ganetzki (*Furstenberg*)	Parus (*Helphand*)	Uritsky (*Pademilsky*)
Larine (*Lurge*)	Bohrine (*Nathanson*)	Martinoff (*Zibar*)
Bogdanoff (*Zilberstein*)	Suchanoff (*Gimel*)	Kamnleff (*Goldmann*)
Sagersky (*Krochmann*)	Riazanoff (*Goldenbach*)	Solutzeff (*Belichmann*)
Pianitsky (*Ziwin*)	Axelrod (*Ortodoxo*)	Glasunoff (*Schultze*)
Zuriesain (*Weinstein*)	Lapinsky (*Lowensohn*)	

Hay que añadir que la madre de Lenin era judía, por lo que la tradición judía lo consideraba judío de pleno derecho. Lenin estudió con estudiantes judíos en Suiza. Victor Marsden, corresponsal inglés en Rusia, afirmó que Lenin era un judío kalmyk casado con una judía (Kroupskaya) cuyos hijos hablaban yiddish. Hervert Fitch, un detective de Scotland Yard que había espiado a Lenin como camarero, declaró que Lenin era un judío típico.

Sección IV: *Al mismo tiempo, el judío Paul Warburg, que había sido uno de los fundadores de la Junta de la Reserva Federal, se hizo conocido por su apoyo activo a ciertos bolcheviques notorios en Estados Unidos. Estas circunstancias, y un informe hecho sobre él, le impidieron ser elegido director de la Reserva Federal.*

Sección VI: *Por otra parte, Judas Magnes, que recibe subvenciones de Jacob Schiff, está en estrecho contacto con la organización sionista mundial Poale-Sion, de la que es director de facto. El objetivo último de esta organización era establecer la supremacía internacional del* *movimiento laborista judío. Judas Magnes era entonces rabino en Nueva York. Luego fue enviado a Jerusalén para dirigir la Universidad Judía. Poale-Sion, organización marxista militante, tiene una rama activa y poderosa en Montreal.*

Sección VII: *La revolución social apenas había estallado en Alemania cuando la judía Rosa Luxemburgo asumió automáticamente su dirección política. Uno de los principales dirigentes del movimiento bolchevique internacional era el judío Haase. En esta época la revolución social en Alemania se desarrollaba paralelamente a la revolución social en Rusia.*

Sección VIII: *Si tenemos en cuenta el hecho de que el banco judío Kuhn, Loeb et Cie, está en contacto con el sindicato Westphalien-Rhénan, un banco judío alemán, y con Lazare Frères, un banco judío de París, así como con la casa judía Gunsbourg de Petrogrado, Tokio y París, si además observamos que todas las casas judías antes mencionadas, están en estrecha correspondencia con la firma judía Speyer et Cie de Londres, Nueva York y Frankfurt am Main, así como con el Nya Banken, un establecimiento judeo-bolchevique de Estocolmo, se hace evidente que el movimiento bolchevique es la expresión de un movimiento judío general y que grandes bancos judíos están interesados en la organización de este movimiento.*

Así es como la inteligencia estadounidense estableció la connivencia entre los multimillonarios capitalistas judíos y los revolucionarios bolcheviques judíos.

CAPITALISTAS JUDÍOS

Algunas observaciones adicionales sobre las personas mencionadas parecen interesantes. Según *el "Écho de Paris"* del 28 de abril de 1920, Max Warburg era el Director General de Banque Max Warburg & Cie en Hamburgo. También era el principal accionista de Hamburg-America Line y Deutscher-Lloyd. Sus dos hermanos, Paul y Félix, uno de ellos casado con la cuñada y el otro con la hija de Jacob Schiff, nacido en Frankfurt, estaban con Schiff al frente de Banque Kuhn, Loeb & Cie. En la página 27 de la "*Conspiración germano-bolchevique*", publicada por el Comité de Información Pública de Washington D.C. en octubre de 1918, nos enteramos de que Max Warburg adelantó dinero a los bolcheviques.

He aquí un mensaje revelador: "*Estocolmo, 21 de septiembre de 1917. Sr. Raphael Scholak, Haparand*": "*Querido camarada, de acuerdo con un telegrama del Sindicato de Westfalia-Rinania, el Banco Max Warburg & Cie nos informa que se ha abierto una línea de crédito para la compañía del camarada Trotsky. Firmado: Furstenberg.*

Según fuentes francesas, Jakob Schiff pagó 12.000.000 de dólares por la Revolución Rusa de 1917. Si leemos ahora el libro de Nesta Webster *The Surrender of an Empire*, páginas 74, 79, encontramos más información sobre el ascenso del bolchevismo.

LA REVOLUCIÓN RUSA FUE UNA INVERSIÓN JUDÍA

Parece que el verdadero nombre de la persona mencionada en la Sección III como Parvus es Israel Lazarevitch Hellphand, un judío de la provincia de Minsk, en la Rusia Blanca. A finales del siglo pasado participó en el trabajo revolucionario en Odessa. En 1886 marchó al extranjero y finalmente, tras muchas peregrinaciones, llegó a Copenhague, donde amasó una gran fortuna como agente jefe para la distribución de carbón alemán en Dinamarca, trabajando a través del Partido Socialista Danés. El Dr. Ziv, en su "*Vida de Trotsky*", cuenta que cuando estaba en América en 1916, le preguntó a Trotsky: "*¿Cómo está Parvus? Trotsky respondió: "Está a punto de completar su duodécimo millón*". Fue este multimillonario judío quien, después de Karl Marx, fue la mayor inspiración de Lenin. Fue gracias a Parvus que Lenin fue enviado a Rusia. La Rusia bolchevique no es el triunfo de los trabajadores, sino que no parece ser más que una gigantesca inversión de los capitalistas judíos para sus propios fines.

EL SIMBOLISMO DE LA BANDERA ROJA

La bandera roja siempre ha sido un símbolo de peligro. En la parte trasera de un tren, al borde de un precipicio, en una carretera destrozada, en las afueras de una cantera o de una mina, dondequiera que haya peligro de muerte o de ruina, la bandera roja se despliega para advertir. Hoy, esta bandera, tan perfectamente simbólica, es desplegada e impuesta a las masas ignorantes por quienes sueñan con apoderarse del mundo para conducirlo a las masacres planetarias y a la nada.

Es, por tanto, el emblema de la ruina, los disturbios, los desórdenes, el caos, la agitación social y la miseria humana: doscientos millones de cadáveres del comunismo internacional siguen esta bandera. De hecho, es la bandera de las finanzas judías internacionales y fue enarbolada por primera vez por Rothschild. Fue desplegada por Karl Marx como bandera de la política mundial judeo-proletaria.

El primer Rothschild fue Amschel Mayer. Vivía en Fráncfort del Meno (Alemania), donde tenía una tienda de cambio y coleccionismo de monedas. Cuando quería indicar que su tienda tenía una venta especial, desplegaba una bandera roja delante de la tienda. La gente que iba allí decía: "Me voy a la bandera roja". Se dice que cuando un transeúnte se burló de la bandera, el judío Amschel Mayer respondió: *"Esta bandera dominará el mundo algún día"*.

El fundador de las finanzas internacionales pronto cambió su nombre por el de Rothschild, que significa *"bandera roja"* (o *"estandarte rojo"*). Una vez que tuvieron el control del mundo desde arriba, a través de las finanzas, los judíos decidieron obtenerlo también desde abajo, a través del proletariado. Lanzaron a Karl Marx con su biblia socialista y comunista y financiaron los grandes movimientos internacionales que surgieron de él. Así, la bandera roja de las altas finanzas se convirtió también en la del proletariado internacional. Ya sea que la conquista de los pueblos sea llevada a cabo por las finanzas judías o por las Internacionales bajo control judío, siempre son los judíos los que ganan y siempre es la bandera roja de la dominación judía la que reemplaza a las banderas de las Naciones.

Y legiones de Goyim, a quienes los judíos consideran *"vil semilla de ganado"* (Zohar), siguen extasiados esta bandera roja de su degradación y esclavitud, como ovejas que siguen tontamente a sus carniceros. Los líderes están entrenados para conducirlos hacia lo que ellos creen que es su "libertad", es decir, la antítesis radical y absoluta de la verdadera libertad.

La bandera roja de los Rothschild es la bandera del Becerro de Oro, de los destructores de países, de los asesinos en masa de España, Rusia y Hungría, la bandera de los Trotsky, los Bela Kuhn, los Litvinoff, los Kaganovich (que dirigían a los verdugos judíos de las prisiones y campos de concentración de la URSS: Frenkel, Yagoda, Firine, Apetter, Rappaport, Jejoff, Abramovici y medio centenar de verdugos judíos más).

Judíos y liberalismo

"El centinela

En este periódico judío del 9 de junio de 1936, el rabino Louis I. Newmann escribió: *"Los judíos deben estar siempre del lado del liberalismo, ahora y siempre. Incluso si el liberalismo sufre reveses temporales. El judaísmo no tiene nada en común con la reacción (nacionalismo), pero todo en su tradición es liberal."*

Un interesante documento británico sobre los judíos

En abril de 1919 se imprimió en Londres, por orden de Su Majestad, un Libro Blanco titulado *"Russia N°1"*, publicado en 1919, *"A Collection of Reports on Bolshevism in Russia"*. (Una colección de informes sobre el bolchevismo en Rusia"). Este documento oficial fue presentado a la Cámara de los Comunes. Este documento, en la página 6, contenía un informe del Excmo. Sr. Oudendyk, ministro de los Países Bajos en Petrogrado, que al mismo tiempo actuaba en calidad oficial de protector de los súbditos e intereses británicos, en sustitución del representante británico, capitán Cromie, que había sido asesinado por los bolcheviques.

Extracto de este informe oficial, fechado el 6 de septiembre de 1918 y recibido por Balfour el 18 de septiembre de 1918:

"En Moscú tuve repetidos encuentros con Chichérine y Karachan. Todo el gobierno soviético ha caído al nivel de una organización criminal. Los bolcheviques se han embarcado en una verdadera locura criminal. El peligro es ahora tan grande que considero mi deber llamar la atención del Gobierno británico y de todos los demás Gobiernos sobre el hecho de que toda la civilización mundial corre un gran peligro si no se erradica inmediatamente el bolchevismo ruso. Considero que la supresión inmediata del bolchevismo es el mayor problema al que se enfrenta actualmente el mundo, sin exceptuar la guerra que está teniendo lugar. A menos que el bolchevismo sea cortado de raíz sin demora, se extenderá de una forma u otra en Europa y en todo el mundo, porque está organizado y construido por judíos sin nacionalidad cuyo único objetivo es destruir el orden de cosas existente para sus propios fines particulares. La única manera de conjurar este peligro sería la acción colectiva de todas las potencias".

HALLAZGOS INEVITABLES

➢ El general comunista chino Chen se llamaba Cohen.
➢ El organizador del comunismo en China se llamaba Crusenberg, alias Borodin.
➢ El líder de los marxistas en Italia era el judío Claudio Trèves.
➢ En Rusia, Lenin, Trotsky, Kerensky, Zinoviev, Radomilisky, Konstantinovitch, Abramovici, Rosenblum,

Litvinov, Lindé, Ravitch y miles de otros dirigentes soviéticos eran judíos.

➢ En Hungría, el movimiento revolucionario de 1919 fue dirigido por los judíos Bela Kuhn, Kunsi, Agoston, Peter Grunbaum, Weinstein y otros.

➢ En Baviera, la revolución de 1918 fue dirigida por judíos: Kurt Eisner, Loewenberg, Rosenfeld, Koenigberg, Birbaum, Kaiser y Hoch.

➢ En Berlín, en 1918, fueron los judíos Lundsberg, Riesenfeld, Lewisohn, Moses, Rosa Luxemburgo, Cohen, Reuss y Hodenberg.

➢ En Munich, en abril de 1919, los líderes eran Levine, Levien y Axelrod.

➢ En Hamburgo, en 1923, el judío Sobelsohn (Karl Radek).

➢ En Brasil, en 1936, estalló una insurrección marxista. Los cabecillas eran los judíos Rosenberg, Gardelsran, Gutnik, Képlanski, Goldberg, Sternberg, Jacob Gria, Weiss y Friedmann.

➢ En España, en 1936, reaparecieron Bela Kuhn, Neumann, Ginsburg, Julius Deutch, la judía Nelken, Rosenberg, el embajador de la URSS y el judío Del Vayo, delegado del SDN.

➢ Toda una hueste de judíos procedentes de España presidió las masacres y atrocidades.

Exactamente como en Rusia... El hecho es que todas estas revoluciones comunistas, lanzadas a favor del proletariado, se traducen en realidad en masacres de campesinos y obreros sacrificados a la causa judía.

UN IMPORTANTE BANQUERO JUDÍO HACE UNA CONFESIÓN SENSACIONAL

A finales de 1936, el conde de Saint-Aulaire, embajador de Francia, publicó un libro titulado "*Genève contre la Paix*" (*Ginebra contra la Paz*) (Edition Plon). En él relataba las declaraciones que le había hecho un importante banquero judío de Nueva York en un café de Budapest, la capital de Hungría, que el judío Bela Kuhn acababa de ensangrentar con una espantosa revolución comunista. El banco al que se refiere es el Kuhn, Loeb & Co. Bank de Nueva York, cuyos directores eran Jacob H. Shiff, Otto H. Kahn y los hermanos Paul y Félix Warburg.

Esto es lo que dice el libro en la página 85 y siguientes:

"Esta situación explica cómo los aliados enmascarados de Bela Kuhn habían permanecido en Budapest después de su derrota y cómo se les podía encontrar en la mesa de las misiones interaliadas, de las que algunos eran miembros, lo que les resultaba muy conveniente para el cumplimiento de su otra misión. Eran tan felices bebiendo Tokay con los aliados como con Bela Kuhn, y cuando habían bebido más de lo que beben la leche los niños pequeños, se les soltaba la lengua. Muchos de los revolucionarios judíos expulsados de Hungría habían regresado allí después del armisticio, con uniforme americano, y fueron sus informes a Wilson los que inspiraron la política del Consejo Supremo en Europa Central.

Recuerdo las palabras de uno de esos augures que se sentó a mi lado en una de esas cenas internacionales que son la mejor escuela y el escollo más peligroso de la diplomacia. Había llegado a ser director de un importante banco neoyorquino, uno de los que financiaron la revolución bolchevique. Pero no era uno de esos banqueros que, en palabras de Louis Philippe a propósito de Casimir Perrier, estaban sellados al suelo como una caja fuerte. Tenía un "techo" en su especialidad y se complacía en romperlo para alcanzar regiones más altas.

Como buen oriental, se expresaba a través de imágenes a las que, como persona cerebral, daba extensiones intelectuales. Un invitado le preguntó "cómo podían las Altas Finanzas proteger al bolchevismo, enemigo de la propiedad inmobiliaria, condición de la industria bancaria, así como de la riqueza inmobiliaria que no le es menos necesaria", y nuestro encargado de abastecer a los sin pan vació un gran vaso de Tokay, se tomó un momento para dar una calada a su enorme puro de oro de cinco francos, y dijo: "Los que se asombran de nuestra alianza con los soviéticos olvidan que el pueblo de Israel es el más nacionalista de todos los pueblos, porque es el más antiguo, el más unido, el más exclusivo. Olvidan que su nacionalismo es el más heroico porque ha soportado las persecuciones más terribles.

También olvidan que es el nacionalismo más duro, el más intangible, ya que ha sobrevivido a lo largo de los siglos a pesar de todos los obstáculos sin el apoyo de un territorio. Es ecuménico y espiritual como el papado. Pero mira al futuro en lugar de al pasado, y su reino está aquí en la tierra. Por eso es la sal de la tierra, lo que no le impide ser, como se dice en el bulevar, el más desalado de los nacionalismos, es decir, el más decantado, el más desnortado...".

Cuando algunos de los invitados saludaron estas últimas palabras con una sonrisa malhumorada, este Sabio de Sión respondió con esta glosa: "Cuando digo el más despojado, quiero decir que nuestro nacionalismo es el más potable de todos, el que tiene más botella, el que los demás pueblos absorben más fácilmente con deleite y sin despeinarse". Volviendo a la sal, ¿conoces el precepto de los salazoneros de bacalao? Yo lo aprendí en el banco de Terranova. Aquí está: Demasiada sal quema la carne, poca la corrompe. Lo mismo ocurre con la mente y con las personas. Aplicamos este precepto con sabiduría, como corresponde, ya que la sal es el emblema de la sabiduría.

Lo mezclamos discretamente con el pan de los hombres: lo administramos en dosis corrosivas sólo en casos excepcionales, cuando es necesario quemar los escombros de un pasado impuro, como por ejemplo en la Rusia de los zares. Eso ya explica en cierto modo por qué nos gusta el bolchevismo: es un admirable salero para quemar, no para conservar. Pero aparte y por encima de este caso particular, comulgamos con el marxismo integral en la Internacional, nuestra religión, porque es el arma de nuestro nacionalismo, un arma a su vez defensiva y ofensiva, el escudo y la espada.

Se podría decir que el marxismo es la antítesis del capitalismo, que también es sagrado para nosotros. Precisamente porque son polos opuestos, nos dan los dos polos del planeta y nos permiten ser su eje. Estos dos opuestos, como el bolchevismo y nosotros, encuentran su identidad en la Internacional. Es más, estos dos opuestos, que son polos opuestos tanto desde el punto de vista de la sociedad como de la doctrina, están unidos en la identidad de un mismo fin: la renovación del mundo desde arriba, es decir, mediante el control de la riqueza, y desde abajo, es decir, mediante la revolución.

Durante siglos, Israel fue separado del cristianismo, expulsado al gueto para mostrar a los fieles lo que se llamaba los testigos de la antigua fe, en una humillación que, se decía, era la expiación del deicidio. Esto es lo que nos ha salvado y, a través de nosotros, salvará a la humanidad. Así hemos conservado nuestro genio y nuestra misión divina. Hoy somos los verdaderos fieles. Nuestra misión es promulgar la nueva ley y crear un Dios, es decir, purificar la noción de Dios y hacerla fructificar cuando haya pasado el tiempo. La purificamos identificándola con la noción de Israel convertido en su propio Mesías, lo que facilitará su advenimiento mediante nuestro triunfo definitivo. Este es nuestro Nuevo Testamento.

En ella reconciliamos a reyes y profetas, como David el profeta-rey o rey-profeta, reuniéndolos en su persona. Somos reyes para que se cumplan las profecías, y somos profetas para no dejar nunca de ser reyes".

A continuación, el rey-profeta bebió otra copa de Tokay.

Un escéptico objetó: "Ese Mesías del que sois profetas y apóstoles, ¿no corréis el peligro de ser también mártires? Al fin y al cabo, por muy despojado que esté vuestro nacionalismo, a veces despoja a otros pueblos. Si despreciáis la riqueza, no la despreciáis, aunque sólo sea como medio, no de disfrute, sino de poder. ¿Cómo puede el triunfo de la revolución universal, que destruye y niega el capitalismo, allanar el camino para el triunfo de Israel, arca sagrada de ese mismo capitalismo?

"No ignoro que Jeroboam fundó el culto del Becerro de Oro en Dan y Betel. Tampoco ignoro que la revolución es, en los tiempos modernos, la suma sacerdotisa de este culto, la más diligente proveedora de sus tabernáculos. Si el Becerro de Oro sigue en pie, su pedestal más cómodo es la tumba de los Imperios, por dos razones: en primer lugar, la revolución nunca es más que un desplazamiento de privilegios, y por tanto de riqueza. Pero lo que alimenta a nuestro Becerro de Oro no es la creación de riqueza, ni siquiera su explotación, es sobre todo su movilización, el alma de la especulación. Cuanto más cambia de manos, más permanece en las nuestras. Somos correos que perciben comisiones por todos los intercambios, o si lo prefieren, cobradores de peaje que controlan las encrucijadas del globo y recaudan impuestos sobre todos los movimientos de riqueza anónima y vagabunda, ya se trate de transferencias de un país a otro, o de oscilaciones entre los precios. En lugar del canto tranquilo y monótono de la prosperidad, preferimos las voces apasionadas y alternantes de la subida y la bajada. Para despertarlas, nada mejor que la revolución, si no la guerra, que es una forma de revolución. En segundo lugar, la revolución debilita a los pueblos y los hace menos resistentes a las compañías extranjeras. La salud de nuestro Becerro de Oro requiere la enfermedad de las Naciones, aquellas que son capaces de desarrollarse por sí mismas. Por el contrario, somos solidarios con los grandes Estados modernos como Francia, Estados Unidos, Inglaterra e Italia, representados en esta mesa, que nos han brindado una generosa hospitalidad y con los que colaboramos para el progreso de la civilización."[28]

---

[28] Esta magnífica colaboración no ha impedido que Rothschild, Freud, Marx, Einstein, Picasso y los de su calaña hayan reducido al Occidente cristiano a la degeneración más extrema y a los supercrímenes de lesa humanidad: paro, drogas, pornografía, suicidio juvenil, quimificación alimentaria y terapéutica, colapso ecológico, extinción de especies, sida, Hiroshima, Chernóbil, etcétera.

Pero tomemos como ejemplo la Turquía de antes de la guerra, "el enfermo", como lo llamaban los diplomáticos. Este hombre enfermo era un factor para nuestra salud, porque nos prodigaba concesiones de todo tipo -bancos, minas, puertos, ferrocarriles, etc.- y teníamos que conformarnos con él.

Toda su vida económica nos fue confiada: le cuidamos tan bien que murió, al menos en Europa. Mirándolo desde el punto de vista práctico de acumular riqueza cumplir nuestra misión, necesitamos otro enfermo. Al margen de consideraciones más elevadas, ésta habría sido razón suficiente para inocular el bolchevismo en la vieja Rusia. Ahora es el enfermo de la posguerra, mucho más nutrido que el Imperio Otomano y que se defiende aún menos. Ahora está lista para otro festín. Pronto será un cadáver, y todo lo que tendremos que hacer es despellejarlo.

En el otro extremo de la mesa, un correligionario, enfant terrible de la sinagoga, esperaba el momento de decir lo suyo: "Creen que somos aves de rapiña, pero somos más bien carroñeros".

Sí, si insiste -respondió el confesor de la nueva ley-. Pero añada que lo hacemos por el bien de la humanidad, por su salud moral, igual que otras aves lo hacen por la salud pública en países con carreteras rudimentarias. Añádase también que nuestro dinamismo esencial utiliza las fuerzas de la destrucción y de la creación, pero utiliza las primeras para alimentar las segundas. ¿Qué eran países como la antigua Turquía, la antigua Rusia, e incluso en menor medida la antigua Hungría con su sistema feudal y su latifundio? Eran miembros paralizados que impedían todos los movimientos del mundo; eran embolias de Europa que podía morir por ellas, coágulos de sangre que obliteraban vasos vitales. Disolviéndolos, los devolvemos a la corriente circular de todo el cuerpo. Si durante la operación brotan unas gotas de sangre licuada, ¿por qué vamos a conmovernos? Es un precio ínfimo a cambio de un beneficio inmenso. Alguien dijo una vez que "somos revolucionarios porque somos autoconservacionistas".

Al dar forma al nuevo mundo, estamos demostrando nuestra organización para la revolución y para la conservación mediante esta destrucción, el bolchevismo, y mediante esta construcción de la Sociedad de Naciones, que también es obra nuestra, siendo uno el acelerador y el otro el freno del mecanismo del que somos el motor y la dirección. ¿La meta? Está marcada por nuestra misión. Israel es una nación sintética y homogénea. Está formada por elementos dispersos por todo el mundo pero fundidos por la llama de nuestra fe en nosotros mismos. Somos una SDN que resume a todas las demás. Eso es lo que nos capacita para reunirlos en torno a nosotros. Se nos acusa de disolverlos. Somos disolventes sólo en aquellos puntos que se resisten a esta síntesis, de la que la nuestra es el ejemplo y el medio. Disociamos la superficie sólo para despertar en las profundidades las afinidades ignoradas. Somos el mayor divisor común de los pueblos sólo para convertirnos en su mayor unificador común. Israel es el microcosmos y la semilla de la ciudad futura.

Este texto merece una meditación profunda. Es sencillamente alucinante.

Dr. Oscar Lévy, judío:

"Los judíos hemos conducido a los goyim a un nuevo infierno."

En 1920, el escritor inglés Pitt-Rivers, del Worcester College de Oxford, publicó un panfleto titulado "The *World Significance of the Russian Revolution"*. El editor fue Basil Blackwell, Oxford. El Dr. Oscar Lévy, muy apreciado en los círculos literarios, escribió un prefacio al libro.

Nunca me había topado con una confesión tan increíble y perfecta escrita por un judío. Ningún Goy, ni siquiera un Céline, sería capaz de alcanzar tal nivel de lucidez. Es decir, que todo es judío, incluso la forma más perfecta y completa de antisemitismo (antijudaísmo, deberíamos decir).

Sólo la gran Simone Weil, en su libro *"La pesanteur et la Grâce" (La pesantez y la Gracia)*, en el capítulo sobre Israel, ofreció una notable crítica de una altura metafísica sin parangón. Ningún goy ha alcanzado tal nivel de antijudaísmo...

Esto es lo esencial:

"El bolchevismo es una religión y una fe. ¿Cómo podían estos creyentes medio convertidos soñar con derrotar a los "verdaderos" y "fieles" de su propia fe, esos santos cruzados que se habían reunido en torno a la bandera roja del profeta Karl Marx y que habían luchado bajo la audaz dirección de esos experimentados oficiales de las últimas revoluciones: los judíos?

No hay raza en este mundo más enigmática, más fatal y, por tanto, más interesante que la de los judíos. Cualquier escritor que, como usted, se sienta oprimido por la apariencia del presente y avergonzado por la angustia del futuro, debe tratar de dilucidar la cuestión judía y su impacto en nuestro tiempo.[29]

Pues la cuestión judía y su influencia en el mundo antiguo y moderno va a la raíz misma de todo y debe ser discutida por todo pensador honesto, por grandes que sean las dificultades que entrañe, por complejo que sea el tema, por muchos que sean los individuos de esta raza.[30]

Usted revela, y con gran fervor, los vínculos que existen entre el colectivismo de las inmensamente ricas finanzas internacionales -la democracia de los valores monetarios, como usted la llama- y el colectivismo internacional de Karl Marx y Trotsky. Y todos estos males

---

[29] Tal cosa es imposible en el año 2000: las leyes racistas judías prohíben cualquier comentario, cualquier verdad que les sea desfavorable. Estamos en coma.

[30] Recordemos una vez más esta nueva enseñanza desconocida: no hay razas, sólo etnias que son el resultado de la adaptación hormonal a un entorno fijo. El problema judío proviene exclusivamente de la circuncisión al octavo día, único denominador común que explica un particularismo constante en el tiempo y en el espacio.

y miserias, tanto económicos como políticos, usted los remonta a una única fuente, a un único "fons et origo malorum": *los judíos.*

Pues bien. Otros judíos podrían ultrajarte y crucificarte por esta enérgica expresión de tu opinión. Por mi parte, me abstendré de sumarme al coro de condenas que te infligirían.

En primer lugar, debo decir lo siguiente: apenas se ha producido un acontecimiento en la Europa moderna sin que se remonte a los judíos. Todas las ideas y movimientos de los tiempos modernos han surgido de una fuente judía, por la sencilla razón de que la idea semítica ha conquistado finalmente y subyugado por completo nuestro universo. No hay duda de que, en todo lo que hacen, los judíos lo hacen mejor o peor que los goyim, y no hay duda de que su influencia hoy en día merece una investigación muy cuidadosa, y no es posible prever esta influencia sin alarmarse seriamente. Los judíos hemos cometido un error, amigo mío, hemos cometido un error muy grave. Hoy no hay más que falsedad y locura. Una locura que producirá una miseria aún mayor y una anarquía aún más profunda.

Os lo confieso abierta y sinceramente, con la pena cuya profundidad y dolor sólo un salmista antiguo podría medir en nuestra época quemada. Nos hicimos pasar por los salvadores del mundo, nosotros que incluso nos jactábamos de haberos dado "el Salvador", hoy no somos más que los seductores del mundo, sus destructores, sus incendiarios, sus verdugos. Prometimos conduciros a un nuevo paraíso, pero al final sólo os hemos conducido a un nuevo infierno. No ha habido progreso, al menos progreso moral, y sólo nuestra moral ha impedido cualquier progreso real y, lo que es peor, está bloqueando el camino a cualquier reconstrucción futura y natural en nuestro mundo arruinado. Miro este mundo y me estremezco al ver su horror, y me estremezco aún más porque conozco a los autores espirituales de todo este horror.

Pero estos mismos autores, inconscientes en esto como en todo lo que hacen, nada saben aún de esta asombrosa revelación. Mientras Europa está en llamas, mientras sus víctimas gimen, mientras sus perros aúllan ante la conflagración, mientras sus humos descienden en sábanas cada vez más espesas y oscuras sobre nuestro continente, los judíos, o al menos algunos de ellos, y no los menos dignos, tratan de escapar del edificio en llamas, deseosos de pasar de Europa a Asia, del sombrío escenario de nuestro desastre, al soleado rincón de Palestina. Sus ojos están cerrados a la miseria, sus oídos sordos a las quejas, sus corazones endurecidos a la anarquía de Europa. Ya no sienten nada más que sus propias penas, ya no piensan en nada más que en su propio destino, ya no suspiran bajo nada más que su propia carga."[31]

HE AQUÍ UN DOCUMENTO ATROZ:

En un momento en que los judíos están fomentando guerras mundiales, este artículo es nauseabundo *"The Sentinel"*, un semanario judío de Chicago, publicó el 24 de septiembre de 1936 las actas de la Conferencia Central de Rabinos Americanos. Han decidido pedir al gobierno de los Estados Unidos que libere de sus obligaciones militares a los judíos que, por objeción de conciencia, se oponen a la guerra.

Así que les parece bien empezar guerras, pero que las hagan los goyim.

Toda la élite goyish será diezmada, como ocurrió en 1914-18.

LA GRAN PROPIEDAD DESTRUYE LA PEQUEÑA

En la *"Nouvelle Revue Internationale"* de enero de 1897, el gran judío Theodore Herzl nos decía: *"La cuestión agraria es sólo una cuestión de máquinas.* América debe derrotar a Europa del mismo

---

[31] El clímax enfermizo de esta psicología es el disparate aritmético-técnico del Holocausto, que sirve de palanca para la extorsión internacional, cuando sabemos que el Ciclón B es completamente inadecuado para gaseizar a 1.000 o 2.000 personas a la vez; y que la cifra de seis millones (¡un país como Suiza!) se contradice con el Anuario Judío Americano, que cifra en 3.300.000 el número de judíos presentes en la Europa ocupada en 1941 (¡muchos se fueron después de esa fecha!).

modo que la gran propiedad destruye a la pequeña propiedad. El campesino es un tipo destinado a desaparecer.

LOS VERDADEROS GENOCIDIOS DE LA HISTORIA

Los judíos nunca hablan de las crueles masacres de la historia. Es inaudito que se hable sin cesar de los "*Seis millones*" (verdaderos o falsos) y nunca de los 80 millones de gentiles exterminados en la URSS por un régimen que era judío por excelencia (200 millones de víctimas de los regímenes comunistas en todo el mundo).

En la antigüedad, bajo Asuero, 70.000 gentiles fueron exterminados por instigación de los judíos. Celebran esta hazaña con la fiesta de Purim. El día antes de que los judíos abandonaran Egipto, todos los primogénitos de las familias egipcias fueron masacrados. Cuando nació Cristo, los judíos masacraron a los Santos Inocentes por toda Palestina con la esperanza de matar al Niño Dios. Obligaron a Poncio Pilato a condenar a Cristo. Lapidaron a San Esteban e hicieron masacrar a los apóstoles. El primer consejero de Nerón fue el judío Atilio y su favorita la judía Popea: ellos le animaron a masacrar a cientos de miles de cristianos. El libro judío *Sepher Juchasin* (Amsterdam 1919) relata que en tiempos del papa Clemente I (89-97), los judíos dieron muerte en Roma y sus alrededores a "*una multitud de cristianos tan innumerable como las arenas del mar*".

Dion Casio, el gran historiador de la Antigüedad, en su "*Historia Romana*" (traducción de Anthoine de Bandole, 1660), escribe: "*durante este tiempo, los judíos que vivían a lo largo de Cirene, con un tal Andrés como capitán, mataban a todos los griegos y romanos, comían su carne y sus entrañas, se bañaban en su sangre y se vestían con sus pieles.*

A algunos los mataron muy cruelmente, serrándoles desde la parte superior de la cabeza hasta la mitad del cuerpo. Los arrojaron a las fieras y obligaron a los demás a luchar entre sí. Mataron a 220.000 de ellos. Ejercieron una crueldad similar en Egipto y en la isla de Chipre, teniendo a un tal Artemión como jefe y conductor de sus crueldades. En la isla de Chipre masacraron a 240.000 personas, por lo que ya no está permitido que un judío baje allí".

Edward Gibbon, en su famoso estudio histórico *"Historia de la decadencia y caída del Imperio Romano"* (1776) confirma: *"En Cirene masacraron a 220.000 griegos. Masacraron a 240.000 personas en la isla de Chipre y a una inmensa multitud en Egipto. La mayoría de estas desafortunadas víctimas fueron aserradas en dos, según la idea de que David lo había autorizado con su conducta".*

El libro judío *Sepher Hodoroth* nos cuenta que Rabbenu Jehouda fue favorecido por el emperador Antonino el Piadoso. Señaló la malicia de los nazarenos (cristianos) como la causa de una enfermedad pestilente y consiguió la ejecución de todos los nazarenos de Roma en el año 3915 (155 d.C.). El mismo libro nos dice que fue a través de la influencia de los judíos que Marco Aurelio mandó matar a todos los nazarenos que pudo en el año 177. Entre ellos estaba San Pothinus. Entre ellos se encontraban San Pothino y cuarenta y siete de sus seguidores, entre ellos Santa Blandina y los cristianos Macturus y Sanctus. También nos cuenta cómo los judíos hicieron su agosto bajo el monstruo Caracalla, *"la bestia feroz de Ansonia".* El libro nos cuenta que en 3974 (214 d.C.), los judíos mataron a 200.000 cristianos en Roma y a todos los cristianos de Chipre.

El *"Sepher Juchasin"*, un libro judío, también nos dice (página 108) que, *"a petición de los judíos, Diocleciano mató a un gran número de cristianos, incluidos los papas Cayo y Marcelino, así como el hermano de Cayo y su hermana Rosa".*

Mahoma fue envenenado por una mujer judía.

Los judíos asesinaron al zar Nicolás II y a toda su familia. Alejandro de Yugoslavia y Louis Barthou fueron asesinados por el judío Peter Kalmen, Huey Long por el judío Weiss, el archiduque Francisco

José por el judío Princip, el archiduque Rodolfo de Habsburgo por una judía. Hubo numerosos asesinatos judeo-masónicos: el del zar Alejandro II, el rey Gustavo III de Suecia, Luis XVI y su familia, Pellegrino Rossi, ministro de Pío IX, García Moreno, presidente de Ecuador, el rey Carlos de Portugal, el presidente Paul Doumer, el marqués de Morès, el consejero Prince, el presidente Félix Faure, el presidente Abraham Lincoln, el primer ministro Stolypin, el conde Tisza...

Hemos mencionado las masacres de 30.000 cristianos en tres meses por los judíos Bela Kuhn y Szamuely en 1918.

Pero las mayores masacres políticas de la historia del mundo tuvieron lugar en la Rusia bolchevique: bajo el yugo de los judíos, entre los que se encontraban Trostky, Sverdloff, Zinovieff, Kameneff, Litvinov, Yagoda, Joffe, Kaganovitch (cuñado de Stalin), Karakhan, Levine, Rappaport, Parvus-Halphand, Radek-Sobelsohn, Garine y otros.

Un millón novecientos mil obispos, sacerdotes, príncipes, nobles, oficiales del ejército y de la policía, gente de clase media, maestros, ingenieros, obreros y campesinos fueron martirizados en 18 meses, a menudo en condiciones atroces. Treinta millones de muertos por hambre y epidemias debidas a hambrunas artificiales desde 1917 (Fuente: Cruz Roja Internacional, Dr. Fritjof Nansen).

Bajo el mando de los judíos Kurt Eisner y los hermanos Levine, los rehenes de Munich, en Baviera, fueron masacrados.

En España, durante la Guerra Civil, tuvo lugar una inmensa masacre judeo-comunista: 400.000 cristianos masacrados tras las líneas de fuego, exclusivamente por su fe religiosa y nacional por los judíos Zamorra, Azana, Rosenberg.

En China, una enorme masacre judeo-comunista que se cobró la vida de quince millones de chinos a lo largo de quince años en las provincias controladas por los comunistas.

Esto es sólo una muestra de los horrores. No es ni mucho menos exhaustiva.[32] La vida de los santos y la historia de la Antigüedad, la Edad Media y los tiempos modernos están llenas de ellos. Cuando los judíos fueron castigados, no sufrieron ni la décima parte de los males que habían infligido a los pueblos que los habían acogido.

En la historia objetiva del mundo, los judíos aparecen como un pueblo de feroces perseguidores y no como una minoría perseguida, aunque sus exacciones en los países de acogida hayan provocado sistemáticamente pogromos y expulsiones, en todos los países donde han vivido y en todas las épocas, sin excepción. Los judíos intentan persuadirnos de lo contrario, pero los hechos están ahí, y muy a menudo confirmados por la tradición judía y los propios libros judíos.

INTERESANTE DOCUMENTO SOBRE LA CONVERSIÓN DEL GRAN RABINO NEOFIT

Este gran rabino se convirtió al cristianismo y se hizo monje. En 1803 publicó en moldavo *"La sangre cristiana en los ritos israelitas de la sinagoga moderna"*. El libro se tradujo al griego en 1833. Esto es lo que dice en la página 33:

"Este terrible secreto no es conocido por todos los judíos, sino sólo por los Chakams (médicos en Israel) *y los rabinos que llevan el título de* "conservadores del misterio de la sangre".

---

[32] Tengo amplia documentación sobre las víctimas de esta guerra judía del 39-45, y después de la guerra en Europa, por no hablar de los esclavos negros capturados en África y asesinados por millones, en un comercio organizado exclusivamente por los judíos (Véase también el profesor Shahak sobre este tema).

Los padres lo comunican verbalmente a los padres de la familia, que a su vez confían el secreto a aquel de sus hijos que consideran más digno de confianza, al tiempo que añaden terribles amenazas contra cualquiera que traicione el secreto".

El rabino converso relata entonces:

"Cuando tenía trece años, mi padre me llevó aparte a una habitación oscura y, tras representarme el odio contra los cristianos como algo agradable a Jehová, me dijo que nuestro Dios nos había ordenado derramar sangre cristiana y reservarla para uso ritual. Hijo mío -dijo, besándome-, ahora que tienes este secreto, te has convertido en mi confidente más íntimo, ¡en otro yo de verdad! Luego me puso una corona en la cabeza y me explicó el misterio de la sangre revelado a los hebreos por Jehová. A partir de ahora, yo sería el depositario del secreto más importante de la religión israelita. Se profirieron terribles imprecaciones y amenazas contra mí si alguna vez revelaba este secreto a mi madre, mis hermanos, mis hermanas o mi futura esposa. Debo revelarlo sólo a aquel de mis hijos que sea más capaz de guardarlo. De este modo, el secreto pasaría de padres a hijos a través de las generaciones hasta los siglos venideros".

DOS CITAS INTERESANTES DE ZINOVIEFF, UN JUDÍO

La primera se publicó en *"La Gaceta"*, un periódico bolchevique, y la segunda en *"La Comuna del Norte"*, en Petrogrado, el 18 de septiembre de 1918: *"Haremos que nuestros corazones sean crueles, duros, despiadados, para que la clemencia no penetre en ellos y no tiemblen ante un océano de sangre enemiga. Destaparemos las esclusas de esta marea sangrienta. Sin piedad, sin misericordia, mataremos a nuestros enemigos por millares. Los ahogaremos en su propia sangre. Tomaremos toda la población rusa: 90 millones están bajo el poder de los soviéticos; el resto lo exterminaremos.*

Nota: El *"Libro negro del comunismo"* cifra en 80 millones el número de víctimas del comunismo ruso.

El oro judío, dueño del mundo

Los judíos controlan todos los medios de comunicación: edición, prensa, radio, televisión, etc. Son, por tanto, instrumentos de propaganda pseudodemocrática, porque es el único sistema que les asegura una hegemonía que ningún sistema tradicional les concedería.

Por tanto, controlan a las masas y a los políticos que forman parte de ellas (verdadera élite aceptaría el dictado de las urnas ni participaría en competiciones tan estúpidas como la agrégation o la ENA). Controlan totalmente el cine: propaganda, violencia, sexo, distorsión de todos los valores fundamentales que son la esencia del Hombre.

Controlan la moda: se anima a los homosexuales a pervertir cualquier sentido de la estética, incluso en el nivel más básico de la vestimenta. Los jóvenes de hoy en día se visten de azul, como patatas y de colores. Las mujeres son cada vez más elegantes y psicológicas.

Los judíos controlan el oro y su manipulación, que determina el precio y el valor de las monedas nacionales. Entre ellos figuran Rothschild, Bleichroeder, Kuhn, Loeb & Cie, Japhet, Seligmann, Lazard y otros. Durante este siglo, los Sassoons controlaron el opio en todo el mundo. Hoy, las altas finanzas judías controlan las drogas.

> ➢ Alfred Mond (*Lord Melchett*) controla el níquel.
> ➢ Louis-Louis Dreyfus controla el trigo.

Los judíos controlan las tres internacionales proletarias fundadas por ellos. Los judíos controlan las sociedades secretas: Masonería, Bilderberger, CFR, Trilateral, en las que están esclavizados todos los políticos, la mayoría de ellos miembros. Los judios controlan la ONU igual que controlaron la Sociedad de Naciones (ver documento al final del libro). Los judios ejercen una tremenda influencia, directa o indirecta, sobre los gobiernos de las naciones occidentales. (directa: Inglaterra: Hore-Belisha, Sassoon, etc. Francia: Léon Blum, Jean Zay, Georges Mandel-Rothschild, Pierre Mendès-France, Michel Debré, Laurent Fabius, etc.).

> ➤ Estados Unidos: Morgenthau, Perkins, Baruch, Coronel House, etc. En 1999, diez de los asesores del Presidente de Estados Unidos eran judíos.
> ➤ Bélgica: Vandervelde, Hymans, etc.
> ➤ Rusia: Kaganovitch y prácticamente todos los que hicieron y administraron la revolución, con sus gulags y ejecuciones.

La influencia indirecta es ideológica y financiera.

La "*Enciclopedia Judía*", escrita por un comité de judíos, nos da detalles flagrantes de la vida económica de este siglo y de su poder. Desde el comienzo de la era industrial, los préstamos nacionales y los de las grandes empresas, como los ferrocarriles, fueron financiados por judíos. Desde principios del siglo XIX, dominan las finanzas internacionales.

También nos enteramos aquí de que los Stern y los Goldsmid financiaron Portugal casi exclusivamente. El barón Hirsch financió los ferrocarriles en Turquía. Los Rothschild financiaron los ferrocarriles en Francia. Strousberg financió los ferrocarriles rumanos. Poliakov, Speyer & Cie financia los ferrocarriles rusos. Kuhn Loeb & Cie, sin olvidar una gran parte de la red ferroviaria estadounidense.

Tal vez la mayor empresa contemporánea financiada por los judíos, dice la Enciclopedia, fue la gran presa del Nilo, financiada por Sir Ernest Cassel.

Ya en 1902, los judíos admitieron que su tribu controlaba la preponderancia del mercado internacional en los principales países.

"La actividad de los judíos en el mercado internacional está directamente relacionada con su trabajo como corredores de valores extranjeros y con el movimiento mundial de metales preciosos, que en su mayor parte están en sus manos".

De nuevo en la Enciclopedia: Los Rothschild controlan el mercurio, Barnato Frères y Werner, Bett & Cie controlan los diamantes (después de este periodo, sabemos que Oppenheimer controlaba los diamantes en Sudáfrica).

Lewisohn y Guggenheim controlan el cobre y, en gran medida, el mercado de la plata. Los intereses de Graustein y Dreyfus también controlan el mercado de y el papel.

He aquí cómo podemos medir el poder de un solo financiero judío, tomado de nuevo de la Enciclopedia Judía: es el ejemplo de Jacob-H. Schiff, que financió a Lenin y Trotsky en 1917. Bajo la dirección de Schiff, su empresa reconstruyó financieramente el ferrocarril Union Pacific hacia 1897. En 1901, lanzó una batalla contra la Compagnie du Grand-Nord por la propiedad del Northern Pacific Railway. Esto provocó un pánico en la Bolsa (9 de mayo de 1901) en el que la firma Loeb, Kuhn & Cie mantuvo el mercado a su merced. La moderación y sabiduría de Schiff en esta ocasión evitaron el desastre y aseguraron que su firma se convirtiera en la más influyente en el mundo financiero de los ferrocarriles. Controlaba más de 22000 millas de ferrocarril y 1.321.000.000 de dólares en acciones ferroviarias. Financió grandes emisiones del Union Pacific, el Pennsylvania Railroad, el Baltimore & Ohio, el Norfolk & Western, el Western Union Telegraph y muchos otros. Financió y suscribió parcialmente los tres grandes préstamos de guerra de Japón en 1904 y 1905.

Todo el capital de los bancos de Canadá juntos, que representaba los ahorros de millones de canadienses, era menos de la mitad de la fortuna de este banco judío, que representaba la fortuna de cinco personas.

Mientras los agitadores judíos exigen la destrucción de los bancos nacionales que guardan los ahorros de los canadienses, nunca mencionan la destrucción de los monstruosos bancos internacionales que financiaron las revoluciones y el comunismo.

La Encyclopédie juive también nos dice que la casa Sasoon, los Rothschild de Oriente, tiene el monopolio del mercado del opio en todo el mundo, controla vastos monopolios en Asia en textiles, hilanderías, tintorerías, seda, algodón, etc., por no hablar de poderosas organizaciones bancarias, de seguros, corretaje y comercio. Tiene sucursales en Calcuta, Shanghai, Cantón, Hong Kong, Yokohama, Nagasaki, Bagdad, etc.

Según la Encyclopédie juive, la familia judía Pereire, originaria de Francia, tiene sucursales en España y poderosos intereses en numerosos países. He aquí algunas de las empresas que fundaron, monopolizan o en las que tienen participaciones: Crédit Foncier de France, Société Générale du Crédit Mobilier, Chemin de Fer du Midi, Chemin de Fer du Nord de l'Espagne, Gaz de Paris, Omnibus de Paris, Compagnie Générale Transatlantique, Éclairage de Paris, Assurances Union y Assurances Phénix d'Espagne, Chantiers navals de Saint-Nazaire, Crédit Mobilier d'Espagne, Banque de Tunis, Banque Transatlantique, Chemin de fer Paris-Argenteuil-Auteuil, Cie des Quais de Marseille, Gaz de Madrid, Banque Ottomane Impériale, compañías ferroviarias de Suiza, Rusia, Austria, Portugal, etc.

La familia Bischoffsheim de París y Bruselas posee: Société Générale, Banque des Pays Bas, Crédit Foncier colonial, Société du Prince Impérial, Banque Franco-Égyptienne, Union du Crédit (Bruselas), Comptoir des prêts sur marchandises (Amberes), Union du Crédit (Lieja), Banque Nationale, etc.

La familia Strauss de Nueva York controlaba varios bancos e instituciones financieras, las tiendas R.H. Macy's, cerámica y cristalería (Fuente: Encyclopédie Juive). Los Seligman Brothers de

Nueva York, agente financiero del Secretario de Estado para la Marina de los Estados Unidos desde 1876, intervenían en todos los préstamos del gobierno americano. Dirigieron el sindicato que distribuyó los bonos del Canal de Panamá en América.

En 1879, los Rothschild y Jesse Seligman absorbieron en solitario el préstamo del gobierno estadounidense de 150.000.000 de dólares. Gestionaron en gran medida las finanzas de la Guerra Civil estadounidense entre el Norte y el Sur. En 1877, el juez Hilton se negó a admitir a Seligman y su familia por motivos raciales en su hotel Grand Union de Saratoga. Se cree que este incidente provocó la ruina de la tienda de A.T. Stewart, entonces regentada por Hilton, que más tarde pasó a ser propiedad de John Wanamaker, de Filadelfia. (Fuente: Encyclopédie juive)

Esto es así en todos los países, ya se trate de los fabulosamente ricos Rothschild, capaces de destruir cualquier gobierno británico que se atreva a desafiarles, o de ricos banqueros internacionales como:

Camondo	Fould	Montagu	Stern
Bleichroede	Warschauer	Mendelssohn	Gunzbourg
Japhet	Lazard	etc.	

Comparados con ellos, los Ford, los Mellon y los Carnegie son enanos financieros. La prensa judía sólo nos habla de los financieros cristianos, pero oculta con sumo cuidado los nombres y el poder inaudito de estos chantajistas internacionales. Su poder está fuera de toda proporción con la población judía y la producción judía.

La caída de unos pequeños judíos en el desastre financiero francés de Panamá, entre otras famosas estafas, pone de relieve el tamaño de los tiburones más grandes:

> ➢ Los hermanos Insull (55 millones)
> ➢ Staviski (450 millones)

➤ Lévy (120 millones)

Los judíos son, por tanto, los amos indiscutibles de las finanzas mundiales.[33] Esto les permite consolidar su control sobre los precios de las materias primas, las organizaciones internacionales de todo tipo, la propaganda mundial y los gobiernos. Es inmoral que una "raza" tenga tanto poder sobre todos los grupos étnicos de la tierra.[34] Esos días han pasado. O este pulpo colosal desaparece o la humanidad desaparecerá con él. Se alimenta de todos los pueblos trabajadores. Los controles locales de la judería (alcohol, pieles, carne, mataderos, muebles, ropa, restaurantes, oro, níquel, papel, etc.) representan sólo una ínfima parte de su poder. El mayor poder es el que las masas no ven, pero cuya triste eficacia estalla cada día ante nuestros ojos, como las dos guerras mundiales de las que son enteramente responsables. (Tratado de Versalles, negociado por los hermanos Warburg que financiaron simultáneamente a los beligerantes y la revolución bolchevique , declaración de guerra a Hitler en 1933 por los judíos americanos).

EL ZAR EN EL CASTILLO ROTHSCHILD

La Crónica Judía Canadiense del 7 de septiembre de 1935 informaba: *"La residencia palaciega de los Rothschild siempre ha estado en tal estado de esplendor salomónico que ningún Califa podría haberla mantenido sin reducir su reino a la pobreza. De hecho, al menos la mitad de los tesoros del mundo se conservan en las cámaras acorazadas de los Rothschild. Rothschild ejerce su poder sobre organismos inaccesibles para el resto de los mortales. Los reyes le temen y la fortaleza de Sebastopol nunca habría caído si él se hubiera puesto del lado de*

---

[33] Estoy planeando un libro sobre el financiero judío Soros para 1999: "*Un ejemplo de los efectos de la circuncisión en el 8º día: el financiero judío Soros*".

[34] A falta de una palabra mejor. La palabra "secta" sería más apropiada. Sabemos que los judíos no son ni una raza ni una etnia y que su particularidad (financiera aquí) procede exclusivamente de la circuncisión [al] octavo día.

Rusia. Este hombre controla el destino de las naciones: es el Señor de Israel.

"ETIQUETA

El periódico judío de Nueva York del 9 de abril de 1936 declaraba: "*Los judíos de América, por su número, sus intereses y su capacidad, constituyen una gran fuerza política. Es suya por derecho. La utilizarán como mejor les parezca. ¿Qué harán al respecto?*"

"LOS JUDÍOS DEBEN VIVIR

En su libro *Los judíos deben vivir*, el judío Samuel Roth no duda en calificar a los judíos de "raza de buitres" que persigue a todas las demás naciones. El caso de Samuel Roth es edificante. En 1934, este judío neoyorquino, autor y librero, hizo publicar por Golden Hind Press un libro de 320 páginas ilustrado por John Conrad. Ya había publicado dos libros defendiendo a los judíos de los antisemitas: "*Europa*" (Liveright, 1919) y "*Ahora y siempre*" (Macbride, 1925). Estudiando las razones por las que los judíos siempre y en todas partes habían sido impopulares, examinándolas y sufriendo sus golpes, Roth cambió su opinión 180° y se puso totalmente del lado de los antisemitas. En cuanto apareció su libro, los judíos lo atacaron ferozmente y trataron de hacerlo pasar por loco. No lo consiguieron. He aquí algunos extractos importantes de su libro:

"Disraeli acuñó la frase de que el pueblo tiene los judíos que se merece. También podría decirse que los judíos tienen los enemigos que se merecen.

La historia de los judíos ha sido trágica, trágica para los propios judíos pero no menos trágica para los pueblos que la han sufrido.

Nuestro principal vicio hoy, como en el pasado, es el parasitismo.

Somos un pueblo de buitres que vive del trabajo y de la buena naturaleza del resto del mundo. Pero a pesar de nuestros defectos no habríamos hecho tanto daño al mundo si no fuera por el genio para el mal que mueve a nuestros dirigentes. Nuestro parasitismo podría tener un buen uso, considerado como el de ciertos gérmenes parásitos esenciales para el flujo regular de la sangre en las arterias. La vergüenza de Israel no proviene del hecho de que seamos banqueros y modistos del mundo, sino de la tremenda hipocresía y crueldad que nos imponen nuestros dirigentes y nosotros al resto del mundo.

La primera de todas las leyes judías es que los judíos deben vivir. No importa cómo, para qué o por qué medios. Deben vivir y cuando no pueden conquistar por la fuerza de las armas, vuelven a sus viejos métodos de conquista engañando, mintiendo y seduciendo (Proxenetismo).[35]

Por lo tanto, hay que reafirmar que el antisemitismo es simplemente un instinto elemental de la humanidad. Es un instinto importante por el que una raza busca defenderse de la destrucción total. El antisemitismo no es, como los judíos quieren hacernos creer, un prejuicio activo.[36]

Es pura y simplemente el instinto de conservación con el que nace todo ser humano, como el instinto que te hace parpadear si te pasa algo en el ojo.

El antisemitismo es un instinto igual de automático y seguro. Desde tiempos inmemoriales, los judíos han sido admitidos libre y amablemente, casi con placer, por las naciones en las que han deseado ser admitidos. Nunca los judíos han tenido que hacer una petición para entrar en un país la primera vez. Basta estudiar la historia de la penetración judía en Europa y América para convencerse perfectamente de ello. En todas partes se les daba la bienvenida, se les ayudaba a

---

[35] Es una palabra muy dura, porque en inglés "*a pimp*" es una caballa.

[36] Este es exactamente el caso de toda la humanidad en el año 2000, donde nos encontramos ahora.

establecerse y a participar en los asuntos de la comunidad. Pero pronto se les cerraron las actividades del país a causa de sus prácticas injustas. Entonces fueron expulsados ignominiosamente del país. No hay ninguna excepción en la historia. No hay un solo caso en el que los judíos no hayan merecido plenamente los amargos frutos de la furia de sus perseguidores. Venimos a las naciones fingiendo querer escapar de la persecución, nosotros los perseguidores más mortíferos en los anales del mal.

El judaísmo es como una enfermedad venérea moral. Los resultados para los pueblos que se dejan infectar por él son invariablemente traicioneros y malsanos. Si duda de esto, no tiene más que echar un vistazo a cualquier pueblo europeo en manos judías. Si quieres estar más convencido, echa un vistazo a lo que está sucediendo en América hoy en día.

En Ustcha, en la Polonia austriaca, donde yo nací, el judío Reb Sholom enviaba a su mujer a la iglesia todos los domingos y el día de Navidad con la llave de la iglesia, y si no se pagaban los intereses, se negaba a abrir la puerta de hierro a los fieles. Desde mi más tierna infancia, aprendí que la única razón del judío para hacer negocios era sacar el máximo provecho del goy. Cuando se había desplumado al Goyim, entonces el negocio iba bien. Cuanto mayor era el daño causado a un goy en una transacción, más profundo parecía el placer para el judío al que yo escuchaba. El desprecio del judío por el goyim era parte integrante de la psicología judía.

En la mente de los judíos no había duda de su superioridad sobre los goyim. La cuestión era simple: ellos eran judíos y los goyim sólo eran goyim. Su superioridad residía en la posesión legal de las cosas, y ahí era donde residía. Lo que pertenecía a los goyim era una posesión temporal, que las estúpidas leyes de los goyim intentaban convertir en permanente. Desde el principio de los tiempos, ¿no ha querido Dios que todas las cosas buenas de la tierra pertenecieran a los judíos? Es deber del judío recordar esto en todo momento, y particularmente en sus tratos con los goyim.

Los judíos no convierten a otros a su religión porque están particularmente convencidos de que heredarán todas las riquezas de la tierra y quieren el menor número posible de herederos para compartir estas riquezas.[37] Despreciamos al Goy y odiamos su religión.

El Goy, según las historias tarareadas en los oídos de los niños judíos, adora tontamente a una criatura fea llamada Yoisel (Jesús), con docenas de otros nombres demasiado horribles para repetirlos. Este Yoisel había sido una vez un ser humano y un judío. Pero un día enloqueció y, en su lamentable locura, anunció que él mismo era el Mesías (el resto de lo que puede leerse en el "Sepher Toldoth, Jeshou" o "Vida de Jesús por los Judíos" es demasiado blasfemo para ser reproducido). Esta extraordinaria caricatura del fundador de la religión cristiana fue una de las aventuras más increíbles de mi vida.

Puesto que todos los bienes que el judío ve han sido creados para enriquecer a Israel, debe encontrar una buena manera de arrebatárselos al grosero goy que los posee. El judío no puede superar este sentimiento deshonesto. Es un instinto real. Así es como el joven Isaac fue criado, y lo que un pequeño judío ha aprendido, nunca lo olvida. Para saber cómo se educa a un niño judío, hay que vivir en un hogar judío.

Lo fundamental para la mentalidad judía es lo siguiente: la preservación de la cultura y la religión judías es ante todo una pantalla. Lo que el judío desea y espera mediante la educación judía es cultivar en su hijo la conciencia viva de que es judío y que como tal debe perpetuar la antigua guerra contra los goyim sin asimilarse jamás. El judío debe recordar siempre que es judío y nada más, y que su única lealtad es hacia el pueblo judío. Puede ser un buen americano si le "compensa" serlo. Incluso puede ser un buen chino. Por otra parte,

---

[37] Obsérvese que todos los judíos, sigan o no su religión, siguen aplicando estos mandamientos religiosos: la circuncisión al octavo día y sacar el máximo interés posible al goy practicando la usura (prohibida entre judíos). Además, su religión no ha cambiado un ápice y es fundamentalista por definición. Mientras que la religión católica se ha vuelto grotesca por su involución modernista, que prácticamente la ha ahogado en el marxismo.

ninguna obligación contraída con un goy puede considerarse válida si va en contra de los intereses de su identidad fundamental. El joven judío aprende primero que es judío. Luego aprende que ser judío le hace diferente de todos los pueblos del mundo. El joven judío recibe la fuerte impresión de que debe ser un profesional.[38]

Estar obligado a trabajar, a realizar trabajos manuales para ganarse la vida, sería el peor estado en el que podría caer. Sería una situación vergonzosa y humillante. El desprecio del judío por el trabajo manual es una segunda naturaleza, un sentimiento innato. El judío no considera la profesión liberal de la misma manera que otros pueblos. No existe una deferencia tradicional hacia la profesión. La ven (derecho, medicina) como un gángster ve un nuevo tinglado: cuánto pueden conseguir por menos trabajo, lo que no les impide ser muy competentes por su capacidad de análisis y memoria. ¿Qué ocurre con los jóvenes judíos que no pueden acceder a las profesiones liberales? ¿Si no tienen medios para comprar un quiosco de periódicos, o suficiente perspicacia para los negocios?

Se convierten en ladronzuelos, bandidos, rompehuelgas, jugadores de dados, vendedores de narcóticos y contrabandistas, agentes de la trata de blancas, secuestradores y chantajistas *en todas las comunidades pacíficas de América.*

Otras razas también tienen sus malhechores, pero llegan a serlo por la dura necesidad de la vida: el judío ve una carrera en ello. Nada de lo que hace ese judío es esencial para el bienestar de América.[39] *Por el*

---

[38] No podemos decir que esta formación se haya aplicado mucho en el siglo XX. La circuncisión del 8º día fue suficiente para producir un Soros todavía desconocido en los años 90 y que, en los albores del año 2000, invertía y desestabilizaba economías nacionales tan lejanas como la de Birmania, y planificaba con gobiernos ayudados por los Rothschild y los Murdoch, la libre venta de drogas en todos los países.

[39] Veremos en la segunda parte que goyim como Benjamin Franklin eran perfectamente conscientes de ello: "Si das la ciudadanía a los judíos, tus hijos te maldecirán".

contrario, puede decirse que todo lo que hace es contrario a los mejores intereses de la nación. Ni siquiera contribuye con mano de obra al bienestar general, excepto la que a sus talleres clandestinos y a las trampas que él mismo tiende... En literatura, sólo contribuye mediante la obscenidad, el periodismo que ahonda en asuntos íntimos e incluso el chantaje. Esto forma parte de nuestra tradición nacional. Seguimos siendo una nación de holgazanes entrometidos. En los negocios, el judío sólo tiene un código, el de saber crear algo de la nada, para enriquecerse regateando lo que no ha hecho.

Estados Unidos está lleno de empresas con nombres cristianos que en realidad son propiedad y están dirigidas por judíos. El judío sabe mejor que nadie cómo desposeer a los pobres y a las clases medias. Así que vemos al judío como hombre de negocios, promotor, prestamista, vendedor por excelencia, autor y principal instigador de un sistema crediticio mediante el cual la usura a escala nacional se alza como un monstruo con millones de manos sobre millones de gargantas para estrangular el honor y la libertad de movimiento de un pueblo trabajador.[40]

Cuando el talentoso poeta judío Henri Heine dijo que "el judaísmo no es una religión, sino una desgracia", puede que sólo pensara en su desgracia personal, pero hoy tenemos que calcular la desgracia para el mundo entero.

Ninguna religión del mundo ofrece un espectáculo tan contradictorio, pícaro e irrazonable como la recitación de la oración del Kol Nidre en las sinagogas la noche de Yom Kippur. Cualquiera que sea el negocio que haya emprendido con su prójimo, ya sea material o moral, el judío

---

[40] En este mundo judío, las clases medias prácticamente han desaparecido gracias a la especulación judía y a que los políticos de todos los partidos, al estar comprados, no han hecho nada para evitarlo, al contrario. Tratados como Maastricht, Ámsterdam o Niza terminarán de esclavizar a todos los goyim del mundo a los judíos. Todo ello en la total inconsciencia de los Goyim que han sido radicalmente zombificados por los judíos, su laicismo, su quimificación, su marxismo, su freudismo, su pornografía y su laxismo sistémico.

deja claro a Dios de antemano que será con una condición explícita: la realización del mismo debe ser favorable a Dios, de lo contrario el judío lo considerará nulo, sin efecto, totalmente inútil, como si nunca se hubiera mencionado, como si no se hubiera negociado nada al respecto. El engañoso argumento de que esta oración es de naturaleza exclusivamente religiosa es evidentemente deshonesto.

Si el autor hubiera querido entender sólo las obligaciones para con Dios, no habría escrito

"Obligaciones y compromisos de todo tipo". *No hay más sentido ni sinceridad en las otras explicaciones. Al recitar el Kol Nidre, el judío niega su responsabilidad por el crimen incluso antes de cometerlo. ¿Puede haber alguna duda sobre la terrible y maligna influencia que esto puede tener en su carácter como ciudadano y como ser humano?*

Vivimos en una civilización radicalmente judía. El sello del espíritu y temperamento judíos ha impregnado profundamente nuestras instituciones. Si alguna vez se expulsa a los judíos de América, será a causa de las prácticas perversas de médicos y abogados judíos.[41]

El judío es un nómada con debilidad por los bienes inmuebles. Me refiero a los bienes raíces independientemente de la tierra como suelo para cultivar y hacer fructificar. El judío sólo conoce un uso para la posesión de tierras, o de cualquier otra cosa: la especulación. Los pueblos civilizados atribuyen una especie de sentimiento sagrado a la posesión de la tierra, una "santidad" que el judío violará siempre que pueda. Herzl [el fundador del sionismo] fue sin duda el primer judío honesto en 2000 años. Un judío sin prurito de dinero ni de bienes raíces.

---

[41] Es poco probable que lo sean, porque los financieros, los abogados y los médicos se han hecho con todo el poder.
El autor de estas líneas era optimista hace unas décadas. Hoy, las leyes racistas llamadas antirracistas prohíben incluso pronunciar la palabra "judío" (ley Fabius-Gayssot).

La presencia de judíos en el teatro (y ahora en el cine, donde son dueños de todo) es un obstáculo para su desarrollo espiritual. La historia del teatro y de las artes demuestra que sólo pudieron florecer cuando los judíos no participaron. Desde el momento en que el judío entró en el teatro, una especie de impotencia cayó sobre el escenario. En Estados Unidos, el judío reina sobre el teatro. Para él, el teatro sólo significa dos cosas: una forma fácil de ganar dinero y un mercado para las mujeres guapas. El burdel obtiene sus reclutas del empresario, y en 19 de cada 20 casos, el empresario es judío. El excedente de estas encantadoras criaturas se envía, junto con nuestros excedentes de algodón, patatas y cobre, a Japón, China, Panamá, Sudamérica y todos los puertos de las oscuras regiones del Pacífico. El cine en manos judías se ha convertido en un espectáculo vulgar y obsceno (la industria cinematográfica difunde violencia y pornografía a gran escala a finales del siglo XX, actuando como agente de descomposición de todos los valores humanos fundamentales).

El judío es físicamente impuro y ensucia cualquier lugar que habita, aunque sea temporalmente.[42] Digo esto sin malicia, porque es una observación de mi propia vida entre mis semejantes. En la lucha por la civilización, siempre hay una lucha entre el mundo y Judas: el mundo hace esfuerzos por elevarse, pero Judas lo arrastra hacia abajo."

UN ABISMO INSALVABLE

En su libro "*Vous les Goyim*", publicado en 1924, Maurice Samuels, judío y dirigente sionista, escribió:

"Entre goyim y judíos hay un abismo insalvable. Su vida es una cosa, la nuestra es otra. Esta primera diferencia es radicalmente irreconciliable: hay un abismo que separa. Dondequiera que esté el

---

[42] Es notable que sin baños (los judíos ricos a veces tienen cinco o diez en sus casas), el judío no es limpio. Esto es fácil de ver.

judío, es un problema. Es una fuente de desgracias para sí mismo y para los que le rodean.

En todas partes, los judíos son, en grado sumo, extranjeros. Son indiscutiblemente un espíritu extranjero en vuestras academias. No aceptan vuestras reglas del bien y del mal porque no las entienden. En lo que respecta al modo de vida judío, los goyim no tienen moral. Las dos concepciones de la vida son esencialmente ajenas: son enemigas. Nuestro judaísmo no es un credo, es una totalidad. Un judío es judío en todas las cosas. No podemos concebir una dualidad, la religión y la vida, lo sagrado y lo profano. Podría decir: "Nosotros y Dios crecimos juntos. En el corazón de todo judío piadoso, Dios es judío. Sólo los judíos pueden comprender así la universalidad de Dios. Que yo sepa, no conozco ningún país con una historia que no haya sido antisemita en un momento u otro.

Podría decirse: "Coexistamos y tolerémonos". Pero los dos grupos no sólo son diferentes, sino que están enfrentados por una enemistad mortal. En su mundo, un hombre debe ser leal a su país, a su provincia, a su ciudad. Para el judío, la lealtad es incomprensible.

Los judíos no damos mucha importancia a la vida después de la muerte. Damos gracias a Dios por habernos hecho diferentes de ustedes. El instinto del judío es desconfiar del goy. El instinto del goy es desconfiar del judío. Puestos lado a lado con nosotros, ustedes son fanfarrones, cobardes, vulgares multitudes. No estamos entre ustedes por nuestra propia voluntad, sino debido a sus acciones. Somos intrusos entre vosotros porque somos lo que somos, y tenemos más razones para odiaros que vosotros para odiarnos. Los judíos liberales, los judíos radicales, los judíos modernistas, los judíos agnósticos, se están convirtiendo en el elemento dominante de la judería. Hemos producido innumerables revolucionarios, los abanderados de los ejércitos de "Liberación" del mundo.

Repudiar la religión judía no cambia en nada a un judío. Nosotros los judíos, los destructores, siempre seguiremos siendo los destructores. Nada de lo que hagan satisfará nuestras necesidades, nuestras exigencias. Siempre destruiremos porque queremos un mundo propio.

LOS JUDÍOS SON LOS MÁS RACISTAS DE TODOS LOS PUEBLOS

El hecho de que hayan persistido durante ochenta generaciones en mantener su identidad racial y espiritual es testimonio de una disciplina constante de asombroso rigor y fortaleza.

LA SOCIEDAD DE NACIONES, UNA ORGANIZACIÓN JUDÍA

El gobierno canadiense comprometió a Canadá en la carrera armamentística diciendo que el país estaba obligado a hacerlo porque había suscrito la idea de *"seguridad colectiva"* al unirse a la Sociedad de Naciones. *"Seguridad colectiva"* significa *"guerra colectiva"* cuando la Sociedad de Naciones considera que así lo exigen sus intereses. El mundo estuvo al borde de la guerra colectiva en el momento del asunto italo-etíope. Si la guerra no llegó a producirse fue porque los británicos aún no estaban suficientemente armados, como dijeron entonces algunos estadistas.

¿Qué es la SDN? ¿De dónde viene? ¿Cuáles son sus intereses? Dejemos que los judíos lo digan por sí mismos.

DR. KLEE, JUDÍO

Este abogado judío de Nueva York habló públicamente sobre este tema el 19 de enero de 1936:

"La Sociedad de Naciones no fue en modo alguno obra del Presidente Wilson. Es una creación esencialmente judía de la que los judíos pueden estar orgullosos. La idea se remonta a los Sabios de Israel. Es un producto puro de la cultura judía". (véase en páginas anteriores lo que dijo un banquero judío de Nueva York sobre el papel de la Sociedad de Naciones).

JESSE E. SAMPTER, JUDÍO

En "*Guía del sionismo*", este judío declara: "*La Sociedad de Naciones es un viejo ideal judío*".

MAX NORDAU, JUDÍO

Este líder sionista, citado por el judío Litman Rosenthal en su libro "Cuando hablan los profetas", dijo lo siguiente sobre la Sociedad de Naciones: "*Pronto quizá haya que convocar una especie de Congreso Mundial*". Estas palabras fueron pronunciadas en 1903. Al mismo tiempo Nordau dijo: "*Permítanme llevarlos por la escalera que sube cada vez más alto: Herzl, el Congreso Sionista, la oferta inglesa de Uganda, la próxima guerra mundial, la Conferencia de Paz donde, con la ayuda de Inglaterra, se creará una Palestina libre y judía.*"

NAHUM SOKOLOV, JUDÍO

Este líder sionista declaró en Carlsbad el 22 de agosto de 1922: "*La Sociedad de Naciones es una idea judía y Jerusalén se convertirá un día en la capital de la paz mundial. Lo que los judíos hemos conseguido tras 25 años de lucha , se lo debemos al genio de nuestro inmortal líder, Theodor Herzl.*"

LUCIEN WOLF, JUDÍO

En su informe al Congreso Judío Estadounidense sobre su labor como plenipotenciario judío en la Conferencia de Paz: "*Si la Sociedad de Naciones se viniera abajo, todo el edificio tan laboriosamente construido por las delegaciones judías de Inglaterra y Estados Unidos en 1919 se desmoronaría*".

LENNHORR, JUDÍO

En el "*Wiener Freimaurer Zeitung*" nº 6, 1927, este judío declaró: "*Tenemos razón al comparar la masonería (un instrumento judío) con la Sociedad de Naciones. La Sociedad de Naciones nació de ideas masónicas*".

"JUDISCHE RUNDSCHAU

Este periódico judío, en su nº 83 publicado en 1921, declaró: "*La sede exacta de la Sociedad de Naciones no es ni Ginebra ni La Haya. Ascher Ginsberg soñaba con un templo en el Monte Sión al que irían los representantes de todas las naciones para visitar un templo de paz; la paz eterna no será un hecho real hasta que todos los pueblos de la tierra hayan ido a este templo.*"

SIR MAX WAECHTER, JUDÍO

En un discurso pronunciado en el Instituto de Londres en 1909, afirmó: "*Todos los Estados tendrán que reunirse y redactar la Constitución de una federación de los países de Europa sobre la base de un arancel único, una moneda única, una lengua única y una frontera única*".

Comentario del autor: En 1999 ya estamos ahí, con la ruina de Europa y un paro monstruoso. Tendrán problemas con la "*lengua única*". Lo que caracteriza al ideal judío es que o está loco o está completamente loco: todo lo que ocurre actualmente en Europa converge hacia la ruina y la nada. Una Europa, por supuesto, pero no una Europa judía de bancos y tecnócratas manipulados por unas finanzas que no tendrán que rendir cuentas a nadie y que ya no permitirán ninguna iniciativa nacional. Una Europa de las Naciones, que conserve todas sus características nacionales, y no un pueblo de vaqueros en vaqueros azules, una masa informe de altas finanzas.

LENIN, JUDÍO

En 1915 escribió en "*Socialdemócrata*" nº 40, un periódico judío ruso: "*Los Estados Unidos del mundo, y no sólo de Europa, serán realizados por el comunismo, que provocará la desaparición de todos los Estados, incluso los puramente democráticos".*

EMIL LUDWIG, JUDÍO

En su libro *"Genio y carácter"*, el escritor judío declara: *"Cuando los Estados Unidos de Europa sean una realidad, Woodrow Wilson será nombrado su fundador por el pueblo (porque propició la Sociedad de Naciones)"*.[43]

EN EL GRAN CONVENTO MASÓNICO INTERNACIONAL

En esta reunión, que tuvo lugar los días 28, 29 y 30 de junio de 1917, antes incluso de que nadie pensara oficialmente en la Sociedad de Naciones, los judíos y los masones propusieron lo siguiente: "Debemos construir la ciudad feliz del mañana. Es a este trabajo verdaderamente masónico al que hemos sido invitados. ¿Qué hemos visto? Esta guerra se ha convertido en una formidable disputa entre democracias organizadas y potencias militares despóticas.

En esta tormenta, el poder ancestral de los zares de la Gran Rusia ya se ha hundido. Otros gobiernos también serán barridos por los vientos de la libertad. Es pues indispensable crear una autoridad supranacional. La Masonería, obrera de la paz, propone estudiar esta nueva organización: la Sociedad de Naciones".

EN EL CONVENTO DEL GRAN ORIENTE

Según las actas oficiales publicadas en 1932, página 3: *"¿No fue en el seno de las Logias donde prendió la chispa que condujo a la creación de la Sociedad de Naciones, de la Oficina Internacional del Trabajo y*

---

[43] Es interesante observar que este judío refinado no sobrevivió al mundo que sus compañeros judíos preparaban para él, y que se expresó suicidándose.

de todos los organismos internacionales que conforman el laborioso pero fecundo esbozo de los Estados Unidos de Europa y quizás del mundo[44]

EN EL CONGRESO DEL COMITÉ JUDÍO AMERICANO

Según el *Registro Comunal Judío* de 1918 (Fuente: *Jewish Guardian* del 6 de febrero de 1920), en el Congreso de 1909, el Comité Judío Estadounidense se opuso con éxito al que exigía que las preguntas del censo indagaran sobre la raza de los habitantes de Estados Unidos.

LA CONFERENCIA DE PAZ

Esta conferencia, en la que se redactó el *Tratado de Versalles* (1919), fue un triunfo para los derechos judíos gracias a la influyente delegación anglo-judía. El *Tratado de Berlín* (1818) fue aclamado durante más de cuarenta años como la Carta para la emancipación de los judíos en Europa del Este, pero su grandeza se ve ahora ensombrecida por la espléndida labor de la reciente Conferencia de en favor de las minorías judías en los Estados de la nueva Europa. La solemne reunión de las Naciones en París ofreció una oportunidad de oro para resolver la vieja cuestión judía en el Este. La comunidad judía se apresuró a comprender la magnitud de la oportunidad que se le presentaba y la aprovechó con ambas manos. Si se tiene en cuenta que esas manos eran las de Lucien Wolf, que pasó casi todo un año moviendo los hilos en París, se comprenderá que la labor de la delegación anglo-judía en la Conferencia de Paz se vio coronada por un éxito completo y rotundo.

LA MASONERÍA, UN INSTRUMENTO JUDÍO

---

[44] En 1999, ¡sólo hay que ver la miseria del mundo, el colapso moral y biológico y los daños ecológicos que han causado estos magníficos proyectos! Pero seguimos adelante: la locura judía es suicida.

Si se niega el acceso a un judío en cualquier lugar, se desatan los gritos de antisemitismo. En cambio, en nombre del antirracismo, la logia masónica B'nai B'rith está abierta exclusivamente a los judíos. Es la logia masónica con mayor número de miembros. (de 5 a 600.000 en 1999).

Los judíos presentan a la masonería como una institución caritativa apolítica. Esta tranquilizadora afirmación es tanto más absurda cuanto que muchos judíos prominentes no han ocultado que se trata de una organización que manipulan con fines que ellos tampoco ocultan. En cuanto a sus acciones, cualquiera puede ver que son políticas, y demostración más simple y espectacular de ello ha sido la declaración pública de la masonería exigiendo a todos los partidos que rechacen la más mínima alianza con el Front National, a pesar de que este partido es el único que presenta un programa contra la descomposición general y por la restauración de los valores elementales.

Si la judería controla todas las monedas nacionales controlando el oro, si controla el precio de las materias primas y de los productos alimenticios a través de sus grandes organismos de comercio internacional, si controla la opinión mundial a través de la edición, la prensa y el cine, si controla al proletariado a través de las internacionales socialistas, controla también a la multitud de políticos y hombres de negocios de todos los países a través de la masonería. Controla la alimentación industrial, que degenera el organismo a través de la quimización masiva de los productos. Los Papas siempre han llamado a la masonería "*la sinagoga de Satanás*". No es casualidad que la palabra "sinagoga" se utilice de esta manera. El objetivo fundamental de la masonería es descristianizar y judaizar.

Impone la escuela laica, de hecho atea, allí donde sus miembros llegan al poder. Predica a sus adeptos el culto al "Gran Arquitecto del Universo", divinidad impersonal modelada por los rabinos, e ignora al Dios cristiano de la Santísima Trinidad.[45] El objetivo declarado de la masonería es "**la reconstrucción del Templo de Salomón**", es decir, el templo mundial judaico sobre las ruinas de todas las demás religiones. La masonería ayudó a los judíos a arrebatar Palestina a los árabes. Está obligando al gobierno inglés a utilizar la fuerza de las armas para asegurar el poder judío allí; se ha comprometido a obligar a Inglaterra a convertirla en un dominio autónomo para los judíos. Pronto ayudará a reconstruir el Templo de Salomón sobre los escombros del Nuevo Testamento, si puede. Casi lo consigue en 1999.

BENJAMIN DISRAELI, JUDÍO

En su novela "*La vida de Sir George Bentinck*", Benjamin Disraeli, el constructor de imperios que fue Primer Ministro de la Reina Victoria (ella le debía su título de Emperatriz de la India), confirma: "*A la cabeza de todas estas sociedades secretas que forman gobiernos provisionales están los judíos*".

"LA VERDAD ISRAELITA

Este periódico judío publicó una interesante visión de la masonería en 1861 (Volumen V, página 74): "*El espíritu de la masonería es el espíritu del judaísmo en sus creencias más fundamentales. Estas son sus ideas, su lenguaje, casi su organización. La esperanza que ilumina y fortalece a la Francmasonería es la esperanza que ilumina y fortalece a*

---

[45] Está absolutamente claro que si un niño, con el pretexto de la libertad religiosa, no recibe ninguna formación moral ni religiosa (no hay moral sin religión), se convertirá automáticamente en un matón, un drogadicto, un parado, un aficionado a la música disco, etc. Sólo tienes que abrir los ojos durante ¼ de segundo para ver esto. Fíjate en las manadas de vaqueros que abandonan la escuela, escuchan música patógena, carecen de ideales y acaban drogándose o suicidándose. En cuanto a los analfabetos, su número aumenta cada año, al igual que el desempleo, corolario del socialismo en todas sus formas.

Israel. Su coronación será esta maravillosa casa de oración para todos los pueblos, de la que Jerusalén será el centro y el símbolo triunfante".

BERNARD SHILLMANN, JUDÍO

En *"Hebraic influences on masonic symbols"*, publicado en 1929, y citado por *"The Masonic News"* de Londres, Bernard Shillmann dice lo siguiente: *"Aunque de ninguna manera he tratado las influencias hebraicas en todo el simbolismo de la masonería, espero haber probado suficientemente que la masonería como simbolismo, descansa enteramente sobre una formación que es esencialmente judía".*

BERNARD LAZARE, JUDÍO

En *"L'antisémitisme et ses causes"*, página 340, afirma: *"Las logias martinezistas [logias fundadas por el judío portugués Martínez de Pasqually] eran místicas, mientras que las demás órdenes de la masonería eran más bien racionalistas, lo que nos permite decir que las sociedades secretas presentaban las dos caras del espíritu judío: el racionalismo práctico y el panteísmo. Estas tendencias condujeron al mismo resultado: el debilitamiento del catolicismo".*

LUDWIG BLAU, JUDÍO

Este rabino, doctor en filosofía y profesor del Colegio Talmúdico de Budapest (Hungría), declaró: *"El gnosticismo judío precedió al cristianismo. Es un hecho digno de mención que los jefes de las escuelas gnósticas y los fundadores de los sistemas gnósticos* (de los que procede la masonería*) son calificados de judíos por los Padres de la Iglesia".*

ISAAC WISE, JUDÍO

Este rabino declaró, en *"The Israelite of America"* del 3 de agosto de 1866: *"La francmasonería es una institución judía cuya historia, grados, cargos, consignas y explicaciones son judíos de principio a fin".*

Bernard Lazare, judío

"Es cierto que hubo judíos en la cuna de la masonería. Ciertos ritos prueban que eran judíos cabalistas".

La Sociedad Histórica Judía

Según esta sociedad histórica judía (Fuente: *Transactions* of Vol 2, página 156): *"El escudo de la Gran Logia de Inglaterra está compuesto enteramente de símbolos judíos"*.

La Guía Libre del Masón

En esta obra, publicada en Nueva York en 1901, nos enteramos de que: *"Los francmasones están levantando un edificio en el que el Dios de Israel vivirá para siempre"*.

Enciclopedia de la Masonería

En esta obra, publicada en Filadelfia en 1908, aprendemos que: *"Cada logia es, y debe ser, un símbolo del templo judío; cada maestro en su cátedra, un representante del rey judío; cada francmasón, un representante del trabajador judío"*.

Rudolph Klein, judío

En *"Latomia"*, una publicación masónica, el 7 de agosto de 1928, Rudolph Klein declaró: *"Nuestro rito es judío de principio a fin: el público debería concluir de ello que tenemos vínculos directos con la judería"*.

Rev. S. Mac Gowan

En *"The Free-Mason"* de Londres, publicado el 2 de abril de 1930, este clérigo declaraba: *"La Francmasonería se funda en la antigua ley *de Israel. Israel dio nacimiento a la belleza moral que constituye la base de la Francmasonería".*

SIMBOLISMO

Extracto de esta revista masónica (París, julio de 1928): "*La tarea más importante del francmasón es glorificar la raza judía. Puede contar con la raza judía para disolver todas las fronteras.*

EL LIBRO DE TEXTO DE LA MASONERÍA LIBRE

En este léxico publicado en Londres, encontramos la siguiente definición en la página 7: "*El iniciado del rito del Maestro es llamado humilde representante del Rey Salomón*".

ALPINA

La revista, órgano oficial de la masonería suiza, incluye la siguiente declaración: "*Vaya a la Galerie des Glaces de Versalles, donde podrá leer la inmortal Declaración de los Derechos del Hombre* (Tratado de Versalles). *Es obra nuestra: los símbolos masónicos decoran el encabezamiento del documento.*

LAS CONSTITUCIONES ANDERSON

En el texto fundador de la masonería moderna, "*That which was lost. A treatise of Free-Masonry and the English mystery*", escrito por James Anderson en 1723, en la página 5, encontramos la siguiente explicación: "*Es fácil ahora, pero también injusto, criticar a los fundadores por haber introducido tradiciones judaicas en la Francmasonería. Habían dado un gran paso al suprimir el Nuevo Testamento en beneficio de la armonía entre cristianos y judíos.*"

SAMUEL UNTERMEYER, JUDÍO Y MASÓN

En una reunión de la que informó *The Jewish Chronicle* el 14 de diciembre de 1934, Samuel Untermeyer hizo aprobar la siguiente resolución: "*El boicot judío a Alemania debe continuar hasta que el gobierno alemán haya restituido a las logias el estatus y la propiedad de los que han sido privadas*".

FINDEL, JUDÍO Y MASÓN

Cita del libro "*Die Juden als Freimaurer*" (El judío como masón), escrito por el judío y masón Findel: "*Es menos una lucha por los intereses de la humanidad que una lucha por los intereses y la dominación del judaísmo. Y en esta lucha, el judaísmo se revela como el poder dominante al que la francmasonería debe someterse. Esto no debería sorprendernos, pues de manera oculta y cuidadosamente disimulada el judaísmo ya es el poder dominante en muchas de las grandes logias de Europa.*

Por lo que respecta a Alemania, no debemos olvidar que el judaísmo es el amo de los mercados financieros y comerciales, el amo de la prensa y el amo de la fe política y masónica, y que millones de alemanes son financieramente sus deudores".

EL TRIBUNO JUDÍO

Revista publicada en Nueva York. De la edición del 28 de octubre de 1927, Vol. 97, No. 18: "*La masonería se basa en el judaísmo. Elimine las enseñanzas judías del ritual masónico y ¿qué queda?*".

LA ENCICLOPEDIA JUDÍA

Edición de 1903, Vol. 5, página 503: "*El lenguaje técnico, el simbolismo y los ritos de la Francmasonería están llenos de ideas y términos judíos... En el Rito Escocés, las fechas de los documentos oficiales se designan según el calendario y los meses de la era judía y se utiliza el antiguo alfabeto hebreo. La influencia del Sanedrín judío es hoy mayor que nunca en la Francmasonería".* (Reimpreso en O. B Good, M. A. *"La* Mano *Oculta de Judá",* 1936.

REVISTA B'NAI B'RITH

Citando al rabino y masón Magnin (Vol. 43, página 8): *"Las B'nai B'rith no son más que un parche. Dondequiera que la masonería pueda admitir con seguridad que es judía en naturaleza y propósito, las logias ordinarias serán suficientes.*

Nota: las B'nai B'rith, conviene recordarlo, son Logias prohibidas a los Goyim y, por tanto, sólo pueden ser admitidos los judíos. En 1874, Albert Pike (por el Rito Escocés) firmó una alianza con Armand Lévy (por la B'nai B'rith). En virtud de este tratado secreto, la B'nai B'rith se comprometió a aportar el 10% de sus ingresos a la masonería universal.

¿POR QUÉ LOS JUDÍOS NO PUEDEN SER NUNCA NACIONALES DE NINGÚN PAÍS?

PRUEBA ILIMITADA DE ELLO

DR. CHAÏM WEIZMAN, JUDÍO

En su panfleto *"Gran Bretaña, Palestina y los judíos"*, el gran líder sionista declaró: *"Somos judíos y nada más: una nación entre naciones"*.

LUDWIG LEWINSOHN, JUDÍO

En su libro *Israel*, publicado en 1926, este judío declaró: *"El judío sigue siendo judío. La asimilación es imposible porque el judío no puede cambiar su carácter nacional. Haga lo que haga, es judío y sigue siendo judío"*. La mayoría descubrió este hecho como tenía que descubrirlo tarde o temprano. Tanto los judíos como los no judíos se han dado cuenta de que no hay salida. Ambos creían en una salida: no hay ninguna, ninguna.

ISRAEL MENSAJERO

En la edición del 7 de febrero de 1930 de este periódico judío de Shanghai: *"El judaísmo y el nacionalismo judío caminan de la mano. Los judíos siempre han sido una nación, incluso cuando han sido expulsados y dispersados de su patria ancestral. La raza judía es una raza pura.*[46]

---

[46] Recordemos una vez más que se trata de un mito en el sentido más peyorativo del término: el particularismo judío procede exclusivamente de la circuncisión al

La tradición judía es una tradición ininterrumpida. Los judíos siempre se han considerado miembros de la nacionalidad judía. Ahí radica la invencibilidad y la solidaridad del pueblo judío en la diáspora".

JESSE E. SEMPTER, JUDÍO

"El judaísmo, nombre de la religión nacional de los judíos, deriva de su denominación nacional. Un judío irreligioso sigue siendo judío".

ENCICLOPEDIA JUDÍA

El Dr. Cyrus Adler, judío, afirma que los judíos, sea cual sea su adscripción religiosa, forman todos parte de la raza judía.

TRIBUNA DE NUEVA YORK

El rabino Wise declaró el 2 de marzo de 1920: *"Cuando el judío promete lealtad a otra fe, miente.*

MAX NORDAU, JUDÍO

En su libro *"El pueblo judío"*, Max Nordau declaró: *"Los judíos son un pueblo, un pueblo único. Herzl comprendió el fracaso de la asimilación".*

CRÓNICA JUDÍA

El rabino M. Schindler declaró en la edición del 28 de abril de 1911: *"Durante cincuenta años he creído firmemente en la asimilación de los*

---

octavo día y nada más. Además, aparte de sus rasgos a menudo caricaturescos y de su espíritu especulativo y amoral, su aspecto somático varía según las naciones en las que se encuentran desde hace mucho tiempo. No existe, pues, una etnia judía. En cuanto a las razas, sabemos que no existen. Las grandes razas blanca, amarilla, roja y negra son el resultado de la adaptación hormonal a un entorno fijo. Lo mismo se aplica a los grupos étnicos, entidades que los judíos no pueden pretender ser.

judíos. Pero el crisol americano nunca producirá la fusión de un solo judío".[47]

ARCHIVOS ISRAELÍES

Extracto de esta publicación parisina fechada el 24 de marzo de 1864: "*...este milagro único en la vida del mundo de todo un pueblo disperso desde hace 1800 años por todas las partes del universo, sin mezclarse ni mezclarse en modo alguno con las poblaciones en cuyo seno vive...*".

LÉVY-BING, JUDÍO

"*Toda la religión judía se basa en la idea nacional*".

BERNARD LAZARE, JUDÍO

Dirigiéndose a la Alianza de Israelitas Rusos el 7 de marzo de 1897: "¿Cuál es el vínculo que nos une a nosotros, que procedemos de las regiones más diversas? Es nuestra condición de judíos: formamos, pues, una nación".

"PRO-ISRAEL

Para esta Asociación Sionista de París: "*Israel es una nacionalidad, como Francia. El verdadero judío no se asimila.*

MAX NORDAU, JUDÍO

"*No somos alemanes, ni ingleses, ni franceses. Somos judíos. Vuestra mentalidad cristiana no es la nuestra*".

---

[47] Esto es seguro si no suprimen radicalmente la circuncisión. De lo contrario, serán asimilados en una o dos generaciones, porque la recuperación del potencial intersticial del que carecen es casi inmediata.
Por otro lado, dentro de mil años todos los negros serán blancos (en EEUU).

NAHUM SOLOLOW, JUDÍO

Este líder sionista declaró en "*El sionismo en la Biblia*", páginas 7 y 8: "*El pensamiento fundamental de Moisés es el futuro de la nación judía y la posesión eterna de la tierra prometida. Ningún sofisma puede suprimir este hecho... Resulta extraño y tristemente cómico ver a judíos partidarios del monoteísmo que dicen ser alemanes, húngaros, etc. ser de la opinión de Moisés, si no una blasfemia, sí una burla. Es indiferente que los judíos se llamen a sí mismos religión o nación: la religión judía no puede separarse del nacionalismo judío.*

S. ROKHOMOVSKY, JUDÍO

Declaró en "*Le Peuple Juif*" del 21 de abril de 1919: "*Tenemos derecho a ser lo que somos: judíos. Hoy más que nunca queremos decirlo alto y claro. Somos una nación.*

EL MUNDO ISRAELITA

En su número del 15 de mayo de 1918, esta revista parisina citaba los Bulletins du Comité Central de la Ligue des Droits de l'Homme et du Citoyen, Comité des Questions Juives. Según este Comité: "*El judaísmo es un vínculo nacional y no religioso. Por lo tanto, reivindica el derecho de los pueblos a la autodeterminación.*[48] *El sentimiento nacional de un judío ruso o de un judío rumano no es ni ruso ni rumano, sino judío*".

ARCHIVOS ISRAELÍES

Esta revista parisina publicó el siguiente texto en 1864: "*Israel es una nacionalidad. El hijo de padres israelitas es judío. Por nacimiento, le*

---

[48] Señalemos de paso que ninguna nación tendrá nunca el derecho de autodeterminación para elegir un régimen monárquico, por ejemplo. Las naciones sólo tienen derecho a la autodeterminación si son incapaces de responsabilizarse de sí mismas. En ese caso tienen derecho a su "nacionalismo". Los demás, en cambio, son forzados dictatorialmente a la democracia, es decir, a la dictadura judía.

incumben todos los deberes judíos. No es por la circuncisión que recibimos la calidad de judío. No somos judíos porque estemos circuncidados, sino que circuncidamos a nuestros hijos porque somos judíos. Adquirimos el carácter judío por nuestro nacimiento, y no podemos perder ese carácter ni desecharlo. Un judío que renuncia a la religión israelita, aunque se bautice, no deja de ser judío. Todos los deberes judíos le incumben.

CRÓNICA JUDÍA

Número del 8 de diciembre de 1911, página 38: "*El patriotismo judío no es más que un manto con el que se cubre para complacer a los ingleses. Los judíos que se enorgullecen de ser a la vez ingleses patriotas y buenos judíos no hacen más que vivir mentiras.*"

WODISLAWSKI, JUDÍO

Artículo publicado en el "*Mundo Judío*" el 1 de enero de 1909: "*Quitémonos la máscara, hagamos de león de Judas para variar. Arranquémonos nuestro falso patriotismo. Un judío sólo puede reconocer una patria: Palestina*".

SUNDAY CHRONICLE

Este periódico de Manchester publicó el siguiente texto el 26 de septiembre de 1915, página 4: "*Seamos o no naturalizados en este país, no somos británicos en absoluto. Somos nacionales, judíos, por raza y fe, y no británicos*".

MUNDO JUDÍO

Extracto de su edición del 15 de enero de 1919, página 6: "*El nacionalismo judío es una cuestión judía que debe regirse por principios judíos y no debe subordinarse a las conveniencias o exigencias de ningún gobierno, por importante que sea. Como pueblo, los judíos no han librado guerras entre sí. Judíos ingleses contra judíos alemanes o judíos franceses contra judíos austríacos; dividir a la judería en lealtades a diferencias internacionales nos parece que es abandonar todo el principio del nacionalismo judío."*

THEODORE HERZL, JUDÍO

El gran líder sionista declaró en su libro *El Estado judío*: "*La cuestión judía no es más social que religiosa. Es una cuestión nacional que sólo puede resolverse convirtiéndola en una cuestión de política mundial.*"

LÉON LÉVY, JUDÍO

En su "*Memorial*" publicado por B'nai B'rith en 1900, el Presidente de B'nai B'rith hizo los siguientes comentarios: "*La Cuestión Judía no puede resolverse mediante la tolerancia. Hay personas bien pensantes que se enorgullecen de mostrar un espíritu de tolerancia hacia los judíos. Es cierto que la raza y la religión de los judíos están tan fusionadas que no se sabe dónde empieza una y termina la otra.*

No hay mayor error que afirmar que la palabra judío tiene un significado religioso y no el de una raza. No es cierto que los judíos sean judíos sólo por su religión. Un esquimal o un indio americano podrían adoptar la religión judía: eso no los convertiría en judíos. La dispersión de los judíos no destruyó en ellos la idea nacional de raza. ¿Quién puede decir que los judíos ya no forman una raza?[49]

La sangre es la base y el sustrato de la idea de raza, y ningún pueblo sobre la faz de la tierra puede reclamar mayor pureza y unidad de sangre que los judíos. La religión no constituye la raza. Un judío que abjura de su religión sigue siendo judío. Los judíos no están asimilados:

---

[49] Nunca han formado una raza: como nunca dejaremos de repetir, deben su particularidad exclusivamente a la circuncisión al octavo día, el primero de la primera pubertad, que dura 21 días.

han infundido su sangre en otras razas, pero han tomado muy poca sangre extranjera en su propia raza."

MUNDO JUDÍO

Extracto de su edición del 22 de septiembre de 1915: "*Nadie se atrevería a afirmar que el hijo de un japonés o de un indio es inglés con el pretexto de que ha nacido en Inglaterra, y el mismo razonamiento se aplica a los judíos.*

MUNDO JUDÍO

Extracto de su edición del 14 de diciembre de 1922: "*Un judío sigue siendo judío aunque cambie de religión. Un cristiano que adopta la religión judía no se convierte por ello en judío. Porque ser judío no es una cuestión de religión, sino de raza, y un judío que es librepensador o ateo sigue siendo tan judío como cualquier rabino.*

RABINO MORRIS JOSEPH

Extracto de su libro "*Israel como nación*": "*Para negar la nacionalidad judía habría que negar la existencia de los judíos*".

ARTHUR D. LAWIS, JUDÍO

Texto publicado por la "*West London Zionist Association*": "*Considerar a los judíos como una secta religiosa similar a la de los católicos o protestantes es una inexactitud. Si un judío es bautizado, casi nadie creerá que ya no es judío. Su sangre, su carácter, su temperamento, sus características intelectuales no se alteran en absoluto.*"

LÉON SIMON, JUDÍO

"La idea de que los judíos son una secta religiosa comparable a los católicos o los protestantes es un disparate".

Moses Hess, judío

Extracto de su libro "*Roma y Jerusalén*": "*La religión judía es, ante todo, patriotismo judío. Todo judío, lo quiera o no, está unido a toda la nación judía.*

Crónica Judía

Extracto de su edición del 11 de mayo de 1923: "*El primer y más imperativo deber de una nación, como de un individuo, es el deber de la autoconservación. La nación judía debe ante todo cuidarse a sí misma.*

Correo Judío

Extracto de la edición del 17 de enero de 1924: "*Los judíos pueden adoptar la lengua y la vestimenta de los países donde viven, pero nunca se convertirán en parte integrante de la población autóctona.*

G. B Stern, judío

Extracto de su libro "*Terreno discutible*": "*Los judíos son una nación. Si sólo hubiera una diferencia teológica, ¿habría causado distinciones tan marcadas en rasgos y temperamento? ¿Acaso ir a la sinagoga en vez de a la iglesia cambia la curvatura de la nariz? Por supuesto, somos una nación, una nación dispersa, pero a través de nuestra raza, la nación más unida del mundo*".

S. Gerald Soman, judío

Discurso de un diputado, citado en "*The World Jewry*", a los diecisiete diputados judíos de la Cámara de los Comunes: "*No podéis ser judíos ingleses. Pertenecemos a una raza distinta. Nuestra mentalidad es judía y es absolutamente diferente de la de los ingleses*". *¡Basta de subterfugios! Digamos abiertamente que somos judíos internacionales.*

Como todo el mundo puede ver, sin necesidad siquiera de todas estas declaraciones, los judíos no se asimilan en los países que los acogen. Se niegan a asociarse con los intereses nacionales, con el capital nacional, salvo para explotar a su favor. En realidad, sólo conocen el interés judío.

Su religión es una cuestión nacional y racial. No pueden ser verdaderamente franceses, ingleses, canadienses, etc., siempre permanecen exclusiva y fanáticamente judíos. Constituyen un Estado dentro del Estado, y lo trágico es que su Estado es internacional y tiende a unificar desde abajo a todas las naciones sometidas a su hegemonía.

¿Por qué el judío no puede ser un hombre corriente? ¿Por qué son tan intensamente particulares?[50]

Los cristianos tienen un código detallado de prácticas religiosas y morales, el Catecismo. Los judíos tienen su código correspondiente, el Talmud. Consta de varios volúmenes divididos en dos partes principales: la Mishna y la Gemara. Ambas fueron codificadas en un libro más sencillo: el Schulchan Arouk, por el famoso rabino Josef Caro. Enciclopedias, periódicos y dirigentes judíos afirman categóricamente que el Talmud es la ley para todos los judíos de hoy o de mañana, como lo fue ayer.

A principios de siglo, el abate Auguste Rohling, médico y erudito hebraico, tradujo muchos pasajes del Talmud. Ofreció diez mil francos a quien pudiera demostrarle que una sola palabra de su traducción era inexacta. La traducción fue revisada por otro erudito, el abate Lamarque. Se reprodujo en muchos libros y periódicos de Europa y en muchos idiomas. Nadie puso nunca en duda su traducción. He aquí algunos pasajes de este "catecismo"

---

[50] Lo hemos dicho una y otra vez: la causa es la circuncisión al octavo día. Pero ahora vamos a ver cómo los efectos de la circuncisión se ven reforzados por la psicología. Aunque este refuerzo no es causal, no es despreciable, como veremos.

reproducidos en un libro del abate Charles, doctor en teología, antiguo profesor de filosofía, párroco de San Agustín en Francia, titulado "*Juste solution de la Question juive*".

➢ La Biblia es agua, pero la Mishna es vino y la Gemarra es vino aromático (*Masech Sopharim*, 13 b).
➢ Cualquiera que desprecie las palabras de los rabinos es digno de muerte.
➢ Las palabras de los rabinos son más dulces que las de los profetas. (*Midras Misle*, fol 1)
➢ Las palabras de los rabinos son las palabras del Dios vivo (*Bochai ad Pent* fol 201, cab. 4).
➢ El temor del rabino es el temor de Dios (*Yadchaz hileh*, Talmud, Torá, Perq. 5-1).
➢ Los rabinos tienen soberanía sobre Dios (Tr. 6 *Madkatan* 16).
➢ Todo lo que los rabinos dicen en la tierra es una ley para Dios (Tr. *Rosh-Hasha*)
➢ Los que estudian la ley de los rabinos están libres de todo en el mundo (*Sahra* 1, 132 a).
➢ Quien estudia el Talmud nunca caerá en la necesidad, pero extraerá de él el arte del engaño (Tr. 19 *Sota* 216).
➢ Si el judío pasa de las sentencias y doctrinas del Talmud a la Biblia, ya no será feliz. (Tr. chag. Fol.10b)
➢ Si los judíos siguen el Talmud, comerán mientras los goys trabajan. De lo contrario, trabajarán ellos mismos (Tr. *Beras chor* 351-b).
➢ Quien lee la Biblia sin la Mischna y sin la Gemara (*Talmud*) es como quien no tiene Dios (*Sepher, Safare Zedeq*, Fol.9).
➢ Esto es lo que Israel piensa de sí mismo: primero Dios llora cada día por la falta que cometió al enviar a su pueblo al exilio (Tr. *Berajot*, ol.3a.).

➢ Las almas de los judíos son partes de Dios, de la sustancia de Dios, igual que un hijo es de la sustancia de su padre (Tr. *Sela* 262a).

➢ Por lo tanto, un alma judía es más querida y más agradable a Dios que todas las almas de los demás pueblos de la tierra (*Sela I.C.* y *Sefa* Fol 4).

➢ Las almas de otros pueblos descienden del diablo y se parecen a las de los animales. El goy es la semilla del ganado. (Tratado *Jebammoth. Sefa y Sela id. Sepher Hannechamma.* Fol 221. Col. 4. *Jalqût.* Fol 154b)

➢ Todos los Goyim van al infierno (*T. Sepher Zerov Ha-mor.* Fol 27b y Bachai 34. *Masmia Jesua.* Fol 19.Col.4)

➢ Los judíos tendrán imperio temporal sobre todo el mundo. (*Perus Hea-misma. Ad Tr. Sab. Ic*)

➢ Todos los cristianos serán exterminados (*Sepher Zerov Ha-Mor.* Fol. 125 b)

➢ Todos los tesoros de los pueblos pasarán a manos judías (*Sanedrín*, Fol. 110 b)

➢ Porque todos los pueblos les servirán y todos los reinos les estarán sujetos. (*Sanhedrin*, Fol. 88b y *Kethuboth*, Fol. 111b)

➢ Dios midió la tierra y entregó los gentiles a los judíos (*Baba Quamma*, Fol. 37b).

➢ Los Goyim fueron creados para servir al judío día y noche. Dios los creó en forma de hombre en honor del judío, pues no puede ser apropiado que un príncipe (y todo compatriota de Judá el Colgado es un príncipe) sea servido por un animal en forma de cuadrúpedo. (*Sepher Nedrash Talpoth*, edición de Varsovia, 1875, página 225)

➢ Los bienes de los gentiles son cosas sin dueño: pertenecen al primer judío que pasa (*Pfefferkorn*, Dissert. Philos. Pág. 11).

➢ Un goy que roba a un judío incluso menos que un liard debe ser condenado a muerte (*Jebammoth*, Fol. 47b).

➢ Pero está permitido que un judío robe a un goy. (*Babattez*, Fol. 54b)

➢ Pues la propiedad de un goy equivale a una cosa abandonada. El verdadero propietario es el judío que la toma primero (*Baba Bathra*, Fol. 54b).

➢ Si un judío tiene un pleito contra un goy (dice el *Talmud* al magistrado judío), ganarás el caso de tu hermano, y dirás al extranjero: "Así lo quiere nuestra ley".

➢ Si la colonia judía ha podido imponer algunas de estas leyes, aún así ganarás el caso de tu hermano y le dirás al extranjero: así lo quiere nuestra ley. Pero si Israel no es poderoso en el país o si el juez no es judío, tendrás que atormentar al extranjero con intrigas hasta que el judío haya ganado su. (*Tr. Baba Gamma*, Fol. 113a)[51]

➢ Quien devuelva a un goy el objeto que ha perdido no encontrará el favor de Dios porque refuerza el poder de los goyim. (*Sanedrín*, Fol. 76b)

➢ Dios nos ha ordenado practicar la usura con los Goyim, porque debemos perjudicarlos incluso cuando nos son útiles. Si un Goy necesita dinero, un judío sabrá engañarlo como un maestro. Le añadirá intereses usurarios hasta que la suma sea tan elevada que el goy no pueda pagarla sin vender su propiedad, o el judío inicie un pleito y obtenga de los jueces el derecho a apoderarse de la propiedad del goy. (*Sepher, Mizv.* Fol. 73-4)[52]

➢ Tienes que matar al más honesto de los Goys.[53]

---

[51] Entre ellas figuran el divorcio, las escuelas sin religión (laicismo) y el robo de los bienes de las congregaciones.
Pero lo peor de todo es el sistema crediticio mundial, que es la causa de todos nuestros males, de toda nuestra contaminación física, moral, intelectual y ecológica...

[52] Esta usura generalizada se llama crédito. Es la causa de todos nuestros males. Es, por ejemplo, la razón por la que, en 50 años, los agricultores franceses, que constituían el 50% de la población, se han reducido al 5%.
Un país rico es un país agrícola, no industrial. Un país agrícola alimenta a su población, un país industrial la contamina. El crédito es también la causa de la demografía galopante y de la contaminación.

[53] Cabe señalar que a las personas con ideas sólidas y tradicionales se las tacha ahora oficialmente de "bastardas".

➢ Cualquiera que derrame la sangre de Goyim está ofreciendo un sacrificio a Dios
➢ (*Nidderas Bamidebar rabba*, p.21)
➢ Tres judíos juntos son suficientes para liberar a sus compatriotas de cualquier juramento
➢ (*Rosch-Haschana*)
➢ El famoso judío Frank dice que en la Cábala es imposible explicar los numerosos textos de la Mischna y del Talmud en general. La Cábala enseña lo siguiente: El judío es, pues, el Dios viviente. Dios encarnado; es el hombre celestial. Los demás hombres son terrenales, de raza inferior. Sólo existen para servir al judío. Son la descendencia de los animales (*Ad Pent,* Fol. 97-3).

LA ORACIÓN DEL KOL NIDRE

He aquí el texto de esta oración tan especial, que libera a los judíos de sus obligaciones, citado en la *Enciclopedia Judía*, Vol. 7, y en los libros de oraciones en uso. El siguiente texto es recitado tres veces por los judíos en la noche de la fiesta del gran perdón, Yom Kippur.

"*De todos los votos, obligaciones, juramentos o anatemas, compromisos de todo tipo, que hayamos jurado, prestado juramento o a los que nos hayamos comprometido, desde este día del perdón hasta el mismo día del próximo año, nos arrepentimos anticipadamente de todos ellos. Se considerarán absueltos, perdonados, sin fuerza, nulos y sin efecto. Ya no nos vincularán ni tendrán fuerza alguna. Los votos ya no se reconocerán como votos, las obligaciones ya no serán vinculantes y los juramentos ya no se considerarán juramentos*".

Esta oración se justifica por el hecho de que se trata de compromisos contraídos con Dios. Entonces, ¿por qué no se enmienda la oración? Por otra parte, si podemos comportarnos así con Dios, ¿qué podemos hacer con los Goyim, "*esa vil simiente de ganado*"?

CONSECUENCIAS DE ESTA PSICOPATOLOGÍA

Lo que llama la atención de todos los textos anteriores a esta página es su grave carácter psicopatológico. Paranoia, megalomanía, egoísmo bestial y racista. Si todo esto tiene su origen en la circuncisión, como hemos dicho y como se trata en otros de mis libros, está muy claro que esta mentalidad patológica actúa también para reforzar este particularismo atroz. Los efectos de la circuncisión se acentúan por la psicopatía que confiere: un enorme círculo vicioso.

Éstos son algunos de los síntomas que destacan las siguientes afirmaciones, que desgraciadamente no son exhaustivas:

KLATSKIN, JUDÍO

Extracto del libro de este líder sionista, *Der Jude* (*El judío*), publicado en 1916: *"Sólo el código judío regula nuestra vida. Siempre que se nos imponen otras leyes, las consideramos una dura opresión y las evitamos. Formamos dentro de nosotros una corporación jurídica y económica cerrada. Un grueso muro construido por nosotros nos separa de los pueblos entre los que vivimos, y detrás de este muro está el Estado judío."*

JACOB BRAFFMANN, JUDÍO

En sus dos libros, *"Les Fraternités juives"* (Vilna, 1868) y *"Livre du Kahal"* (Vilna, 1969), este antiguo rabino nos recuerda que los judíos deben obedecer las instrucciones del Kahal y del Beth-Din, aunque sean contrarias a las leyes del país.

MARCUS ÉLI RAVAGE, JUDÍO

Extracto de *"The Century Magazine"*, enero de 1928: *"Somos intrusos, somos alborotadores. Somos subversivos. Hemos sembrado la discordia y la confusión en vuestras vidas personales y públicas.*

JAMES DARMESTETER, JUDÍO

Este historiador de Oriente, autor del libro "*Los Profetas de Israel*", publicado en 1892, escribió lo siguiente: "*El judío es el médico del incrédulo; todos los rebeldes del espíritu acuden a él en las sombras o a cielo abierto. Él trabaja en el inmenso taller de blasfemia del gran emperador Federico y de los príncipes de Suabia y Aragón. Fue él quien forjó todo el arsenal asesino de razonamientos y de ironía que legó a los escépticos del Renacimiento y a los Libertinos del gran siglo, y el sarcasmo de Voltaire no es más que el último eco de una palabra susurrada diez siglos antes a la sombra del gueto y aún antes, en tiempos de Celso y de Orígenes, en la cuna misma de la religión de Cristo.*"

KURT MUNZER, JUDÍO

Extracto de su libro "*Los caminos de Sión*", publicado en 1910: *Que nos odien, que nos expulsen, que nuestros enemigos triunfen sobre nuestra debilidad corporal. Será imposible deshacerse de nosotros. Hemos corroído el corazón de los pueblos, hemos infectado y deshonrado a las razas, quebrado su vigor, putrefactado todo, descompuesto todo por nuestra enmohecida civilización. No hay forma de erradicar nuestro espíritu.*

OTTO WEININGER, JUDÍO

Extracto de su libro "*Sexe et caractère*": "*Lo que distingue al judío en la Revolución Francesa es que es un elemento de descomposición*".[54]

BERNARD LAZARE, JUDÍO

Extracto de su libro "*L'antisémitisme et ses causes*": "*El judío no sólo descristianiza, sino que judaiza. Destruye la fe católica y protestante. Provoca la indiferencia. Impone su idea del mundo, de la moral y de la*

---

[54] Otto Weininger, doctor en Filosofía, estaba tan avergonzado de ser judío, después de estudiar la cuestión judía en toda su amplitud, que se suicidó muy joven.

vida a aquellos cuya fe arruina. Está trabajando en su viejo proyecto: la aniquilación de la religión de Cristo".[55]

RENÉ GROOS, JUDÍO

Cita de "*Le Nouveau Mercure*", mayo de 1937: "*Es un hecho que existe una conspiración judía contra todas las naciones*".

SR. J OLGIN, JUDÍO

Extracto de un artículo publicado en un periódico judío en lengua alemana de Nueva York, "*Freiheit*", el 10 de enero de 1937: "*Según la religión judía, el Papa es un enemigo del pueblo judío simplemente porque es el jefe de la Iglesia Católica. La religión judía, hay que recordarlo, se opone al cristianismo en general y a la Iglesia católica en particular.*"

MEDINA IVRIT, JUDÍO

Extracto de "*El Estado judío*", Praga, nº 33, 27 de septiembre de 1935: "*En nuestros corazones sólo hay un sentimiento: la venganza. Ordenamos a nuestros corazones que destierren todas las demás emociones y se dejen guiar únicamente por este único sentimiento: la venganza. Nuestro pueblo, al que el mundo debe los más altos conceptos, hoy sólo tiene un deseo: arrasar, destruir y boicotear.*"

KOPPEN, JUDÍO

Extracto de la revista marxista judía "*La Révolution surréaliste*", publicada el 15 de diciembre de 1920:

---

[55] En los albores del año 2000, lo consiguieron. No hay más que ver el "arrepentimiento" de Monseigneur de Béranger, ¡un obispo comunista! (cf. mi "*Arrepentimiento del arrepentimiento*")

"(...) cada vez que te cruzas por la calle con un siervo de la p... (vil término para referirse a la Santísima Virgen), en un tono que no deja lugar a dudas sobre la calidad de tu repugnancia. Pero insultar a los curas no tiene otro fin, aparte de la satisfacción moral que te proporciona en el momento, que mantenerte en ese estado de ánimo que te permitirá, el día que seas libre, masacrar juguetonamente a dos o tres toneladas diarias de esos peligrosos malhechores."

BARUCH LÉVI, JUDÍO

Carta a Karl Marx, reproducida en "*La Revue de Paris*" del 1 de junio de 1928, página 574:

"En la nueva organización de la humanidad, los hijos de Israel se extenderán por toda la superficie del globo y se convertirán en todas partes, sin oposición, en el elemento dirigente, sobre todo si logran imponer a las masas trabajadoras el firme control de algunos de ellos. Los gobiernos de las naciones que forman la república universal pasarán sin esfuerzo a manos de los judíos al amparo de la victoria del proletariado. La propiedad privada será entonces abolida por los gobernantes de raza judía, que controlarán los fondos públicos en todas partes. Así se cumplirá la promesa del Talmud de que, cuando llegue el tiempo del Mesías, los judíos poseerán la propiedad de todos los pueblos de la Tierra."

DR. EHRENPREIS, GRAN RABINO

Comentario del Gran Rabino de Suecia publicado en "*Judisk Tidskrift*", nº 6, agosto-septiembre de 1929: "*Theodor Herzl previó con 20 años de antelación, antes de que lo hubiéramos experimentado, las revoluciones provocadas por la Gran Guerra y nos preparó para lo que estaba por venir.*"

En efecto, los judíos están bien informados. Los premonitorios "*Protocolos de los Sabios de Sión*", que algunos dicen que son una falsificación y otros que fueron escritos por la policía del Zar, o por

Herzl, tienen en cualquier caso una realidad esencial que burla los detalles de autoría: predijeron con 20 años de antelación los acontecimientos que tuvieron lugar y que desde entonces se han acentuado con un océano de horrores que superan con mucho esta "falsificación" o "verdad").

EL COLAPSO DE RUSIA

La verdad del Israel británico

Comentario escrito en 1906 por los judíos Dinnis Hanau y Aldersmith (la fecha de este documento es espantosamente notable).

"El retorno completo, definitivo y triunfante de los judíos tendrá lugar después del colapso de Rusia. Podemos esperar cambios considerables de la próxima gran guerra que se cierne sobre las naciones de Europa. Según nuestra interpretación de las profecías, el Imperio Turco será desmembrado y una gran potencia como Inglaterra no puede permitir que otra potencia ocupe Palestina."

¿Es tolerable la Judeopatía totalitaria?

Los propios judíos nos confiesan lo que todo el mundo sabe, a saber, que controlan las finanzas mundiales, los grandes negocios y la política internacional, los grandes instrumentos de propaganda, las artes y las letras, y que quieren dominar todos los países del mundo. A través del comercio y la confección, controlan el mercado de trabajo femenino. Este último detalle es importante con respecto a la sangre de la raza que ciertos judíos se han jactado de contaminar.[56]

---

[56] Ya está todo hecho. Los goys están podridos, las mujeres se han transformado en clones de humanoides enjuiciados. Los hijos huérfanos de madre (divorciados o que trabajan fuera de casa) se entregan a la delincuencia, la música patógena, las drogas, el suicidio y el paro. Los jóvenes no son más que vaqueros de pantalón azul, desconcertados, sin ideales, residuos biotipológicos, amalgamas físico-químicas regidas por la cuenta de resultados de las pseudodemocracias totalitarias judías.

¿Cómo están mentalmente capacitados los judíos para ejercer semejante hegemonía?[57]

Veamos su respuesta:

ENCICLOPEDIA JUDÍA

Bajo el epígrafe "*Enfermedades nerviosas*", volumen 9, se afirma que los judíos son más propensos a las enfermedades nerviosas que las demás razas y pueblos entre los que viven. La histeria y la neurastenia son las enfermedades más comunes.

Algunos médicos que habían tratado a judíos afirmaban que la mayoría de ellos presentaban un síndrome de neurastenia o histeria. Tobler afirma que todas las mujeres judías de Palestina son histéricas.

Y Raymond dice que en Varsovia, Polonia, la histeria es común tanto en hombres como en mujeres. Sólo la población de esta ciudad es la fuente inagotable de histéricos masculinos para todas las clínicas de Europa.

Con respecto a Austria y Alemania, la misma condición de neurosis entre los judíos fue denunciada por Kraft Ebing, quien afirmó que las enfermedades nerviosas, y en particular la neurastenia, afectaban a los judíos con una gravedad excepcional.

Biswanger, Erb, Joly, Mmobius, Lowenfeld, Oppenheim, Ferré, Charcot, Bouveret y casi todos los demás especialistas en enfermedades nerviosas dicen lo mismo en sus estudios sobre la

---

[57] La probidad intelectual me dicta que me aparte antes de lo que aquí se dice, pero conocemos la causa: la desaparición de las élites providenciales, de los regímenes tradicionales y del enorme poder especulativo judío debido a la circuncisión ritual en el 8º, que les da automáticamente todo el poder. Esta es la única realidad.

neurastenia y la histeria, y subrayan el hecho de que la histeria, tan rara en los varones de otras razas, es muy frecuente en los judíos.

La Encyclopédie juive añade que el estudio de la teología talmúdica a una edad temprana tiene algo que ver con la etiología de esta patología.

BERNARD LAZARE, JUDÍO

Citado por Maingnial en "*La Question Juive*", 1903: "*A medida que el mundo se volvía más amable para ellos, los judíos -al menos la masa de ellos- se replegaban sobre sí mismos, encogían su prisión, estrechaban lazos. Su decrepitud era inaudita, su hundimiento intelectual sólo era igualado por su abatimiento moral*".

DR. HUGO GANZ, JUDÍO

Este médico judío de Rumanía escribió en "*Reiseskizzen aus Roumanaeniens*", Berlín 1903, página 138: "*Es al estudio excesivo de la teología a lo que esta gente desafortunada debe sus pechos estrechos y sus miembros enjutos y débiles. Es la búsqueda de asuntos interminables lo que les da su característica astucia y proporciona al antisemitismo su razón de ser. También es posible que padezcan un "exceso de cabeza"*.

Nota del autor: Es evidente que este médico desconocía los efectos de la circuncisión, que es la única responsable de estos desequilibrios hormonales "cerebrales-somáticos".

THÉODORE REINACH, JUDÍO

Autor del artículo "Juif" (Judío) en la *Grande Encyclopédie*, página 273, tomo 21: "*La larga especialización de los judíos en el comercio del dinero explica su superioridad hereditaria en esta rama y en todas las ocupaciones relacionadas con ella, así como la frecuencia de los defectos que engendra: dureza, gusto desmesurado por el lucro, delicadeza que degenera en doblez, tendencia a creer que todo está en venta y que es legítimo comprarlo todo.*

La súbita emancipación intelectual y religiosa produjo otros efectos desequilibrados: al romper los lazos que le ataban al judaísmo tradicional, el judío ya no encontró en su conciencia vaciada ningún freno ni guía moral que le detuviera. Como un caballo desbocado, se entregó a la plena efervescencia de su imaginación y de su lógica, a todos los excesos del pensamiento y de la acción. Desde finales del siglo pasado, la sociedad berlinesa ha ofrecido notables ejemplos de este radicalismo, o más bien nihilismo moral.

DR. RUDOLF WASSERMAN, JUDÍO

Extracto de su tratado "*Étude sur la criminalité juive*": *"Para los judíos, es la inteligencia, para los goyim, es la mano, el instrumento del crimen. El cristiano logra su éxito criminal a través de la actividad física directa: robo, hurto, asalto a la propiedad o a las personas. El judío, en cambio, comete su delito indirectamente, induciendo psíquicamente a otra persona, mediante engaños y artimañas, a concederle una ventaja ilegal".*

CERFBEER DE MEDELSHEIM, JUDÍO

Extracto de su libro "*L'Église et la Synagogue*", publicado en 1847, página 230: *"Que tengan cuidado los israelitas de Francia; sin duda se encaminan hacia una reacción desastrosa, cuyos efectos quisiéramos prevenir con nuestros consejos y advertencias. No se dan cuenta de cuán relajada y abandonada está la moral entre ellos. De cómo las ideas sórdidas y el ansia de lucro fácil les extravían deslumbrándoles. Una simple comparación de cálculos estadísticos permitirá comprender fácilmente la verdad y el alcance de nuestro pensamiento.*[58]

LA USURA DIO A LOS JUDÍOS LA MITAD DE ALSACIA

En su libro "*Les Juifs*" París, publicado en 1857, página 39, este autor nos dice: "*Esta es la gran plaga de nuestro tiempo. La usura se comete en nuestros campos con tanta impudicia como impunidad. Los minifundios son devorados por este cancro que todo lo corroe. Se necesitaría un volumen para enumerar los medios vergonzosos y pérfidos que emplean los judíos para atraerse todas las parcelas que excitan su codicia, y no sabemos si habrá en el espíritu de nuestras leyes modernas disposiciones bastante fuertes para detener el progreso de este mal, cuando nos veamos obligados a someter la cuestión al legislador. Ya no son los judíos los que se cubren con el sayal del dolor, son los campesinos de nuestros campos los que lloran las iniquidades de Israel*".[59]

OSCAR FRANK, JUDÍO

Extracto de su libro "*Les Juifs*", Leipzig, 1905 página 84: "*La usura judía siempre ha sido estigmatizada por los poetas. En el siglo XVI, el usurero judío era un personaje muy conocido. En los juegos de Carnaval, el judío, usurero y estafador, era el papel especialmente popular entre el público. En este caso, los escritores no tuvieron dificultad en prestarle rasgos tomados de la vida (página 98): un hombre que, en general, engaña al entorno cristiano en el que se encuentra y está inspirado por el deseo de enriquecerse. Por eso prevalece*

---

[58] Este es el trabajo que intento hacer gritándoles que dejen de circuncidarse el 8º día, lo que explica su particularismo fundamental a lo largo de los siglos y en todos los países.

[59] No puedo contar el número de agricultores que en mi corta vida han sido arruinados por Crédit Agricole, por ejemplo. El banco en su conjunto es el verdugo de los agricultores, su exterminador. En 50 años, como hemos dicho, ¡han pasado de representar el 50% de la población francesa al 5%!

en casi todas partes la opinión de que el judío es el explotador del pueblo cristiano".

GRAETZ, JUDÍO

El gran historiador del pueblo judío, citado por el filósofo Bonsirven en su libro "*Sur les ruines du temple*", página 324, lo expresó así: "*Los defectos del método de la enseñanza talmúdica, la sutileza, la argucia, la delicadeza, penetraron en la vida práctica y degeneraron en duplicidad, desviación y deslealtad. A los judíos les resultaba difícil engañarse unos a otros porque habían recibido más o menos la misma educación y, por tanto, podían utilizar las mismas armas. Pero a menudo utilizaban medios astutos y desleales contra los goyim*".

DR. RUDOLF WASSERMAN, JUDÍO

Extracto de "*Zeitschrift für Sozialwissenschaft*", 12º año, 1909, página 663: "*Disponemos de abundante material y cifras que demuestran que los judíos en particular son propensos a las enfermedades cerebrales* (estadísticas), *y los especialistas lo reconocen unánimemente* (citas de casos). *En el judío, el sistema nervioso es el 'locus minoris resistentiae'* (lugar de menor resistencia)."

DR. M. J. GUTTMANN, JUDÍO

Extracto de "*Zeitschrift für Demographie*", 3er año, H 4 - 6, página 112: "*La demencia praecox es un trastorno mental que, entre los judíos, es de una frecuencia bastante extraordinaria*".

KREPPEL, JUDÍO

Extracto de su libro "*Les Juifs et le Judaïsme d'aujourd'hui*", Edition Amalthéa, 1925, página 387: "*Por lo que respecta a la locura, se ha establecido que en los manicomios públicos y privados, el porcentaje de judíos supera en tres veces al de cristianos*".

El desarrollo patológico de la personalidad judía como resultado de la circuncisión ritual es absolutamente claro.

¿No dijo Nietzsche: *"Fueron los enfermos quienes inventaron la maldad"*?

La enfermedad especulativa-parasitaria judía cesará inmediatamente con la abolición de la circuncisión en el 8º día.

LA BANDERA FRANCESA VISTA POR EL JUDÍO JEAN ZAY

Jean Zay, miembro de la Logia *"L'Indépendance"* de Orleans y ministro en el gabinete de Sarrault y Léon Blum, escribió el 6 de marzo de 1924 el siguiente artículo en un periódico de París, en el que, por desgracia, olvidó dos pequeños detalles:[60]

La bandera

> Mil quinientos mil de ellos murieron por esta mierda. Mil quinientos en mi país, quince millones en todos los países. Mil quinientos mil muertos, ¡Dios mío!
>
> Mil quinientos mil hombres muertos, cada uno de los cuales tenía una madre, un amante, hijos, un hogar, una vida, una esperanza, un corazón.
>
> ¿Qué es este trapo por el que murieron?
>
> Mil quinientos mil muertos, Dios mío, mil quinientos mil muertos por esta inmundicia, mil quinientos mil destripados, despedazados, aniquilados en la inmundicia de

---

[60] Los gritos de Jean Zay valdrían la pena si mencionara que esta guerra es de origen judío, financiada por judíos, como la revolución bolchevique, y si mencionara las decenas de millones de cadáveres del comunismo ruso, donde apenas se habla de bandera.

un campo de batalla , mil quinientos mil de los que nunca volveremos a saber, que sus amores nunca volverán a ver.

Terrible trozo de tela, clavado en tu asta, te odio ferozmente.

Sí, te odio en el alma, te odio por toda la miseria que representas, por la sangre fresca, la sangre humana de olor acre que brota de debajo de tus pliegues, te odio en nombre de los esqueletos.

Eran mil quinientos mil.

Te odio por toda la gente que te saluda, te odio por todos los gilipollas y putas que arrastran sus sombreros por el barro delante de tu sombra.

Odio en ti toda la vieja opresión secular, el dios bestial, el desafío a los hombres que no sabemos ser.

Odio tus colores sucios, el rojo de su sangre, el azul que robaste del cielo, el blanco lívido de tus remordimientos.[61]

Dejadme, innoble símbolo, llorar a solas, llorar a gritos por los mil quinientos mil jóvenes que murieron, y no olvidéis, a pesar de vuestros generales, vuestro hierro y vuestras victorias, que sois para mí la vil raza de los torche-culs.

---

[61] La bandera francesa es blanca con una flor de lis en el centro. El rojo de la bandera, que debía cubrirla por completo cuando los bolcheviques llegaron al poder, es judío. Como la Revolución del 89, como los orígenes financieros de la Gran Guerra (14-18).
Cuando la bandera era blanca, sólo los aristócratas morían en guerras más justificadas que las estrictamente económicas en beneficio de las altas finanzas. Lo lamentable es que el pueblo, al no comprender esto, puede ser susceptible al patetismo de un texto así, que lo conduce hacia la nada...

(La antorcha roja del marxismo mató a 200 millones de personas) ¿Quién se benefició del bolchevismo?

La revolución bolchevique fue enteramente judía: ideólogos (Marx, Lassalle), financieros (Warburg, Loeb, etc.), políticos (Lenin, Trotsky, Kerensky, etc.), verdugos de prisiones y campos de concentración (Kaganovitch, Frenkel, Yagoda, etc.).

El directorio oficial de la judería (el gobierno de Israel), publicado en los Estados Unidos, da con orgullo la siguiente lista de judíos en el poder en Rusia en el año 5678 de la era hebrea:

Aaronson, gerente en Witebsk;
Apfelbaum, conocido como Zinovief, líder en Petrogrado;
Bernstam, magistrado en Petrogrado;
Bloch, Ministerio de Justicia;

Bothner, Jefe de la Policía de Moscú;
Braunstein, conocido como Trotsky, dictador del ejército;
Cohen, juez en Lodz;

Dickstein, fiscal en Petrogrado;

Eiger, Comisario de Asuntos Polacos;
Friedman, alcalde de Odessa;

Geilman, Comisario del Banco;
Greenherg, Jefe de la Policía de Moscú;
Grodski, juez en Petrogrado;

Gunzburg, Comisario de Abastecimiento;

Alter, gerente en Kamenetz;
Bekerman, magistrado en Radom;
Bernstein, Comisario de Carbón;
Boff, conocido como Kamgoff, líder en Petrogrado;
Bramson (Abrahamson), gerente en Petrogrado;
Brodsky, juez en Petrogrado;

Davidowitch, juez en Petrogrado;
Dalbrowsky, Comisario de Petrogrado para Asuntos Judíos;
Fisher, juez municipal de Petrogrado;
Friedman, Comisario de Justicia en Petrogrado;
Ginzburg, jefe de Kolomensky;
Greenberg, conservador del distrito de Petrogrado;
Grusenberg, investigador de asuntos navales bajo el antiguo régimen, comisario de la nueva marina;
Guitnik, Comisario de Comercio en Odessa;

Gurevitch, Comisario Adjunto del Interior;
Halperin, Secretario General del Gobierno;
Hefez, Comisario Adjunto de Justicia;
Hurgin, Comisario Adjunto de Asuntos Judíos;
Kachnin, Comisario de Trabajo en Kherson;
Kalmanovitch, fiscal de Minsk;
Kantorovitch, diputado en Petrogrado;
Kerensky, MP;
Lichtenfeld, juez de Varsovia;
Luria, Comisario de Banca;
Mandzin, fiscal;

Minor, Presidente del Consejo Municipal de Moscú;
Per, juez en Varsovia;
Perlmutter, miembro del Consejo de Estado polaco;
Podghayetz, alcalde de Moghilev;

Rabinowitz, Comisario de Trabajo en Tavrida;
Ratner, administrador de la ciudad de Nachichevanskz;
Rundstein, Juez del Tribunal de Casación;
Sacks, Comisario Adjunto de Educación;
Schreider, alcalde de Petrogrado;

Stechen, Senador;
Sterling, juez en Varsovia;
Unsehlicht, Comisario en Petrogrado;
Weinstein, director de Minsk;

Yonstein, alcalde de Oriel;

Zitzerman, fiscal de Irkutsk.

Gutterman, Comisario de Suministros en Saratov;
Halpern, teniente de alcalde de Kolomensky;
Hillsberg, juez de Lublin;

Isaacson, Comisario de Marina;
Kahan, juez en Petrokov;

Kaminetski, juez en Petrogrado;
Kempner juzga en Lodz;

Lazarowitch alcalde de Odessa;
Lublinsky, juez en Petrogrado;
Maldelbert, alcalde de Zitomir;
Meyerowitch, Comisario para las Fuerzas Armadas;
Nathanson, miembro del Consejo de Estado polaco;
Prelman, juez en Saratov;
Pfeffer, miembro del Consejo de Estado polaco;
Poznarsky, Juez del Tribunal de Casación;
Rafes, Comisario Adjunto de Asuntos Locales de Ucrania;
Rosenfeld, conocido como Kameneff, diputado;
Phineas Rutenberg, segundo al mando de la milicia de Petrogrado;
Schreiber, fiscal de Irkutsk;

Silvergarb, Comisario de Asuntos Judíos en Ucrania;
Steinberg, Comisario de Justicia;
Trachtenberg, juez en Petrogrado;
Vinaver, MP;

Warshavsky, Comisario de Comercio en Petrogrado;
Wegmeister, miembro del Consejo de Estado polaco;

Simbolismo del puño cerrado y el brazo levantado, mano abierta

Cuando los judíos celebran su fiesta de la venganza, Purim, que recuerda la masacre de 70.000 gentiles, todos se unen en el saludo de puño cerrado, que se convertiría en el saludo bolchevique. Este signo es religioso y racista. Es la antítesis del signo religioso de la cruz y del saludo de amistad entre las razas latina y sajona. El brazo extendido y levantado, la mano abierta, significa: "*Vengo como amigo, francamente, sin esconder las armas*".

A las Internacionales Socialistas-Comunistas fundadas por los judíos, y de las que esperan, muy lógicamente por desgracia, debido a la insuficiencia mental de la mayoría de los seres humanos, la hegemonía mundial, les han impuesto este saludo de puño cerrado que es una manifestación natural de su mentalidad psicopática. Es la salvación de la venganza, la salvación del enemigo de la civilización, y de la raza blanca que ha llegado a aceptar tal salvación: la de la venganza y la dominación judías.

Recuerdo de niño cómo se burlaban de los "estúpidos goyim".

Deben de estar riéndose al ver a tantos goyim descristianizados sirviendo a su causa y marchando hacia su propio suicidio, con los brazos en alto y los puños cerrados...

¡PELIGRO!

Schlom Ash nos informó de que la menor sacudida en el régimen soviético significaría la muerte de los judíos. En "*Jewish World*" del 19 de junio de 1922, desde Londres, nos dice: "*No sólo en los círculos revolucionarios, sino incluso en el Ejército Rojo, el antijudaísmo es tan fuerte que sólo la férrea disciplina impuesta por los bolcheviques y el miedo a la pena capital impiden que soldados y mujeres inicien pogromos por doquier. En Rusia, campesinos, soldados, mujeres, habitantes de las ciudades, todos odian a los judíos. Todos los judíos de*

Rusia piensan unánimemente que la caída de los soviéticos y el paso del poder a otras manos sería la mayor calamidad posible para los judíos. La llama del antisemitismo arde hoy más que nunca en Rusia.[62]

Neville Chamberlain reveló que Estados Unidos y la judería mundial habían obligado a Inglaterra a entrar en guerra.

James Vincent Forrestal, banquero de Wall Street, ex embajador de Estados Unidos en Inglaterra entre 1937 y 1940, subsecretario de Marina con Roosevelt y luego secretario de Defensa con Truman, se refiere en el siguiente extracto a una conversación que mantuvo con Joseph Kennedy (el padre del futuro presidente de Estados Unidos). Forrestal sabía demasiado y se suicidó después de la guerra cayendo desde la ventana del hospital militar donde estaba ingresado.

"Jugando al golf con Joseph Kennedy, embajador de Roosevelt en Gran Bretaña en los años previos a la Segunda Guerra Mundial, le pregunté por las conversaciones que había mantenido con Roosevelt y Neville Chamberlain desde 1938. Me dijo que la opinión de Chamberlain era que Gran Bretaña no estaba preparada para luchar y no podía entrar en guerra con Hitler. La opinión de Kennedy era que Hitler habría luchado contra Rusia sin entrar en conflicto con Gran Bretaña si no hubiera sido por Bullit, el embajador americano en Francia, que estaba presionando a Roosevelt para que se enfrentara a los alemanes por la cuestión polaca.

Ni los franceses ni los británicos habrían hecho de Polonia una causa de guerra de no haber sido por las constantes intrigas de Washington.

---

[62] En noviembre de 1998, un general comunista hizo un llamamiento público a los pogromos. La Duma se negó inicialmente a aprobar una ley que se opusiera a tales manifestaciones (la ley fue aprobada posteriormente). (La ley fue aprobada posteriormente).
Recordemos que en este régimen soviético judío, Stalin había planeado un pogrom nacional que su muerte impidió (Programa histórico del Canal V, 1998).

Bullitt repitió a Roosevelt que los alemanes no se atreverían a luchar. Kennedy dijo que lucharían y tomarían Europa.

Neville Chamberlain declaró que Estados Unidos y la judería mundial habían obligado a Gran Bretaña a entrar en la guerra".

Fuente: "*James Forrestal Diaries*", editado por Malter Millis, con la colaboración de U. S. Duffield, Nueva York. The Viking Press, MCMLI, octubre de 1951. Publicado el mismo día en Canadá por Mac Millan Cie of Canada Limited.

COMUNISMO Y JUDAÍSMO EN CANADÁ

Fred Rose, cuyo verdadero nombre era Rosenberg, acusado espiar para los soviéticos y condenado tras la guerra a seis años de prisión. Liberado, continuó su trabajo en Checoslovaquia.

> ➢ El líder comunista en Canadá en 1966 era el judío W. Kashtan.
> ➢ El líder comunista en Quebec es el judío Samuel Walsh.

UN INTERÉS VITAL

En su libro *Integrales Judentum*, Berlín 1922, Alfred Nossig, judío, escribió: "*El movimiento socialista moderno es en su mayor parte obra de los judíos, que le imprimieron su sello. También fueron los judíos quienes desempeñaron un papel fundamental en la dirección de las primeras repúblicas socialistas. Sin embargo, la mayoría de los líderes socialistas judíos estaban muy alejados del judaísmo.*

A pesar de ello, el papel que desempeñaban no dependía sólo de ellos. En ellos operaba inconscientemente el viejo principio eugenésico del mosaicismo, la sangre del antiguo pueblo apostólico vivía en sus cerebros y en su temperamento social. El socialismo mundial actual es la primera etapa de la realización del mosaicismo, el comienzo de la realización del mundo futuro predicho por nuestros profetas.

Sólo cuando exista una Sociedad de Naciones, sólo cuando los ejércitos aliados se empleen eficazmente en la protección de todos los débiles, podremos esperar que los judíos puedan desarrollar sin obstáculos su Estado nacional en Palestina, y, del mismo modo, sólo una Sociedad de Naciones imbuida del espíritu socialista hará posible que disfrutemos de nuestras necesidades tanto internacionales como nacionales.

Por eso todos los grupos judíos, ya sean sionistas o adherentes de la diáspora, tienen un interés vital en la victoria del socialismo. Deben exigirlo no sólo por su identidad con el mosaísmo, sino también como principio táctico."

KARL MARX, FUNDADOR DEL COMUNISMO

Bernard Lazare, de nuevo en su notable libro "*L'antisémitisme et ses causes*", nos dice sobre Marx: "*Era descendiente de una línea de rabinos y doctores que heredó toda la fuerza lógica de sus antepasados. Era un talmudista lúcido y claro, libre de las trivialidades de la práctica. Fue un talmudista que estudió sociología y aplicó sus habilidades exegéticas nativas a la crítica de la economía política.*

Estaba animado por ese viejo materialismo hebraico que soñaba perpetuamente con un paraíso negado en la tierra y rechazaba siempre la esperanza lejana y problemática de un Edén después de la muerte. Pero no era sólo un lógico, era también un rebelde, un agitador, un polemista amargo, y tomó su don para el sarcasmo y la invectiva donde Henri Heine lo había tomado: de fuentes judías.

BOICOT SISTEMÁTICO DE TODAS LAS OBRAS NO SON PRO-JUDÍAS, DESDE 1895

Saulus, un judío, en el periódico de Maguncia "*Wucherpille*" de enero de 1895, inauguró una práctica que continúa hoy en día de forma totalitaria: la imposibilidad de decir algo sobre los judíos que les sea desfavorable sin ser castigado con multas y penas de cárcel (Ley Fabius-Gayssot: un judío y un comunista): *"Si aparece un libro que nos es hostil, no lo compramos y la edición pronto será desechada. El publicista no es nada: basta con organizar una conspiración de silencio contra él"*.

(Hoy, ningún publicista publicaría un libro, aunque fuera brillante, desfavorable al judío: la censura judía es radical y absoluta. Se disfraza de antirracismo, mientras construyen la "libanización" de todos los países en todas partes).

EL DESTINO DE RUSIA SE DECIDIÓ EN 1913

En octubre de 1913, en el número 274, el periódico judío "*Hammer*" publicó los siguientes comentarios sobre el juicio por asesinato ritual en Kiev: *"El gobierno ruso ha decidido librar una batalla decisiva contra el pueblo judío en Kiev. Del resultado de esta lucha titánica depende el destino, no del pueblo judío, pues el pueblo judío es invencible, sino del Estado ruso". "Ser o no ser", esa es la cuestión para Rusia. La victoria del gobierno ruso es el principio de su fin. No hay salida, métanse eso en la cabeza. Vamos a demostrar en Kiev, ante el mundo entero, que los judíos no permitirán que nos burlemos de ellos. Si los judíos han ocultado hasta ahora, por consideraciones tácticas, el hecho de que dirigen la Revolución en Rusia, ahora, después de la actitud del Gobierno ruso en el juicio de Kiev, hay que abandonar nuestra táctica. Cualquiera que sea el resultado de este caso, no hay salvación para el Gobierno ruso. Esta es la decisión judía y se cumplirá"*.

(nótese que la financiación judeo-estadounidense de la revolución bolchevique comenzó antes de finales del siglo XIX)

ACERCA DE LA BIBLIA

El rabino Léonard Lévy pronunció un interesante sermón el 7 de noviembre de 1909 sobre este libro sagrado lleno de masacres, crímenes, derramamiento de sangre, engaños y mentiras: *"En el pasado, la gente creía que cada palabra de la Biblia era la verdad absoluta. Esto ya no es así. El trabajo de los eruditos ha establecido que la Biblia es un producto de la inteligencia humana, de principio a fin, que contiene ciertos errores, ciertas opiniones inexactas, debido a la falibilidad de sus autores, que eran hombres. Es un resultado muy valioso".*

ACERCA DE JAPÓN

En su libro "Asiaten", el judío austriaco Landberger escribe: *"Echamos nuestra red sobre todo Japón. Tenemos una influencia decisiva sobre todos los instrumentos del amor en ese país. Todos ellos tocarán las melodías que les demos. Piensa en un país como en un cuerpo gigantesco. Quien regula las funciones abdominales de este cuerpo lo tiene en su poder. ¿Ves lo que quiero? La lucha por la dominación universal entre América y Japón debe llevarse a cabo de tal manera que Japón sea absorbido. América no sólo confía en el amor, sino que toma al país por su instinto más desarrollado. En un país donde el acto carnal es una función natural del cuerpo, similar a todas las demás, sólo hay que ser hábil para provocar el impulso necesario y la sexualidad desatada se extinguirá en una embriaguez cuya duración determinaremos nosotros. Renovando constantemente los procesos de excitación seductora, podemos hacer que esta intoxicación sea permanente y convertir a este país en el más poseído del* mundo".

Este es ciertamente un ejemplo de la cultura judía tal como la he observado en mi vida del siglo XX. Sin embargo, hay que señalar que cuando este autor judío dice "*Nosotros los americanos*", se trata de una usurpación, porque en América existe por un lado el pueblo americano, y por el otro el gobierno judío. Estas ideas son judías y no americanas. Del mismo modo, la farsa psicoanalítica de Freud sólo pertenece a la patología freudiana y no a Austria.[63]

---

[63] Véase *Freud a menti*, del Dr. J. Gautier, que ha desmitificado el freudismo para desmitificar a quienes se toman en serio semejante impostura (Editions de la Vie Claire).

Lo que el espíritu judío corruptor amenaza con hacer en Japón, un país todavía relativamente sano, lo ha hecho en los países occidentales con inmenso éxito entre todos los que han perdido la fe. Hemos visto en las páginas precedentes cómo *"los judíos se quedan estupefactos ante la estupidez de los goyim"*. Cuando los judíos degradan y desmoralizan a un pueblo mediante la trata de blancas, la pornografía, el cine, la moda subversiva, el teatro y el arte podrido, lo hacen por cálculo, ejecutando un plan deliberado. Sólo pueden derrotar al pueblo si éste, debilitado, ha perdido todos sus valores. Como dijo Nietzsche: *"Los judíos no pueden hacer nada contra un pueblo con buena salud física y moral"*.

LO QUE HAN HECHO POR LA HUMANIDAD

LATZIS, JUDÍO

Este instigador del Terror Rojo en Rusia lo basó en el odio de clase: *"Exterminaremos no sólo a individuos, sino a la burguesía como clase. Es inútil que pidamos pruebas de las acciones criminales de los acusados. Su destino lo decide la clase a la que pertenecen y la educación que han recibido.*

DR. FROMER, JUDÍO

Extracto de su libro *"Das Wesen des Judentum"*, Berlín, 1905, página 35: *"La situación anárquica demuestra que la religión judía aplicada con consecuencia es esencialmente incompatible con el mantenimiento de un Estado ordenado, que no puede vivir en paz duradera con los representantes de otra concepción de la vida. Y esta conclusión se aplica con igual fuerza a la religión, manteniéndose sobre la base estrictamente ortodoxa, y a la religión en la medida en que trata de adaptarse lo mejor posible al espíritu de nuestros días."*

El mismo autor: *"Leyendo las acusaciones de los retóricos contra los que se defiende Josefo, uno se asombra de que una vida común de tres siglos y la más intensa participación en la civilización de los conciudadanos en Egipto, no pudieran establecer una base de compromiso y entendimiento amistoso, que en su forma de pensar, de ser y de sentir, los judíos permanecieran tan enteramente ajenos y antipáticos a sus conciudadanos".*[64]

---

[64] En Egipto se les llamaba "*los inmundos*" y se les caricaturizaba con cabezas de burro. Fueron expulsados, junto con todas sus pertenencias y las robadas a los egipcios. Moisés, condenado por asesinato y desterrado (no podía ser ejecutado

El mismo autor: "*Desde esa época [de la transmisión de los escritos de Aristóteles] los judíos no han hecho nada por la humanidad, ni han intentado hacer nada. ¿Dónde está el sentido del cumplimiento de la misión judía si los judíos modernos arruinan todo nuevo movimiento participando en él con sus palabras y su actividad?*

ALGUNAS DECLARACIONES SIGNIFICATIVAS DE JUDÍOS

"*En bolsa, llega un momento en que, para ganar, hay que saber hablar hebreo*" (Rothschild).

Pregunta: ¿Por qué, siendo tan rico, sigue trabajando para serlo aún más? "*Oh, no sabes lo que es sentir un montón de cristianos bajo tus pies*" (San Víctor, al final de una cena).

El judío Mires en 1860: "*Si dentro de cincuenta años los católicos no nos habéis ahorcado, no os quedará cuerda con la que ahorcaros.*"[65]

"*Le Peuple Juif*", 20 Tamouz, 1936: "*La infiltración de inmigrantes judíos, atraídos por la aparente seguridad, y el ascendente movimiento social de los judíos nativos, actúan poderosamente juntos y empujan hacia un cataclismo*".

En *El Estado judío*, Theodor Herzl escribió: "*Cuanto más espere el antisemitismo, más furiosamente estallará*". (Esto es exactamente lo

---

porque tenía rango de príncipe), fue llamado del exilio para conducir a este pueblo a otro lugar y librar a Egipto, que ya no podía soportar su presencia.

[65] Esto está perfectamente dicho pero es completamente incompleto: en realidad, el rechazo de las leyes de la vida y de la naturaleza por la usura y el comunismo provocará cánceres multiformes (demografía galopante de las etnias de color, extinción moral, estética, criminalidad múltiple, locura creciente en progresión geométrica, homosexualidad y pedofilia, desaparición de las especies y del agua, etc.). En realidad, sin la abolición inmediata y radical de la circuncisión al octavo día, los judíos reinarán sobre un imperio de ruinas, o peor aún, sobre la nada, como predijo Adolphe Hitler. Hoy, en el año 2000, todo el mundo puede comprender esto, porque la dominación judía ya no es oculta.

que llevo gritando a la comunidad judía sorda, con el imperativo categórico de abolir su circuncisión).

Los fantasiosos católicos que desde hace décadas manipulan los ritos y las tradiciones hasta el escarnio deberían reflexionar sobre esta declaración de un rabino: *"Si yo fuera católico, sería un fundamentalista, porque siendo judío, soy ciertamente un fundamentalista"*. También deberíamos ponderar esta declaración del Dr. Mayer Abner de B'nai B'rith, diputado de Bucovina en la Cámara Rumana, reproducida en el *"Ostjüdische Zeitung"* (órgano de los judíos de Bucovina) el 14 de julio de 1929 (n° 1235): *"Para todos los judíos sin excepción, la Torá, el Talmud y su recapitulación sistemática, el Schulchan Aruch, son la fuente indiscutible y reconocida de la vida religiosa judía. No puede haber diferencias dogmáticas entre nosotros, los judíos. Nuestra fuerza reside en el rígido mantenimiento de la tradición trimilenaria.*

CORRUPCIÓN FUNDAMENTAL

Hoy, un nuevo programa social está prácticamente terminado. Ha sido elaborado por la *"Liga Mundial para la Reforma Sexual"*, cuyo presidente es el médico judío Imianitoff, de Bélgica.

Veamos los diez puntos de este programa que, en el año 2000, son prácticamente normativos:

➢ Igualdad política, económica y sexual para hombres y mujeres.
➢ Liberación del matrimonio, y en particular del divorcio, de las reglas tiránicas de la Iglesia y del Estado. (Obsérvese que desde la ley de divorcio de Naquet hasta la píldora patógena y el aborto libre de Simone Veil, todo es judío).
➢ Control de la concepción para que la procreación sea consentida deliberadamente y con un sentido preciso de la responsabilidad.

➤ Mejora de la raza mediante la aplicación de métodos de eugenesia y puericultura. (La eugenesia se ha vuelto criminal y olvidada: el nacimiento de bichos raros es más rentable para la hegemonía judía).

➤ Protección de las niñas madres y los hijos ilegítimos.

➤ Comportamiento humano y racional hacia los anormales sexuales, como los homosexuales, tanto hombres como mujeres, fetichistas, exhibicionistas, etc.

➤ Prevención de la prostitución y las enfermedades venéreas.

➤ Incorporación de los trastornos debidos a la pulsión sexual a la clase de fenómenos patológicos y ya no considerados como delitos, vicios o pecados.

➤ Sólo pueden considerarse delictivos los actos sexuales que transgredan la libertad o vulneren los derechos de otra persona. Las relaciones sexuales mutuamente consentidas entre adultos responsables deben respetarse como actos privados que afectan únicamente a sus personas.

➤ Educación sexual con la mayor libertad posible y respeto a uno mismo y a los demás.

Una cita de Léon Blum, judío que fue Primer Ministro del gobierno del Frente Popular en 1936, en su ensayo sobre la moral titulado *"Sobre el matrimonio": "Volverán de casa de su amante con la misma naturalidad con la que vuelven ahora de la clase o del té en casa de un amigo" (...) "La virginidad, alegre y tempranamente rechazada, ya no ejercería esa singular coacción hecha de pudor, dignidad y una especie de miedo". (...) "La virginidad rechazada alegre y tempranamente ya no ejercería ese singular constreñimiento hecho de pudor, dignidad y una especie de miedo". (...) "Nunca he discernido qué hay de verdaderamente repulsivo en el incesto; constato simplemente que es natural y común amar con amor al hermano o a la hermana."*

Cita de Kroupskaya, viuda de Lenin, en el periódico soviético *"Outchi Gazetta"* del 10 de octubre de 1929: *"Es imperiosamente necesario que el Estado reanude su sistemática labor antirreligiosa entre los niños. No sólo debemos hacer que nuestros niños y no sean religiosos, sino activa y apasionadamente antirreligiosos. Hay que combatir enérgicamente la influencia de los padres religiosos en el hogar. Aunque la socialización de la mujer aún no está oficialmente sancionada en la Rusia soviética, debe convertirse en una realidad y penetrar en la conciencia de las masas. Por consiguiente, todo aquel que intente defender a una mujer contra una agresión indecente demuestra una naturaleza burguesa y se declara a favor de la propiedad privada. Oponerse a la violación es oponerse a la Revolución de Octubre.*

Nota del autor: Todo esto es tan psicopático que cuesta creer que sea real.

Cita de Karl Marx en "*Deutsch-Franzosiche Jahrbucher*", 1844: "*Es en vano buscar en el laberinto del alma judía una clave de su religión. Por el contrario, el misterio de su religión debe buscarse en el misterio de su naturaleza. ¿Cuál es la base del judaísmo? La pasión práctica y el afán de lucro. ¿A qué podemos reducir su culto religioso? A la extorsión. Quién es su verdadero Dios: el dinero*".

Cita de Walter Ratheneau, judío, en su libro Der Kaiser (París, 1930): "*En 100 años, la Revolución Francesa ha dado la vuelta al mundo y no ha tenido límites; ningún Estado, ninguna institución, ninguna sociedad, ninguna dinastía se ha librado de ella. La oratoria de la Revolución Rusa es la Humanidad. Su deseo secreto, la dictadura provisional del proletariado y el anarquismo idealizado.*

Su plan práctico para el futuro, la supresión de la estratificación europea en la forma política de repúblicas socializadas. Dentro de un siglo, el plan de Oriente estará tan plenamente realizado como lo está hoy el de Occidente. Tras siglos en los que nuestro planeta ha construido, reunido, conservado, preservado y acumulado tesoros materiales e intelectuales para el disfrute de unos pocos, llega el siglo de la demolición, la destrucción, la dispersión y la vuelta a la barbarie. Ruinas a nuestras espaldas y ruinas frente a nosotros. ¿Somos una raza de transición? Destinados al indigno estercolero de la cosecha", escribí al comienzo de la guerra. Sin embargo, no sólo debemos recorrer el camino que hemos emprendido, sino que queremos recorrerlo.

Un judío, Paul Mayer, ha escrito la "*Alegre canción de carretera del judío errante*". No puede decirse que no sea sincero:

*No tengo casa ni país,
no voy a ninguna parte.
No más nostalgia vana
No me importa el blues
Mi alma se ha endurecido.
De todos tus umbrales, como un ladrón,
me alejan - sé que me envidian
Y ansiosamente me buscan.
Bebo de tus manantiales de vida
y conozco tu valor.
Bajo el humilde trapo donde duerme mi alma,
escondo el oro del universo.
La virgen que quieres por esposa
vuelve un ojo de fuego
¡Hacia el hijo maldito del desierto!
Fumas tu tabaco sin deleite,
masticas tus pesados problemas,
Pero aquí estoy, rey de los vicios,
Y ofrezco a vuestras bocas novicias
El fruto de nuevos pecados.
Así que estoy jugando con la pelota,
Este juego sutil, este juego fatal,
Que te divierte y te atrapa
Y el secreto se te escapa
¡El juego de la sangre oriental!*

LA CRÓNICA JUDÍA COMENTA LA OBRA DE UN TEÓLOGO IRLANDÉS

El 23 de octubre de 1936, este periódico judío londinense publicó el siguiente artículo: "*The Mystical Body of Christ in Modern Times*" (*El Cuerpo Místico de Cristo en los Tiempos Modernos*) sobre la obra del Padre Denis Fahey, Profesor de Filosofía e Historia de la Iglesia en la Casa de Estudios Superiores de la Universidad de Blackrock, Dublín.

"Este sacerdote es autor de varias obras teológicas y está seriamente alarmado por la expansión de las tendencias secularistas en el mundo moderno. De ahí la publicación de su nuevo libro, cuyo principal objetivo es tratar teológica e históricamente el aspecto de la revuelta moderna contra el plan divino de organización de la sociedad humana.

Hasta aquí, todo bien. Pero, por desgracia, el padre Fahey está convencido de que todos los problemas del mundo actual se deben a una extraordinaria alianza entre revolucionarios judíos y financieros judíos para el derrocamiento del orden de cosas existente y el establecimiento de la dominación mundial judía sobre sus ruinas.[66]

En apoyo de esta curiosa tesis, el padre Fahey aporta todas las trivialidades antisemitas habituales. Aporta pruebas documentales de que la Revolución Rusa fue financiada por Jacob Schiff a un coste de 12.000.000 de dólares. Reimprime una lista de nombres notorios para decir que de 25 arquitectos del bolchevismo, sólo Lenin no era judío".

LOS JUDEO-COMUNISTAS DEL FRENTE POPULAR ESPAÑOL Y 1837

Los judeo-comunistas del Frente Popular español bautizaron con el nombre de Joseph Papineau al grupo de 400 voluntarios canadienses que combatían en España para extender el dominio de Stalin, Litvinoff, Kaganovitch, Karakhan, Ioffe, Rosenberg, etc.

---

[66] Ahora sabemos que esto no es cierto: la madre de Lenin era judía, por lo que Lenin era judío según la ley judía.

Los judíos quieren mucho a Papineau, que huyó al extranjero cuando sus desgraciados compañeros estaban en el cadalso. Le querían mucho porque fue Papineau quien, en nuestra historia, más luchó por la emancipación de los judíos, es decir, para que estuvieran en pie de igualdad con los auténticos canadienses en 1832.

La "*Enciclopedia Judía*", bajo la palabra "David", nos dice que fueron los dos hijos del judío David de la calle Notre-Dame quienes comandaron la caballería contra nuestros héroes de Saint-Eustache y Saint-Denis en 1837.

Un libro publicado por los judíos de Canadá en 1926, "*Judíos en Canadá*", nos cuenta que fue el judío Benjamin Hart quien, tras espiar a nuestros héroes de 1837, firmó las órdenes de detención de los que fueron encarcelados.

El mismo libro nos dice que, en aquella época, los judíos, y en particular la familia Franck, controlaban los puestos comerciales entre Montreal y Nueva York a lo largo del Richelieu. Mucha gente cree que fueron estos judíos los que permitieron a Papineau, llevándole de puesto en puesto, huir a Estados Unidos disfrazado de mujer, mientras los humildes e indignos eran juzgados. Esta habría sido la recompensa de los judíos a Papineau por su emancipación en 1832.

A los judeo-comunistas les gusta hablar a los canadienses de la revuelta de 1837, pero no dicen que las víctimas de ese movimiento fueron arrestadas por la traición de un judío, y que los judíos de Montreal ordenaron disparar contra nuestros patriotas. El trabajo más sucio de 1837 fue hecho por un judío, Benjamin Hart. Sin duda porque ningún canadiense blanco, inglés, francés, escocés o irlandés habría querido hacerlo en esas crueles circunstancias.

TESTIMONIO UNÁNIME DE JUDÍOS Y GENTILES POR IGUAL

Todo lo admitido por los judíos en este libro ha sido admitido desde hace mucho tiempo por mentes superiores en la cristiandad y en otros lugares. ¿Ha hecho la Cristiandad lo necesario para impedir el triunfo de la judeopatía judía mundial? Esto es dudoso, y las palabras de Juliano el Apóstata adquieren todo su valor en el año 2000:

"Si triunfa el cristianismo, dentro de dos mil años el mundo entero estará dominado por los judíos".

¿Fue una profecía o simple lógica? Sea como fuere, santos, concilios generales y locales de la Iglesia, papas, emperadores, reyes, príncipes de todos los países, estadistas famosos, reformadores protestantes como Lutero, clérigos musulmanes, obispos, pastores de todas las confesiones religiosas, escritores de todas las escuelas, como veremos en la segunda parte de este libro, ilustres historiadores, eruditos, diplomáticos, líderes socialistas, liberales y conservadores, estadísticas y archivos oficiales de muchos países, TODOS han dicho lo mismo sobre la perversidad financiera e ideológica judía;

Pero como todos estos pensadores no forman parte de la raza elegida, los judíos les acusan de:

- ➢ Fanatismo,
- ➢ Persecución,
- ➢ Oscurantismo,
- ➢ Estrechez de miras,
- ➢ Intolerancia,
- ➢ Odio,
- ➢ Celos

Por eso, en la primera parte de este libro, era esencial incluir las palabras de destacadas figuras judías:

- ➢ Karl Marx

- ➢ Benjamin Disraeli,
- ➢ Adolphe Crémieux,
- ➢ Bernard Lazare,
- ➢ Alfred Nossig,
- ➢ Max Nordau,
- ➢ Emil Ludwig,
- ➢ Otto Weininger,
- ➢ Kurt Munzer
- ➢ Léon Blum
- ➢ Oscar Lévy,
- ➢ Nahum Sokolov
- ➢ Walther Ratheneau,
- ➢ Theodor Herzl,
- ➢ y yo mismo R. D. Polacco de Ménasce

Por eso es grotesco hablar de antisemitismo si queremos denunciar las grandes miserias modernas, sus revoluciones, sus guerras, sus crímenes, las crisis de desmoralización, las consecuencias contaminantes y destructoras de su capitalismo, el hundimiento de todo por el Rothschildo-Marxismo.

Para concluir esta primera parte, he aquí una declaración muy explícita, muy clara, del judío Bernard Lazare en su libro *"L'antisémitisme et ses causes"*, que ya se ha citado varias veces:

"Me pareció que una opinión tan universal como el antisemitismo, habiendo florecido en todos los lugares y en todos los tiempos, antes de la era cristiana y después, en Alejandría, en Roma, en Antioquía, en Arabia y en Persia, en la Europa medieval y en la Europa moderna, en una palabra, en todas las partes del mundo donde ha habido y sigue habiendo judíos, me pareció que tal opinión no podía ser el resultado de un capricho o un capricho perpetuo, y que debía haber razones profundas y serias para su aparición y permanencia.

¿Qué virtudes o vicios les valieron a los judíos esta enemistad universal? ¿Por qué fueron alternativamente e igualmente maltratados y odiados por los alejandrinos y los romanos, por los persas y los árabes, por los turcos y las naciones cristianas?

Porque en todas partes, y hasta nuestros días, el judío ha sido un ser asociable".

En el año 2000, los parámetros del antisemitismo nunca han estado tan concentrados en ningún momento de la historia; la histeria judía, sus leyes, como la ley Fabius-Gayssot, son verdaderos cañones apuntados contra ellos mismos. Las prohibiciones y condenas impuestas a los revisionistas son la publicidad más enorme que se les ha dado gratuitamente.

Los propios judíos deberían hacer balance del Holocausto y corregir la ineptitud aritmética y técnica de la versión oficial. Y por último, para curarlo todo: abolir radicalmente esta circuncisión ritual, fuente de una especulación financiera y revolucionaria anárquica incontrolable.

TRÁGICA CONCLUSIÓN

Es cierto que los hechos están ahí y que ya no tenemos preguntas que hacernos, sino un problema que resolver: el de la "*cuestión judía*". La única solución a la insuficiencia mental de la mayoría de los seres humanos es la abolición radical de la circuncisión al octavo día.

El liberalismo judío, al igual que el marxismo judío, destruirá el planeta tal y como predijo Hitler.

Asistimos a una licuefacción general bajo el dominio judío, asistido por todos los políticos de todos los partidos que son sus secuaces estipendiarios.

Dos guerras mundiales, millones de muertos, finanzas reinantes, marxismo tentacular, residuos atómicos intratables y no neutralizables, vacunación sistemática que destruye los sistemas inmunitarios y degenera la raza con ayuda de la quimioterapia y la alimentación, música horriblemente patógena, (rumiada por un judío en reuniones de jóvenes desafortunados para escuchar música "tecno"), drogas, delincuencia, homosexualidad y pedofilia desenfrenadas, desempleo juvenil, aborto, píldoras patógenas que inducen bloqueos ováricos en las adolescentes, trastornos del crecimiento, frigidez, etc., y en las adultas, desequilibrios en la función ovárica. y en los adultos, desequilibrios hormonales, cánceres, obesidad, enfermedades cardiovasculares, etc. desaparición de los bosques, de las especies animales y vegetales, niños privados de todo punto de referencia espiritual y moral por falta de educación religiosa.

Estamos en un pozo sin fondo, prácticamente en coma...

¿QUÉ DIJERON LOS JUDÍOS EN ESTA PRIMERA PARTE DEL LIBRO?

Confirmaron que quieren dominar el mundo, lo que ya están haciendo, que controlan la vida económica y financiera del mundo, que tienen el poder de provocar crisis y desempleo, para arruinar a los individuos y a los Estados, para preparar la Revolución, que son revolucionarios natos, y proporcionan la dirección y ejecución de todas las grandes revoluciones, que son los creadores, directores, propagadores y financieros del marxismo (socialismo, comunismo, bolchevismo), que quieren absolutamente hacer desaparecer las nacionalidades y las religiones para instaurar la República Universal, es decir, su dictadura mundial absoluta, mediante su dominio sobre los medios de comunicación, la prensa, la televisión, la radio, la edición, el cine y las agencias de prensa.

Trabajan para matar el sentimiento nacional, social y religioso con el fin de derribar una civilización creada por genios blancos; controlan las sociedades secretas que son los verdaderos gobiernos, que convierten en su beneficio todas las convulsiones políticas y sociales; nunca son nacionales, sino que siguen siendo judíos inasimilables que no pueden pensar como los ciudadanos de los países que los acogen; están en el origen de todos los problemas, disturbios, conflictos y revueltas del mundo moderno, y judaizan a los demás.

Que quieren prácticamente destruir a todos los pueblos hasta convertirlos en una papilla infraétnica en beneficio de sus propios intereses, que corrompen, pudren, degradan y rebajan a los pueblos y naciones. Son ellos mismos quienes lo dicen: Ninguna crítica goyish es tan profunda y lúcida como la que hacen los propios judíos.

Después de estudiar las declaraciones de algunos judíos famosos, sobre todo en la época moderna, veremos las declaraciones de goyim famosos.

R. Dommergue Polacco de Ménasce, autor de este libro: *"El judaísmo financiero y marxista internacional es la lepra de la humanidad. ¡La fascinante locura de Israel! Lleva burbujeando 5.000 años y hoy bate el récord de todas las caídas. O será un banquero o un idealista contra el banquero: Rothschild contra Marx, Marx contra Rothschild, la brillante dialéctica de enemigos hermanos que produce los movimientos de la Historia.*

A través del dinero, amos de los gobiernos; a través de la revolución, amos de las masas. Confieso estar radicalmente estupefacto ante la doble y grandiosa locura de Israel, que está llevando a la humanidad, al planeta y a sí mismo a la aniquilación. La pseudo-derecha política prefiere suicidarse antes que desobedecer al azotador de B'nai B'rith uniéndose al Front National, la última terapia para una Francia en coma. Nunca los parámetros del antisemitismo han estado tan concentrados como a finales del siglo XX. Pero la zombificación de los goyim y de sus pseudo-élites en la política y la magistratura es el garante del "bigbrotherismo" judío.

El siguiente análisis del nacionalsocialismo complementa muy bien el que hace al principio de este libro otro eminente judío, sobre la cuestión de los judíos en Alemania y el advenimiento de Hitler.

Finkielkraut nos dijo en FR3: "*El nazismo pecó por ser demasiado bueno*". Una frase notable, aunque inexacta, porque el nazismo se limitó a restaurar los valores ortodoxos tradicionales básicos. "*Hitler fue el espíritu más constructivo de su tiempo*", dijo el barón Pierre de Coubertin. Sabemos lo que dijo Neville Chamberlain sobre la responsabilidad de los judíos en la declaración de guerra de 1939, que repitió en una carta a su hermana.

Abba Ahimeir, jefe del Betar, declaró: "*Hitler salvó a Alemania, sin él habría perecido en menos de cuatro años. Ni Kerensky ni Weimar pudieron luchar contra el bolchevismo, sino contra el fascismo*".

Cuando estalló el asunto Faurisson en 1979, me pregunté por qué la aclaración de la cifra reivindicada de seis millones de judíos como supuestas víctimas del nazismo causó tanto revuelo en la "*Marxmerdia*" y en la "*ateo-levy-sion*"... Esta simple reacción, única en la historia en cuanto al número de víctimas de tal o cual guerra, ya rezumaba impostura. ¡Entonces empezó a surgir el pensamiento: ¡Seis millones, en siete campos en un año del Holocausto 1943-44, la duración oficial (crematorios avanzados instalados a finales del 43!), un país como Suiza! ¿Dónde habríamos metido a esos seis millones en siete campos de concentración, incluido Dachau, que excepcionalmente albergaba a 60.000 prisioneros? En siete campos, eso significaría un máximo de 420.000 prisioneros, ¡y la cifra es incluso imposible! No hay rastros de ácido cianhídrico en las cenizas que no se puedan encontrar. ¡Y el American Jewish Year Book cifra en 3.300.000 el número de judíos en la Europa ocupada en 1941!

Además, esta cifra es inexacta, ya que muchos judíos se han marchado desde entonces a Israel, a la Rusia soviética, a Inglaterra y a Estados Unidos, al igual que todos los miembros de la familia Polacco de Ménasce y yo mismo. Seguí entonces el proceso Faurisson en Francia y el proceso Zündel en Canadá. El disparate aritmético-técnico me vino a la mente. La mayoría de las ciudades alemanas de más de 100.000 habitantes fueron destruidas en un 95%: ¿cómo pudieron abastecerse los internos de los campos y no convertirse en los esqueletos que se ven en "*Noche y niebla*", por ejemplo? En vísperas del año 2000, Faurisson estimó el número de víctimas de Auschwitz en 150.000, todos los grupos étnicos juntos, y J.-C. Pressac, exterminador patrocinado por los Klarsfelds, ¡lo cifra en 700.000!

Las tonterías aritmético-técnicas empezaron a gritar y siguen gritando. ¿Por qué se prohibió esta revisión? ¿No fue Gorbachov el revisionista más importante cuando desenmascaró la mentira de Nuremberg que atribuía a los alemanes el asesinato de toda la élite polaca en Katyn, a pesar de que este crimen inaudito era soviético? ¿Por qué alguien, aparte de Gorbachov, tendría derecho a cuestionar la sentencia de un tribunal de vencedores que juzga a los vencidos y que, por tanto, carece de toda credibilidad moral? Por otra parte, es cierto que entre Alemania y Rusia murieron muchos compatriotas, sobre todo en Bielorrusia. Pero fueron hechos trágicos de la guerra. ¿No declararon los judíos la guerra a Hitler en 1933? ¿Acaso el régimen bolchevique no era esencialmente judío? ¿No eran los judíos partidarios incondicionales de los soldados y partisanos soviéticos?

Así que si mis colegas mintieron sobre el pseudo-Holocausto, ¿por qué no habrían mentido sobre Hitler y todo lo relacionado con él? Así que tuvimos que indagar en el tema, desde su participación en la guerra del 14-18 hasta su suicidio en el búnker al final de la guerra de 1939-45.

Indagamos más: todos los días nos acosaban sobre la responsabilidad de Hitler en la guerra y el llamado "*Holocausto*". Mi investigación pasó de la estupefacción al desconcierto. Todo era falso. Incluso "*la situación de los prisioneros no era más terrible, ni mucho menos, que la de los Gulags*", como reveló el propio Bloch-Dassault. ¡Algunos campos tenían salas de música y piscinas (Inspecciones de la Cruz Roja)! Los esqueletos demacrados que vemos en las películas de propaganda son los de prisioneros que morían de hambre como consecuencia de los suministros imposibilitados por los bombardeos aliados, que arrasaron ciudades enteras, incluidos mujeres y niños (a veces, como en Dresde y Hamburgo, 200.000 muertos en un solo bombardeo), a pesar de que Hitler, mucho antes de la guerra, había presentado a las naciones un memorando de entendimiento para que, en caso de guerra, se perdonara la vida a la población civil. Este acuerdo fue rechazado por Occidente, sometido a las finanzas (denunciadas por el propio Karl Marx: "*¡¡¡suprimid el tráfico, suprimid al judío!!!*") y al marxismo judío... Es comprensible que Rudolf Hess nunca fuera recibido en Inglaterra, a pesar de su heroica huida, y que "*este criminal de la paz*", como le llama Alain Decaux, fuera asesinado a la edad de 90 años ¡para evitar hacer estallar verdades incómodas! ¿Por qué no se informa todo el mundo como yo? ¿Por qué no lo hacen? ¿Son tan estúpidos los goyim que la dominación y la zombificación por mis congéneres (con Gayssot y Maastricht) les resultan inevitables? ¡Ni siquiera el Abbé Pierre puede defender la integridad y la libertad de expresión constitucional de su amigo Garaudy!

Hitler, nacido en Austria, a la que siempre consideró parte de la nación germánica, era un joven sensible con vocación y talento para la pintura. Su mente era vasta, su conciencia aguda y su amor por su país infinito. Movilizado durante la guerra del 14-18, fue un valiente soldado, querido por sus camaradas, pero cayó víctima de los gases de combate y quedó temporalmente ciego. Los años que siguieron a la guerra le vieron miserable, tanto material como moralmente, observador implacable de las desgracias de su país y gran conocedor de la etiología de las graves enfermedades que lo corroían. La iniquidad de los Tratados de Versalles y Trianon ("*Tratados de rapiña*", como dijo Lloyd George, "*allanando el camino para una segunda guerra mundial*"), negociados por los hermanos Warburg, que financiaban simultáneamente a los Aliados, a Alemania y a la revolución bolchevique (pequeño detalle), le torturaba. Vivió el horror de la República de Weimar y sus seis millones de parados. Era perfectamente consciente del importante y aterrador papel desempeñado por mis compañeros de las altas finanzas y del marxismo. El pueblo se moría de hambre. El bloqueo había estrangulado a Alemania. La clase media no tenía nada. 300.000 oficiales estaban en paro. Los mercantilistas judíos arruinaban a comerciantes y trabajadores. Ahora, a finales del siglo XX, cincuenta años después, los judíos reclaman enormes sumas de dinero, obras maestras y colecciones de objetos de arte. Surge la pregunta: ¿quiénes eran los especuladores y usureros de la República de Weimar? Una banda de judíos gallegos, Kutisker, Barmatt y

Skalarek, se había lanzado a la moribunda Alemania. Tras ser expulsados, continuaron sus prácticas en Holanda (como en el caso de Joanovici, colaborador y más tarde benefactor de las redes de la Resistencia). Un sello de correos llevaba la cifra de ¡12.000 millones de marcos! Para Hitler, el aplastamiento de su país era un dolor insoportable.

Puso toda su energía en llegar al poder para sacar a su país del infierno del Tratado de Versalles y de la República de Weimar. Cuando estuvo encarcelado en Landsberg, donde escribió Mein Kampf, un juez le preguntó: "¿Qué quiere usted, señor Hitler, un cargo ministerial?" y él respondió: "Sería muy despreciable, señor juez, si sólo quisiera un cargo ministerial". El director de la prisión lo describió como "un hombre afable, discreto, siempre dispuesto a ayudar, generoso y de carácter excepcional".

Así que decidió llegar al poder democráticamente, porque el pueblo había percibido en él sinceridad, visión de futuro y energía. En seis años, consiguió que seis millones de parados volvieran a trabajar. Eliminó a las SA y a Röhm, que habrían impedido una acción sinérgica en pro de la restauración de su país, al que las rivalidades habrían condenado a la ruina perpetua. Creó el "Frente del Trabajo", que ignoraba la lucha de clases, un concepto aberrante inventado por ideólogos judíos. El Frente contaba con 25 millones de afiliados y era la mayor organización socialista del mundo. Formaba una verdadera comunidad popular de productores. El profesor Goldhagen nos dice (ARTE, 30 de septiembre de 1996): *"No estoy de acuerdo en que no hubiera libertad en la sociedad nazi. Cuanto más aprendemos sobre el Tercer Reich, más vemos que había cierta libertad.*

Cada cual tenía el lugar que le correspondía en la vida de la nación, y tal organización era incompatible con la guerra. Creó un concepto de dignidad del trabajo. Las fábricas tenían bibliotecas, piscinas y vacaciones pagadas. Los obreros tenían una casita donde sus mujeres podían dedicarse al cuidado de sus hijos, que no se convertirían como los nuestros en clientes de la música que mata, drogadictos, delincuentes, suicidas, parados. Devolvió a los jóvenes el culto al honor, a la patria y a los ideales. El pequeño Volkswagen Escarabajo se convirtió en un coche popular. Creó un código especial para proteger a los animales: hacerles daño habría sido severamente castigado. Abogó por el vegetarianismo, prohibió la vivisección, reguló la caza y organizó una notable y eficaz campaña ecológica y zoológica. En 1939 se oficializó la medicina natural, mientras que en Francia sólo tiene fuerza de ley la medicina química, patógena y teratógena. Luc Ferry (*Le Nouvel Ordre écologique*) reconoce un proyecto nazi "de una envergadura sin parangón, un monumento a la ecología moderna, la educación del pueblo en el amor y la comprensión de la naturaleza y sus criaturas" (...) "el régimen nazi nos hace asistir a un verdadero elogio de la diferencia, a una rehabilitación de la diversidad"...

Empresarios y trabajadores trabajaban juntos como iguales para construir la nación. *El "honor social"* significaba el cumplimiento concienzudo del deber y se recompensaba con dignidad y estima. El número de trabajadores con derecho a vacaciones pagadas era el doble que en otros países. La guerra quedaba necesariamente excluida del sistema, ya que Alemania comerciaba lealmente con los países vecinos. En 1933 se declaró la guerra a Hitler. Los objetivos hegemónicos de Hitler son una broma.

Lo único que quería era reunificar los países germanohablantes y germanoétnicos. Austria había querido unirse al Reich mucho antes de que Hitler llegara al poder y Checoslovaquia tenía tres millones de alemanes en los Sudetes. Hitler tomó el país bajo su protectorado porque los checos ejercían una dictadura resentida por los eslovacos y los rutenos. Hitler no ejercía la hegemonía mundial como Estados Unidos, ni tenía un imperio como Gran Bretaña, sobre el que nunca se ponía el sol. En 1918, las rapaces potencias capitalistas habían despojado a Alemania de Togo, Camerún y el suroeste de África, que sólo representaban el 5% de las colonias británicas y francesas...

Perfectamente desinteresado, Hitler nunca poseyó nada más que su perro y su casa. Nunca se ha mencionado una fortuna personal adquirida por Hitler como Canciller del Reich. En cuanto a su inquebrantable deseo de preservar la etnia germánica, hoy podemos entenderlo ante la histeria globalista del mestizaje institucionalizado, mientras que mis congéneres son los más racistas del mundo.

Las dieciséis propuestas relativas a Danzig presentadas al jefe del gobierno polaco, el coronel Beck, eran las más razonables del mundo. Beck las había aceptado, pero Inglaterra, bajo la influencia del financiero Baruch, le persuadió para que las rechazara. Hitler, con la ayuda de Mussolini y del ministro francés Yvon Delbos, hizo todo lo humanamente posible para evitar la guerra (¡Inglaterra admitió en los juicios de Nuremberg que en ese momento de la historia podría haber salvado la paz!) mientras en Posnania (Polonia) los alemanes eran perseguidos y a veces masacrados. Hitler fue forzado a la guerra, y Francia le declaró la guerra inconstitucionalmente, siguiendo los serviles pasos de Inglaterra, ya que las dos cámaras no fueron convocadas.

El mundo actual está plagado de todos los contaminantes morales, físicos y ecológicos del judeocartesianismo, con la Mafia como inversor preferente. El 70% de los bebés de Estados Unidos no tienen padre.[67] El comunismo, creado enteramente por mis congéneres (ideólogos, financieros, políticos, administradores, verdugos de prisiones y campos de concentración), tiene doscientos millones de cadáveres a sus espaldas y sigue vivito y coleando. Es cierto que en la aritmética actual, seis millones -incluso reales- de judíos son más que doscientos millones de goyim. El Zohar lo confirma: "¡*Los Goyim, esa vil semilla de ganado*"! Podemos comprender las palabras de Goebbels cuando se suicidó con su mujer y sus hijos, al mismo tiempo que su Führer: "*No vamos a dejar que nuestros hijos vivan en el infierno que los judíos les van a preparar*".

---

[67] *La marcha del siglo* el 28 de mayo de 1997.

Desde luego, no se imaginaba el horror absoluto del infierno en el que les habría dejado. Sí hubo holocausto: sesenta millones de víctimas en una guerra declarada a Hitler en 1933, que quería sacudirse el yugo del dólar y de las altas finanzas de mis congéneres. Luego el holocausto de ciento cincuenta guerras capitalistas-marxistas que siguieron a lo que se llamó burlonamente "*Liberación*".

En total, un holocausto de doscientos millones de cadáveres en un régimen esencialmente judío. ¿Es esto la verdad? No, ¡eso es antisemitismo! Afirmar la verdad, por muy vívida que sea, es siempre "*asqueroso antisemitismo*"; es una estúpida abyección y sólo puede recibirse con desprecio.

Detengamos la circuncisión del 8º día que, por sus repercusiones hormonales y psicológicas, es la causa de nuestra mentalidad y del antisemitismo que de ella se deriva desde hace 5000 años, durante los cuales hemos hablado demasiado, "*palabras de muerte para nosotros mismos y para los demás*" (George Steiner).

"*El Tercer Reich fue la única fuerza capaz de superar el horror comunista absoluto*" (Solzhenitsyn).

El siguiente documento, una carta de Hitler a Daladier, Presidente del Consejo de 1938 a 1940, muestra la mentalidad pacifista de Hitler y su deseo de hacer todo lo posible para evitar la guerra: no recibió respuesta, lo cual es algo sobre lo que reflexionar, al igual que el hecho de que Rudolf Hess nunca fuera recibido en Inglaterra, a pesar de que había venido a hablar de paz, ¡y que al final fuera asesinado a los 90 años en su prisión!

"*Permítame la libertad, Monsieur Daladier, de preguntarle cómo actuaría usted, francés, si al final desgraciado de una lucha valerosa, una de sus provincias estuviera separada por un corredor ocupado por una potencia extranjera. ¿Si una gran ciudad, digamos Marsella, se viera imposibilitada de proclamarse francesa, y si los franceses que residen en ese territorio fueran actualmente perseguidos, golpeados, maltratados e incluso bestialmente asesinados? Usted es francés, Monsieur Daladier, sé cómo actuaría.*

Soy alemán, no dude de mi sentido del honor y de mi conciencia del deber de actuar exactamente así. Si usted tuviera esta desgracia que es la nuestra, ¿comprendería, Monsieur Daladier, que Alemania quisiera intervenir sin motivo para que el corredor siguiera atravesando Francia? ¿Para que se prohibiera el regreso de Marsella a Francia? Bajo ninguna circunstancia se me ocurre, Monsieur Daladier, que Alemania entre en batalla contra usted por esta razón.

El Canciller terminó su carta señalando lo inútil que sería esta sangrienta guerra emprendida por los Aliados por Polonia, pues es un hecho cierto que cualquiera que fuera el resultado de una guerra nacida de este problema, el Estado polaco estaría perdido en cualquier caso.

Pobre Polonia, reducida a lo que conocemos. Toda su élite masacrada por los bolcheviques en el bosque de Katyn y barcos hundidos deliberadamente en la Antártida. ¡¿Los judíos no exigen reparaciones para ellos mismos?! Este país está en bancarrota, incapaz de hacer frente a sus deudas, y en una situación sin salida. Es cierto que en el año 2000 Polonia no es el único país que se encuentra en esta lamentable situación.

Ya que los judíos hablan de racismo, hablemos con mi colega y compañero judío Israel Shahak de su "megaracismo".

En su "*Testamento político*" (que Robert Faurisson considera una falsificación, pero que corresponde perfectamente a la psicología de Hitler), Hitler dice: *"Es normal que cada uno sienta el orgullo de su raza y esto no implica ningún desprecio por los demás. Nunca he pensado que un chino o un japonés fueran inferiores a nosotros. Pertenecen a civilizaciones antiguas e incluso acepto que su pasado es superior al nuestro. Tienen motivos para estar orgullosos, igual que nosotros estamos orgullosos de la civilización a la que pertenecemos. Incluso creo que cuanto más orgullosos estén los chinos y los japoneses de su raza, más fácil me resultará llevarme bien con ellos.* Estas palabras están llenas de sentido común básico. Cuando el profesor Israel Shakak nos presenta la verdadera naturaleza de los escritos judíos tradicionales, en cuya esencia puede penetrar porque sabe hebreo, en ninguna parte encontramos una sola frase que se acerque remotamente a esta visión humana y razonable.

Entonces, ¿por qué debería sorprendernos que los israelíes masacraran a 254 hombres, mujeres y niños en Deir Yassin? Estos actos no son excepcionales desde hace cuarenta años, pero nadie se ha atrevido nunca a acusar oficialmente a Israel de "nazismo". El asunto de Oradour-sur-Glane no sólo fue excepcional, como lo fueron las represalias que siguieron al asesinato de Heydrich, o el de un centenar de soldados muertos en un atentado en Italia, sino que desde hace más de veinte años sé que tuvo lugar de una manera completamente distinta a la versión impuesta por la propaganda oficial (al capitán alemán Kämpfe la Resistencia le sacó los ojos y le arrancó la lengua, entre Limoges y Oradour...). La iglesia de Oradour no fue incendiada, pero hubo una explosión inexplicable en el campanario... (explosivos almacenados por la Resistencia).

En Israel, los campesinos pobres fueron expulsados de sus tierras y no tuvieron más remedio que huir o morir. Fue un colonialismo descarado y cruel. En cuanto a los que denunciaron el horror, fueron asesinados, como el conde Bernadotte y Lord Moyne. Los métodos utilizados para desposeer a los palestinos equivalen a un colonialismo despiadado, a un racismo flagrante e ineludible.

La tierra de la que son desposeídos los palestinos no puede ser vendida a un no judío, alquilada a un no judío o trabajada por un no judío. La política agraria de Israel tiene como resultado el saqueo metódico y sistemático del campesinado árabe. Esto es racismo total. En la Alemania nazi no existían leyes de expolio sistemático e implacable. Por ejemplo, la ley de adquisición de tierras del 12 de marzo de 1953 y todas las medidas adoptadas legalizan el robo al obligar a los árabes a abandonar sus tierras para construir colonias judías. El éxodo masivo de poblaciones árabes bajo el terror, como en Deir Yassin y Karf Kassem, liberó vastos territorios que fueron vaciados de sus legítimos propietarios y trabajadores árabes y entregados a los ocupantes judíos.

En 1975, el profesor Israel Shahak dio una lista de 385 pueblos árabes destruidos y arrasados de los 475 que existían en 1948. Para convencer a la gente de que Palestina era un desierto antes de Israel, cientos de pueblos fueron arrasados, junto con sus casas, vallas, cementerios y tumbas. Entre junio de 1967 y noviembre de 1969, más de 20.000 casas árabes fueron dinamitadas en Israel y Cisjordania. El artículo 49 de la Convención de Ginebra del 12 de agosto de 1949 estipula que "*La Potencia ocupante no trasladará parte de la propia población civil al territorio por ella ocupado*". El propio Hitler nunca infringió esta ley internacional. 1116 palestinos han sido asesinados desde el comienzo de la intifada, entre ellos 233 niños. La ONU calcula que 80.000 palestinos han resultado heridos de bala. 15.000 palestinos están recluidos en cárceles israelíes. 20.000 son torturados cada año, y esta tortura es legal desde 1996. Todo esto es parte integrante del expolio, la discriminación, el apartheid y el racismo.

El desdichado Hitler, que quería preservar a su etnia del mestizaje institucionalizado que conocemos hoy, no inventó el racismo. ¿A quién se le ocurrió esclavizar a las "*razas inferiores*"? A un representante del Pueblo Elegido que será castigado si toma por esposa a una mujer pagana, que elegirá a sus esclavos entre los Goyim sin mezclarse con ellos. "*Por mil años*" dijo Hitler, "*por la eternidad*" dicen los judíos.

Una ley, una raza, un destino hasta el fin de los tiempos. "*Y Josué quemó Hai hasta los cimientos, dejando sólo un montón de cenizas, y empleó a los vencidos para cortar leña y sacar agua para la comunidad.* Hombres, mujeres, niños y esclavos, todos bajo el yugo de Israel.

Pero la mayoría de las veces no quedaba nadie a quien esclavizar: *"Y destruyeron a filo de espada todo lo que había en la ciudad: hombres, mujeres, niños, jóvenes y viejos, bueyes, ovejas, mulos".*

El olor a sangre está en cada página de la Biblia. La doctrina dice que un pueblo debe ser elegido para que se cumpla su destino. Ningún otro pueblo puede tener la misma gloria. Una nación verdadera es un misterio, un cuerpo único querido por Dios. Para conquistar su tierra prometida, para masacrar o esclavizar a quienes se interpongan en su camino, para proclamarse eterna: *"Que suenen las trompetas en Sión, que los querubines del Todopoderoso hagan caer fuego y pestilencia sobre nuestros enemigos. Arrasaron la ciudad y todo lo que había en ella."*

En Samaria, porque los samaritanos no leían las Escrituras como ellos, y porque habían construido sus propios santuarios; en Terebinto: en lugar de 6 codos, habían usado 5 o 7 o Dios sabe qué. Todo hombre, mujer, niño y ganado fue pasado a cuchillo. Masacres de ciudades por una idea o una cuestión de palabras. Josué, el ungido del Señor, exterminó a decenas de miles de hombres y luego bailó delante del Arca. ¿Dónde aprendió Hitler a elegir una raza, preservarla pura y sin mancha, ofrecerle una tierra prometida? ¡Ay de los amorreos, los jebuseos y los ceneos, que no merecen el nombre de hombres! El racismo de Hitler es una miniatura del racismo judío.

¡MIL AÑOS! ¡AL LADO DE LA ETERNA SIÓN!

Qué encantadores eran aquellos dioses paganos, ocultos bajo el follaje, las rocas y las fuentes consagradas: habrían protegido la naturaleza contra la monstruosa contaminación del materialismo ateo. El Dios judío es el Dios de la venganza hasta la trigésima generación. Es un Dios de contratos, de regateos irrisorios, de créditos, de sobornos, de propinas irrisorias. *"Y el Señor dio a Job el doble de lo que tenía antes, mil mulas".* ¿Quién sabe el enorme papel que desempeñaron los judíos en el comercio de esclavos hasta 1870?

(artículo del profesor Shahak publicado en 1967, antes de la Guerra de los Seis Días).

Todo lo que sabemos sobre los textos religiosos judíos tradicionales es lo que se ha traducido a las lenguas occidentales. No conocemos la realidad de los textos porque para eso hace falta saber hebreo. El profesor Shahak, que conoce a la perfección el hebreo, nos presenta estos textos, cuyo racismo va más allá de lo imaginable (*Histoire Juive - Religion Juive, le poids de trois millénaires*, Librairie du Savoir, 5, rue Malebranches, 75005 París). Todo judío que pase por un cementerio debe bendecirlo si se trata de un cementerio judío. En cambio, si se trata de un cementerio goyim, debe maldecir a la madre del difunto. Hostilidad gratuita hacia cualquier ser humano.

Examinemos el racismo contra los negros de Maimónides, el famoso filósofo judío: "*Algunos de los turcos* (es decir, los mongoles) *y los nómadas del Norte, los negros y los nómadas del Sur, y los que se les parecen en nuestros climas; su naturaleza es similar a la de los animales mudos y, en mi opinión, no alcanzan el rango de seres humanos. Entre las cosas existentes son inferiores al hombre pero superiores a los simios, pues poseen en mayor medida que éstos la imagen y semejanza del hombre*". En cuanto a Estados Unidos, si los judíos apoyan a Martin Luther King y la causa negra estadounidense, es para obtener un apoyo táctico en nombre de los intereses judíos. El objetivo es obtener el apoyo de la comunidad negra a la comunidad judía y a la política de Israel. El mestizaje institucionalizado en todas partes (excepto en Israel, donde no entrará ningún negro ni norteafricano) tiene dos objetivos: gobernar un mundo de zombis indiferenciados y hacer que comunidades enteras, incluso homosexuales, voten a las marionetas de todos los partidos cuyos hilos mueven. En Israel, el jasidismo, avatar del misticismo judío, es un movimiento vivo con cientos de miles de seguidores que tienen una enorme influencia política. Pero, ¿qué dice la Hatanya, la biblia del movimiento? Los no judíos son criaturas de Satán en las que no hay absolutamente nada bueno. La diferencia cualitativa entre judíos y no judíos existe desde la fase embrionaria. La vida de un no judío es algo inesencial porque el mundo fue creado sólo para el beneficio de los judíos. El rabino de Lubavitch y otros líderes jasídicos emiten constantemente las declaraciones más violentas y las exhortaciones más sanguinarias contra todos los árabes. La influencia del filósofo Martin Buber es muy importante en el auge del chovinismo israelí y el odio a los no judíos. Muchas personas han muerto a causa de sus heridas porque los médicos militares israelíes, bajo la influencia del jasidismo, se negaron a tratarlas. Yehezkiel Kaufman, sociólogo, abogó por el genocidio siguiendo las líneas del Libro de Josué.

Hugo Shmnel Bergman abogó por la expulsión de todos los palestinos de Irak. La apología de la inhumanidad es predicada no sólo por rabinos, sino por personas que pasan por los mayores pensadores del judaísmo. Los actos más horripilantes cometidos en Cisjordania están inspirados por el fanatismo religioso judío. El racismo y el fanatismo judíos son evidentes: un amigo de Marx, Moses Hess, muy conocido y respetado como uno de los primeros socialistas alemanes, hacía gala de un racismo judío extremo y sus ideas sobre "la raza judía pura" no tienen nada que envidiar a "la raza aria pura".

"Está prohibido salvar la vida de un gentil porque no es tu compañero". No sólo unos 400 pueblos han sido arrasados, como hemos dicho, sino que cientos de cementerios musulmanes han sido destruidos por Israel (Libro de Shahak, página 84).

En cuanto al Talmud, no se anda con rodeos: "*Es un deber religioso extraer el máximo interés posible cuando se presta a un goyim*". Esta mentalidad especulativo-parasitaria ha sido la causa principal del antisemitismo en todos los tiempos y lugares. Ni la Iglesia ni el nazismo tienen la exclusiva del antisemitismo. Ha existido en todas partes, como en Persia cinco siglos antes de Cristo.

La Iglesia ha protegido a menudo a los judíos a lo largo de la historia. Hay que decir que la nobleza y la Corona utilizaron a los judíos para mantener oprimidos a los campesinos. Esto es perfectamente despreciable por parte de los goyim, pero los judíos aprovecharon la situación para presionar a los campesinos en su propio beneficio. En Polonia oriental, por ejemplo, durante el gobierno de los magnates, los judíos fueron los explotadores inmediatos del campesinado y prácticamente los únicos habitantes urbanos. En "*The rise of Christian Europe*", Trevor Roper (páginas 173- 74), establece que los judíos fueron los principales traficantes de esclavos entre la Europa medieval y el mundo musulmán. Esto es lo que escribió el Dr. Prinz: "*Un Estado fundado sobre el principio de la pureza de nación y raza sólo puede ser honrado y respetado por el judío que declara pertenecer a su propio pueblo*". Como vemos, el mestizaje institucionalizado es bueno para los Goyim, "esa vil semilla de ganado" (*Zohar*). Esto es lo que dice Maimónides sobre el asesinato: "*El judío que mata deliberadamente a un gentil sólo es culpable de un pecado contra la ley del cielo; no es punible por un tribunal de justicia*".

"*La causa indirecta de la muerte de un gentil no es pecado en absoluto*". "*Al mejor de los gentiles, matadlo*" (Comentario sobre el *Shulhan Arukh*). He aquí un extracto del tratado "*La pureza de las armas a la luz de la Halajá*": "*Cuando, en el transcurso de una guerra o durante una persecución armada o una incursión, nuestras fuerzas se encuentran con civiles de los que no podemos estar seguros de que no nos harán daño, estos civiles, según la Halajá, pueden e incluso deben ser asesinados..... En ningún caso se puede confiar en un árabe, aunque parezca civilizado... En la guerra, cuando nuestras tropas emprenden un asalto final, la Halajá les permite y les ordena matar incluso a los civiles buenos, es decir, a los civiles que se presentan como tales*". El Talmud dice que está prohibido profanar el Sabbat para salvar la vida de un goyim gravemente enfermo, ni dar a luz a un no judío en Sabbat.

Esto es lo que hay que leer para creerlo en la Enciclopedia Talmúdica: "*El que tiene relaciones carnales con la mujer de un goyim no está expuesto a la pena de muerte, pues está escrito: "Así como el precepto* "el hombre se unirá a su mujer", *que está dirigido a los goyim, no se aplica a un judío, tampoco hay matrimonio sagrado para un pagano; la mujer casada de un goyim está prohibida a otros goyim, pero un judío no se ve afectado en modo alguno por esta prohibición"...*

De esta cita no debe deducirse que autoriza las relaciones íntimas entre un judío y un no judío, sino todo lo contrario. Pero la pena principal recae sobre la mujer. Ella es la que debe ser ejecutada, *incluso si ha sido violada.* Si un judío se une sexualmente con una no judía, ya sea una niña de tres años (sic) o una adulta, ya sea casada o núbil, e incluso si él mismo es un menor de sólo nueve años y un día, ya que ha cometido coito voluntario con ella, *"ella debe ser asesinada como lo sería una bestia porque a causa de ella un judío se ha puesto a sí mismo en una mala situación".* Hay que añadir que las mujeres de todas las naciones son consideradas prostitutas. *El "engaño indirecto"* está permitido. El robo a expensas de un goyim está permitido si está bajo dominio judío. Estos preceptos no se cumplen *"si perjudican a los judíos".* Podemos entender el despojo violento de los palestinos por parte de los judíos, que tienen una superioridad aplastante sobre ellos. Si los judíos son lo suficientemente poderosos, su deber religioso es expulsar a los palestinos. Evidentemente, según las exhortaciones genocidas de la Biblia y del Talmud, todos los palestinos deben ser exterminados. La literatura talmúdica repite con vehemencia: *"no dejarás nada con vida".* Los palestinos de Gaza son como los amalecitas. Los versículos de la Biblia que exhortan al genocidio de los medianitas fueron retomados por un rabino israelí para justificar la masacre de Qubbiya. Las leyes halájicas inculcan el desprecio y el odio hacia los gentiles. El judío devoto da gracias a Dios *"por no haber nacido goy". "Que todos los cristianos perezcan de una vez".* Se ha convertido en costumbre escupir tres veces al ver una iglesia o un crucifijo. *"Los judíos son lo mejor de la humanidad. Fueron creados para reconocer y adorar a su creador y son dignos de tener esclavos que les sirvan".* (Véanse las referencias en el libro de Shahak). *Debemos mostrar piedad con los judíos, pero abstenernos de hacerlo con el resto de la humanidad".* (cf. Shahak). Shakak, que vive en Israel, nos dice: *"Cualquiera que viva en Israel sabe lo extendidas y profundamente arraigadas que están las actitudes de odio y crueldad hacia todos los goyim entre la mayoría de los judíos del país. El inhumano precepto de que la servidumbre es el papel natural de los gentiles ha sido citado públicamente en Israel, incluso en televisión, por agricultores judíos que explotan mano de obra árabe, especialmente niños".* (página 198).

Los derechos humanos nunca han sido otra cosa que los derechos del judío, como puede verse espectacularmente en todo Occidente. Estados Unidos y Canadá apoyan incondicionalmente la política israelí. No hay una sola reacción cuando está en flagrante contradicción con los derechos humanos fundamentales.

Es imposible entrar en un club judío o en una obediencia masónica como la Bnai' B'rith: pero si se niega el acceso a un judío, se oyen los gritos de antisemitismo. En otras palabras, los que afirman constantemente defender los derechos humanos son los que los violan constantemente. Faurisson y Garaudy no tienen derecho a ese derecho humano elemental que es la libertad de expresión. Se les responde con leyes estalinistas-orwellianas y condenas por delitos de pensamiento. 400 pueblos arrasados, Sabra, Chatila, Deir Yassin, las masacres constantes de musulmanes privados de sus casas y de sus tierras, 50 musulmanes en oración muertos a tiros de revólver, las masacres incesantes y, ahora en Occidente, el pánico a abrir la boca para decir cualquier verdad: estos son los derechos humanos que nos imponen los judíos. En su libro *"Alemania debe perecer",* publicado justo antes de que Estados Unidos entrara en la Segunda Guerra Mundial, T. Kaufman, un judío estadounidense, abogaba por el exterminio total de los alemanes.

"Un pequeño detalle", como diría Le Pen. El judaísmo es un totalitarismo racista aplastante. Antes de seguir adelante, recordemos algunas ideas de la tradición religiosa judía de la que acabamos de hablar:

Deuteronomio 4,10-11: *"Cuando el Señor, tu Dios, te conduzca a la tierra que te va a dar, encontrarás allí ciudades grandes y hermosas que tú no has edificado, casas llenas de toda clase de riquezas que tú no has almacenado, pozos que tú no has cavado, viñas y olivares que tú no has plantado...".*

Si esta psicología no es la de los valientes israelíes que han escapado al determinismo de la circuncisión, que los convierte en víctimas ideales del antisemitismo, entonces tenemos aquí, en pocas palabras, la psicología especulativa-parasitaria que es la madre del antisemitismo.

El Talmud: "Un judío que viola o corrompe a una mujer no judía e incluso la mata debe ser absuelto ante el tribunal, porque sólo ha hecho daño a una yegua". (*Nidderas bammidebar rabba*).

Wilhelm Marr fue un judío que participó en la revolución alemana de 1848. Cuando ésta terminó, se dio cuenta de que sólo había beneficiado a Israel. También era un judío honesto y en 1860 publicó un libro titulado "*El espejo del judaísmo*". Sin duda despertó la indignación de los judíos alemanes (los judíos nunca soportan la verdad sobre sí mismos, de ahí las leyes totalitarias y racistas que prohíben cualquier examen de los hechos).

He aquí algunos pasajes alucinantes de este libro impresionantemente relevante: *"Declaro en voz alta, sin la menor intención irónica, el triunfo del judaísmo en la historia del mundo. Publico el boletín de la batalla perdida, de la victoria del enemigo, sin dar cuartel al enemigo vencido. En este país de pensadores y filósofos, la emancipación de los judíos tuvo lugar en 1848. Ese fue el comienzo de la guerra de treinta años que los judíos libran ahora abiertamente contra nosotros. En 1848, los alemanes declaramos nuestra renuncia oficial al judaísmo. Desde el momento de su emancipación, el judaísmo se convirtió para nosotros los alemanes en un objeto que está prohibido tocar. No es oportuno criticar la política interior del Príncipe de Bismarck desde 1866. Me contentaré con señalar un hecho: desde entonces, Su Alteza Serenísima ha sido considerado por el judaísmo como el emperador Constantino lo fue por los cristianos".*

Esbozando la victoria del judaísmo sobre los pueblos de Europa, Wilhelm Marr concluye: "*El advenimiento del cesarismo judío -baso esta afirmación en una profunda convicción- es ahora sólo cuestión de tiempo. La dominación del mundo pertenece al judaísmo. El crepúsculo de los dioses ya ha llegado para nosotros. Si puedo dirigir una oración a mi lector, sería la siguiente: Que guarde este libro y lo transmita a sus hijos, pidiéndoles que lo leguen también a sus descendientes. No pretendo considerarme profeta, pero estoy profundamente convencido de la opinión aquí expresada: dentro de cuatro generaciones ya no habrá ningún cargo en el Estado, sin exceptuar los más altos, que no esté en posesión de los judíos... La capitulación de Rusia es sólo cuestión de tiempo. En este enorme imperio, el judaísmo encontrará una palanca que le permitirá arrancar definitivamente de sus goznes todo el mundo de Europa Occidental*".

Marcel Bernfeld (*Le Sionisme*, 1920): "*Poco importa que los judíos sean o no una raza pura. Lo esencial es que todos los judíos tienen la íntima y profunda convicción de ser de linaje muy antiguo y de poder remontar su genealogía hasta los antiguos hebreos. Más que ningún otro pueblo, tienen la idea de ser una raza pura, de ahí un sentimiento de superioridad*".

Knut Hamsun, ganador del Premio Nobel de Literatura en 1920: "*Un gran hombre en verdad, este Roosevelt, rígido y obstinado, siguiendo su propio camino, judío que es, a sueldo de los judíos, un espíritu líder en la guerra de Estados Unidos por el oro y el poder judíos*" (Oslo, 1942). (Oslo, 1942)

Simone Weil (*La pesanteur et la Grâce*): "*Hablar de un Dios que educa a esta gente es una broma atroz. "La mentira del progreso es Israel. "Los judíos, este puñado de desarraigados, causaron el desarraigo de todo el globo*".

Eso lo resume todo.

Fin de la primera parte

SEGUNDA PARTE
LO QUE LOS GENTILES DICEN DE LOS JUDÍOS

Sería imposible compilar un libro enorme de lo que dijeron los goyim. Pero podríamos citar a los siguientes autores:

- Henri de Montherlant
- Léon Bloy
- Romain Rolland
- François Mauriac
- Roger Martin du Gard
- Alfred de Musset
- René de Chateaubriand
- Sra. de Sévigné
- Racine
- Molière
- Shakespeare
- Dickens
- Walter Scott
- Daniel Defoe
- Y así sucesivamente.

WINSTON CHURCHILL

Extracto de un artículo publicado en 1920 bajo el título "*Juif internationaux*", cuyo texto íntegro puede encontrarse en mi libro "*Auschwitz, le silence de Heidegger, et la clef de la tragédie juive*":[68] "*En violenta oposición a toda esta esfera del quehacer judío se encuentran los proyectos de la Internacional Judía. Los miembros de esta siniestra confederación proceden, en su mayoría, de las*

---

[68] Publicado por Omnia Veritas Ltd -

desafortunadas poblaciones de los países donde los judíos son perseguidos a causa de su raza. La mayoría, si no todos, han abandonado la fe de sus antepasados y han eliminado de sus mentes cualquier esperanza espiritual de otro mundo.

Este movimiento entre los judíos no es nuevo. Desde los tiempos de Spartakus, de Weishaupt a Karl Marx, y luego Trotsky (Rusia), Bela Kuhn (Hungría), Rosa Luxemburgo (Alemania), y Emma Goldman (EE.UU.), esta conspiración mundial para el derrocamiento de nuestra civilización y la reconstitución de la sociedad sobre la base del desarrollo detenido, la malversación envidiosa, y la igualdad imposible, no ha dejado de crecer.

Desempeñó, como ha demostrado una escritora moderna, la Sra. Webster, un papel definitivamente obvio en la tragedia de la Revolución Francesa. Fue el motor de todos los movimientos subversivos del siglo XIX. Ahora, esta camarilla de personalidades extraordinarias procedentes de los bajos fondos de las grandes ciudades de Europa y América ha tomado en sus garras los cabellos del pueblo ruso y se ha convertido prácticamente en la dueña indiscutible de este enorme imperio.

No es necesario insistir en el papel desempeñado por estos judíos internacionales, en su mayoría ateos, en el logro actual de la revolución bolchevique rusa. Es, sin duda, de la mayor importancia. Su papel aquí supera a todos los demás.

Con la excepción de Lenin, la mayoría de las figuras destacadas eran judías. Además, tanto la fuerza motriz como la inspiración procedían de líderes judíos. La influencia de rusos como Bujarin o Lunacharsky no podía compararse con el poder de Trotsky o Zinovieff, el dictador de la Ciudadela Roja (Petrogrado) o Krassin o Radec, todos ellos judíos.

En la institución soviética, la preponderancia de los judíos es aún más asombrosa. Y la parte dominante, si no la principal, del sistema de terrorismo aplicado por la Comisión Extraordinaria para el Combate

Contrarrevolucionario corrió a cargo de judíos y, en algunos casos notables, de mujeres judías.

El mismo dominio nefasto ejercieron los judíos durante el breve periodo de terror en que Bela Kuhn gobernó Hungría.

El mismo fenómeno se produjo en Alemania (particularmente en Baviera) mientras se permitió que esta locura descendiera sobre los temporalmente postrados alemanes. Aunque en todos estos países había muchos no judíos tan malos como los peores revolucionarios judíos, el papel desempeñado por estos últimos, si se tiene en cuenta la insignificancia de su número en relación con la población, es asombroso."

MOHAMMED

"No entiendo por qué no hemos cazado hace tiempo a esas bestias malignas que respiran muerte. ¿No mataríamos inmediatamente a las bestias que devorarían a los hombres, aunque tuvieran forma humana? ¿Qué son los judíos sino devoradores de hombres?

ERASMUS

"¿A qué robo, a qué opresión están sometidas las pobres víctimas de los judíos? Que Dios se apiade de ellos.

Si es de buen cristiano odiar a los judíos, entonces todos somos buenos cristianos". (1487)

LUTHER

"¡Cómo aman los judíos el libro de Ester, que encaja tan bien con su apetito sanguinario de venganza y sus esperanzas asesinas! Nunca ha brillado el sol sobre un pueblo más sediento de sangre, más vengativo que éste, que se cree el pueblo elegido, por lo que tiene licencia para asesinar y estrangular a los gentiles. No hay criaturas bajo el sol más

codiciosas de lo que son, han sido o serán. No hay más que verlos practicar su maldita usura. Se lisonjean con la esperanza de que cuando venga su mesías, reunirá todo el oro y la plata del mundo y lo compartirá con ellos."

RONSARD

"Hijo de Vespasiano, gran Tito, al destruir la ciudad ibas a destruir su raza. (1560)

VOLTAIRE

"Los judíos no son más que un pueblo ignorante y bárbaro que combina desde hace mucho tiempo la avaricia más repugnante y la superstición más abominable con un odio inextinguible hacia todos los pueblos que los toleran y gracias a los cuales se enriquecen. Son el pueblo más abominable de la tierra". (*Diccionario filosófico*, 1745)

EMMANUEL KANT

"Los palestinos [judíos] *que viven entre nosotros tienen la muy justificada reputación de ser estafadores... Pero una nación que se compone sólo de comerciantes, es decir, de miembros no productivos de la sociedad, no puede ser otra cosa que eso".* (*Antropología*, 1786)

BENJAMIN FRANKLIN

"En todos los países en los que los judíos se han asentado en gran número, han rebajado sus normas morales, degradado su integridad y ridiculizado sus instituciones. Les advierto, caballeros, que si conceden la ciudadanía a los judíos, sus hijos les maldecirán en sus tumbas. En todos los países en los que los judíos se han asentado en gran número, han rebajado las normas morales, han desacreditado la integridad comercial y han seguido su propio camino sin asimilarse nunca con los demás ciudadanos. Ridiculizaron la religión cristiana e intentaron

socavarla. Construyeron un Estado dentro del Estado y, cuando se les opuso resistencia, intentaron estrangular financieramente al país.

Si no los excluís de los Estados Unidos en esta Constitución, en menos de 200 años pulularán por allí en tan gran número que dominarán y devorarán nuestra patria y cambiarán la forma de gobierno. Si no prohibís a los judíos entrar en este país, en menos de 200 años vuestros descendientes estarán trabajando la tierra para abastecer las necesidades de los intrusos que se quedarán frotándose las manos detrás de sus mostradores. Os repito, señores, que si no excluís para siempre a los judíos de nuestra comunidad, nuestros hijos nos maldecirán". (Discurso ante el Congreso en 1787, previo a la redacción de la Constitución)

Todo esto se ha logrado a la perfección, tal y como predijo Franklin.

MALESHERBES

"Existe en el corazón de la mayoría de los franceses un odio muy fuerte hacia la nación judía, odio fundado en la costumbre de los judíos en todos los países de dedicarse a oficios que los cristianos consideran su ruina.

FICHTE

"Para protegernos contra ellos, sólo veo un camino: conquistar para ellos su tierra prometida y enviarlos a todos allí". (*Sobre la Revolución Francesa* de 1793)

NAPOLEÓN

"Debemos considerar a los judíos no sólo como una raza distinta, sino como un pueblo extranjero. Sería una humillación demasiado grande para la nación francesa ser gobernada por la raza más baja del mundo. No puedo considerar franceses a los judíos que chupan la sangre de los verdaderos franceses. Si no hiciera nada, el resultado sería el expolio de

una multitud de familias por usureros rapaces y despiadados. Son orugas y langostas que asolan Francia". (*Discurso al Consejo de Estado*, 6 de abril de 1806)

CHARLES FOURIER

"Una vez que éstos estuvieran bien esparcidos por Francia, el país no sería más que una vasta sinagoga, pues aunque los judíos sólo poseyeran una cuarta parte de las propiedades, tendrían la mayor influencia debido a su liga secreta e indisoluble".

SCHOPENHAUER

El filósofo alemán los llama *"los grandes maestros de la mentira".*

ALFRED DE VIGNY

"La burguesía es la dueña de Francia; la posee a lo largo, a lo ancho y a lo profundo: el hombre vuelve a ser un mono. El judío pagó la Revolución de Julio porque maneja más fácilmente al burgués que al noble." (1837)

HONORÉ DE BALZAC

"Los judíos han acaparado el oro. Son más poderosos que nunca". (*Ilusiones perdidas*, 1843)

ALPHONSE TOUSSENEL

"¿Pero cómo encuentran a estos pobres niños de Israel que siguen haciéndose pasar por víctimas? ¿No les conviene esta actitud lacrimógena? Así pues, a pesar de todos los falsos filántropos y charlatanes del liberalismo, repito que Francia debe expiar cruelmente los males de su caridad hacia los judíos. Una caridad temeraria, una caridad deplorable, cuyos peligros todos los grandes pensadores de todos los siglos le habían advertido de antemano; pues en este punto Tácito

está de acuerdo con Bossuet, con los Enciclopedistas y con Fourier. Tácito, el más ilustre historiador de la Antigüedad, se pronuncia contra el orgullo indomable y el engaño del pueblo judío". (Les Juifs, rois de l'époque, 1845)

PROUDHON

Para el padre del socialismo libertario, *"el judío es el enemigo de la raza humana. Son seres malvados, envidiosos y biliosos que nos odian. Debemos enviar a esta raza de vuelta a Asia".* (Cuaderno de notas, 24 de diciembre de 1847)

MICHELET

"Pacientes, indestructibles, han vencido a través del tiempo. Ahora son libres. Son los amos.

De fuelle en fuelle, aquí están en el trono del mundo". (1853)

ERNEST RENAN

"El judío no conoce otro deber que consigo mismo. Perseguir su venganza, reclamar lo que cree que es su derecho, es a sus ojos una especie de obligación. En cambio, pedirle que cumpla su palabra, que haga justicia desinteresadamente, es pedirle lo imposible." (1864)

BAKUNIN

"Pues bien, todo este mundo judío, que forma una sola secta explotadora, está actualmente a disposición de Marx, por una parte, y de los Rothschild, por otra". (Carta a las Internacionales de Bolonia, 1871)

DOSTOIEVSKI

"Lo que viene es el materialismo, la sed ciega y rapaz de bienestar material, la sed de acumulación de dinero por todos los medios. Entonces, a la cabeza de todos ellos, estará el judío, pues aunque predique el socialismo, permanece sin embargo, en su calidad de judío, con sus hermanos de raza, fuera del socialismo, y cuando toda la riqueza de Europa haya sido saqueada, no quedará más que el banco judío." (*Diario de un escritor*, Passim, 1880)

Víctor Hugo

Sobre Waterloo, que hizo la fortuna de Rothschild, *"Viejo, quítate el sombrero, este transeúnte hizo su fortuna en el mismo momento en que vosotros derramabais vuestra sangre. Jugó hacia abajo y hacia arriba a medida que nuestra caída se hacía más profunda y segura. Nuestros muertos necesitaban un buitre, y él lo era.* (La derrota en Waterloo fue la fuente de la fortuna de Rothschild)

Wagner

"Lo más urgente es emanciparnos de la opresión judía. Considero que la raza judía es el enemigo nato de la humanidad y de todo lo que es noble. Es seguro que los alemanes en particular perecerán a causa de ella. Tal vez yo sea el último alemán capaz de imponerse al judaísmo, que ya lo tiene todo bajo su dominio. (*Carta a Luis II de Baviera*, 1881)

Édouard Drumont

"Cuando el judío sube, Francia baja; cuando el judío baja, Francia sube. La Alta Banca, la Masonería, la Revolución Cosmopolita, las tres en manos judías, trabajan hacia el mismo fin por diferentes medios. Uno siempre encuentra a un judío predicando el socialismo o el comunismo, pidiendo que se compartan los bienes de los antiguos habitantes, mientras que sus correligionarios llegan descalzos, se enriquecen y no muestran ninguna inclinación a compartir nada. No tengo intención de revolver toda la inmundicia del periodismo judío,

de recordar todos los insultos, toda la ignominia que han vertido sobre los cristianos... Las obras maestras cristianas quedan en la sombra, pero por el contrario tocan el tambor por todo lo que lleva la marca judía.

La desgracia del judío es que siempre cruza una línea casi imperceptible que no se debe cruzar con el goy. Al goy se le puede hacer cualquier cosa, pero no se le debe molestar. Se dejará robar todo lo que posee, pero de repente montará en cólera por una simple rosa que alguien quiera arrebatarle. Entonces, súbitamente despierto, lo comprende todo, coge la espada que estaba tirada en un rincón, golpea como un sordo e inflige al judío que le explotó y saqueó uno de esos castigos de los que el otro lleva la marca durante tres siglos... Desaparece, se esfuma en la niebla, se entierra en un agujero donde rumia una nueva combinación para volver a empezar...". (*La France juive*, 1886)

EDMOND DE GONCOURT

"A mí, que desde hace 20 años grito en voz alta que si la familia Rothschild no se viste de amarillo, muy pronto seremos domesticados, ilotizados, reducidos a la servidumbre... cuando publicamos Manette Salomon, en la prensa judía se dio la orden de callar para siempre sobre nuestros libros..." (*Diario*, abril de 1886).

GUY DE MAUPASSANT

"En Bou-Saada, se les ve agazapados en guaridas mugrientas, hinchados de grasa, escuálidos y pendientes del árabe, como una araña pendiente de una mosca. Le llama, intenta prestarle cien peniques contra un pagaré que firmará. El hombre siente el peligro, duda, no quiere, pero el deseo de beber y otros deseos siguen tirando de él. Cien peniques significan tantos placeres para él. Finalmente cede, coge la moneda de plata y firma el papel grasiento. Al cabo de seis meses debe diez francos, al cabo de un año veinte francos, al cabo de tres años cien francos. Entonces el judío vende su tierra, su caballo, su camello, su burro, todo lo que posee. Los jefes caïd, aghas o bachaghas, caen también en las garras de estos buitres que son el azote, la llaga sangrante de

nuestra colonia, el gran obstáculo para la civilización y el bienestar del árabe". (*Au soleil*, 1887)

JULIO VERNE

"*Ejercen la profesión de prestamista con una dureza preocupante para el futuro del campesino rumano. Poco a poco, la tierra pasará de la raza autóctona a la extranjera. Si la Tierra Prometida ya no está en Judea, tal vez un día aparezca en los mapas de Transilvania.* (*El castillo de los Cárpatos*, 1892)

ADOLPHE HITLER

"*Francia es y sigue siendo el enemigo que más debemos temer. Este pueblo, que se hunde cada vez más al nivel de los negros, por el apoyo que presta a los judíos en la consecución de su objetivo de dominación universal, pone en peligro la existencia misma de la raza blanca en Europa*". (*Mein Kampf*, 1924)

GEORGES SIMENON

"*Todo encaja, todo se aclara. Los judíos, en su furia de destrucción y también en su sed de ganancias, dieron origen al bolchevismo. Así, el pulpo judío extiende sus tentáculos en todas las clases de la sociedad*". (*Le Péril juif*, Gazette de Liège, 1921)

JEAN GIRAUDOUX

"*Los judíos son una amenaza constante para el espíritu de precisión, buena fe y perfección que caracterizaba a la artesanía* francesa". (1940)

LUCIEN REBATET

"*Dejé atrás mis papeles y mis libros. Partí de nuevo a través de París. Encontré por todas partes los signos más impúdicos de la soberanía judía. Los judíos saboreaban todas las delicias: carne, venganza, orgullo, poder. Se acostaban con nuestras chicas más bellas. Colgaban en sus casas los cuadros más hermosos de nuestros mejores pintores. Se relajaban en nuestros más bellos castillos. Se les acariciaba, se les alababa y se les acariciaba. El señor más pequeño de su tribu tenía diez plumíferos en su corte para cantar sus alabanzas. Tenían en sus manos nuestros bancos, los títulos de nuestra burguesía, las tierras y el ganado de nuestros campesinos. A través de su prensa y sus películas, agitaban a voluntad los cerebros de nuestro pueblo. Sus periódicos eran siempre los más leídos y no había un solo cine que no les perteneciera.*

Tenían a sus ministros en la cúspide del Estado. Desde lo más alto hasta lo más bajo del régimen, en cada empresa, en cada encrucijada de la vida francesa, en las esferas económica, política y espiritual, tenían un emisario de su raza, apostado, dispuesto a retener el diezmo, a imponer los vetos y las órdenes de Israel. La propia Iglesia les ofrecía su alianza y les prestaba sus armas. Eran libres de cubrir a sus enemigos con lodo e inmundicia, de amontonar sobre ellos las más mortíferas sospechas. Los judíos no habían adquirido más que robo y corrupción. Cuanto más extendían su poder, más se extendía con ellos la podredumbre". (Les Décombres, 1942)

PAUL MORAND

"Lo único que pido es un lugar para nuestros compatriotas, un lugar muy pequeño en el cine nacional. Al defender a los franceses, no hago más que reivindicar para ellos el derecho de las minorías". (France la doulce, 1934)

MARCEL AYMÉ

"Estamos en comunión con el marxismo integral, porque es el arma de nuestro nacionalismo. Se podría decir que el marxismo es la antítesis del capitalismo, que también es sagrado para nosotros. Precisamente porque son polos opuestos, nos dan los dos polos del planeta y nos permiten ser su eje". (citado en *"Genève contre la paix"*, 1936, por el

conde de Saint-Aulaire, embajador de Francia, que relata las palabras de un importante banquero judío en Nueva York)

PIERRE-ANTOINE COUSTEAU

El hermano del capitán Cousteau escribió: *"Y enseguida se vio que la conquista del dinero por los plutócratas judíos no iba de la mano de la conquista de las masas por los agitadores judíos. Siempre el mismo dualismo, cuya expresión más perfecta es hoy la alianza entre Wall Street y el Kremlin".* (*Jewish America*, 1942)

LOUIS FERDINAND CÉLINE

"Nuestra República Francesa no es más que una enorme empresa de degradación y negrificación del pueblo francés bajo la dirección judía. El hombre blanco busca sobre todo lo artificial, lo enrevesado, la contorsión afroasiática. Todas las películas francesas, inglesas y americanas, es decir, las películas judías, son siempre infinitamente tendenciosas. Existen y se propagan únicamente para mayor gloria de Israel. Lo hacen bajo diversas máscaras: la democracia, la igualdad racial, el odio a los "prejuicios nacionales", la marcha del progreso, en resumen, el ejército de la bazofia democrática. Su objetivo estricto es embrutecer aún más al goy, conseguir que reniegue lo antes posible de sus tradiciones, sus tabúes, sus religiones, hacerle abjurar de su pasado, de su raza, de su ritmo en favor del ideal judío.

El truco del judío perseguido, el mártir, se le sigue jugando inevitablemente a este goy cornudo. La penosa historia del judío perseguido, la jeremiada judía, siempre le hace mojar. ¡Infalible! Sólo le afectan las desgracias del judío. Se lo traga todo. Cuando el saqueador judío grita pidiendo ayuda, la pera boba salta inmediatamente. Así es como los judíos poseen toda la riqueza, todo el oro del mundo. El agresor grita para que le corten el cuello. El truco es tan antiguo como Moisés.

La música moderna es sólo un tam tam de transición. Es el judío quien nos pone a prueba para ver lo degenerados y podridos que estamos, negada nuestra sensibilidad aria. Entonces, habiéndonos robotizado, nos dan basura comercial lo suficientemente buena para nuestra sucia carne de esclavos. ¿A quién le importa? El mundo ha perdido su melodía. Sigue siendo folclore, los últimos susurros de nuestro folclore que nos adormecen. Entonces se acabará, la noche. Y el tam tam nègre...". (*Bagatelle pour un massacre*, 1937)

He reservado mucho menos espacio a los gentiles que a los judíos para converger hacia la misma lucidez.

De hecho, en esta era de zombismo, lo que dicen los judíos es más convincente...

No hay nada más que añadir a todo esto: a menos que se produzca un milagro, a menos que se suprima radicalmente la circuncisión primopuberal, nos dirigimos hacia un cataclismo en el que judíos y gentiles serán exterminados.

Dejemos una última palabra a Dostoievski, y veamos si la involución que estamos experimentando no fue prevista por mentes superiores en el siglo pasado. Esto es lo que dijo Dostoyevski hace aproximadamente un siglo: "*Su reino está cerca, su reino se ha completado. Se acerca el triunfo de las ideas, ante el cual los sentimientos de humanidad, la sed de verdad, los sentimientos cristianos y nacionales, e incluso los sentimientos de orgullo popular de los pueblos de Europa ya no dirán ni una palabra. Por el contrario, lo que se avecina es el materialismo, la sed ciega y rapaz de bienestar material personal, la sed de acumulación de dinero por todos los medios, todo ello considerado como meta suprema, como razón, como libertad, en lugar del ideal cristiano de salvación por el único medio de la más estrecha unión moral y fraternal entre los hombres. Nos reiremos de ello...*

Todos estos Bismarck, Beaconsfield (Disraeli), la República Francesa, Gambetta y otros, todos ellos no son más que una apariencia para mí: su amo, como el de todos los demás y el de toda Europa, es el judío y su banco. Volveremos a ver el día en que pronuncie su veto y Bismarck sea barrido sin piedad como un haz de paja. El judaísmo y la banca reinan ahora sobre todo, sobre Europa, sobre la educación pública, sobre toda la civilización y especialmente sobre el socialismo, pues con su ayuda el judaísmo erradicará el cristianismo y la cultura cristiana[69] *Y si de esto no sale más que la anarquía, a la cabeza seguirá estando el judío, pues aunque predique el socialismo, permanecerá, sin embargo, en su calidad de judío, con sus hermanos de raza, al margen del socialismo, y cuando todos los bienes de Europa sean saqueados, entonces sólo quedará el banco judío. Los judíos llevarán a Rusia a su perdición".*

Este texto fue escrito en 1880. Es decir, hace unos 120 años.

---

[69] Esto es cierto, pero hay más de un matiz: Dostoievski aún podía decirlo y publicarlo. Los medios de comunicación aún no estaban totalmente controlados por los judíos como lo están hoy, como tampoco lo estaba el poder judicial. Hoy en día, los medios de comunicación, al igual que el gobierno y el poder judicial, están totalmente controlados por ellos. El hecho de que un ministro de Justicia fuera judío en 1981 (Badinter) es un símbolo definitivo. Ya no hay libertad: en nombre de leyes racistas disfrazadas de "antirracistas", Dostoievski sería procesado. Si fuera judío, como Wilhelm Marr, sería sometido a comisiones psiquiátricas: es un hecho.

EL HOLOCAUSTO SHERLOCKHOLMIZADO

Los judíos han sufrido muchos pogromos dolorosos. Sin duda fue culpa suya, pero el dolor que sufrieron fue gigantesco. ¿Por qué inventar la mentira del Holocausto hitleriano, un verdadero disparate aritmético-técnico? Incorregiblemente, se trata de una fantástica estafa que permite extorsionar todo el dinero posible a todas las naciones posibles haciendo que todos se sientan culpables (sin mencionar jamás las decenas de millones de víctimas de los judíos por el bolchevismo).

Pongamos el broche de oro a este pseudoholocausto sherlockholmisándolo:

¿Existe un solo grupo étnico en la historia de la humanidad que no se alegraría al saber que, en una guerra que terminó hace cincuenta años, había sufrido infinitamente menos bajas de las que pensaba? ¿No se celebraría y recompensaría a la persona que lo descubriera por tan buena noticia? ¿Se le impondrían enormes multas? ¿Se intentaría asesinarle, como se intentó asesinar al profesor Faurisson? ¿No sería una reacción claramente psicopática?

¿Tienen algo que ver con el gaseamiento los esqueletos vivientes de películas como *Nuit et Brouillard*, de Alain Resnais? ¿No quedaron reducidos a ese estado por la imposibilidad de abastecer los campos a consecuencia de los bombardeos de la aviación angloamericana, que redujo a cenizas ciudades alemanas de más de cien mil habitantes y holocausto a cientos de miles de mujeres y niños, de los que nunca se habló?

Dónde habrían estado los seis millones durante el intenso período del Holocausto de 1943-44, cuando un solo campo no podía albergar a más de sesenta mil prisioneros, y cuando, oficialmente, el propio Claude Lanzmann afirma que no hubo gaseamiento con Ciclón B en ningún otro lugar que no fuera Auschwitz. En cuanto a los gaseamientos masivos con otros gases, nunca se ha cuestionado y no hay pruebas de ello.

¿Qué valor tienen los *"testigos"* cuando todo el mundo sabe cómo se obtuvieron testimonios en los juicios de Nuremberg, como el del comandante Hoess, cuyo absurdo es ya legendario, cuando hay cien testimonios de gaseamientos en Dachau, donde es oficial que nunca hubo cámaras de gas?

Se necesitan 130 kg de carbón para incinerar un cuerpo. Nos dijeron que los alemanes quemaban 1.300 al día. Durante la duración oficial del Holocausto, la aviación estadounidense tomó cientos de fotografías de Auschwitz. ¿Por qué ninguna de las fotos muestra enormes volutas de humo negro, o las gigantescas pilas de carbón que se necesitaban?

¿Por qué la radio, el cine, la televisión y la prensa siguen infligiéndonos a diario el mito de los "Seis millones - cámaras de gas", según la técnica judía de la jeremiada, persiguiendo cincuenta años después a nonagenarios que habían intentado salvar a Alemania de la iniquidad del Tratado de Versalles, de la podredumbre de la República de Weimar, del hundimiento de la juventud alemana, de un paro de seis millones de personas dando pan a las 215.001 personas que dependían de ellos?

¿Por qué el *American Jewish Year Book*, en la página 666 de su edición de 1943, nos informa de que en 1941 había 3.300.000 judíos en la Europa ocupada?

¿Cómo pudieron existir cámaras de gas contiguas a los crematorios cuando el ciclón B es un gas hiperinflamable?

¿Por qué se persigue a los historiadores revisionistas por demostrar que la Shoah fue una farsa, cuando un diálogo científico sobre un problema esencialmente aritmético y técnico de carácter primario, que se reclama desde 1980, establecería la verdad de una vez por todas, cerrando así la boca a todo el mundo, como ocurrió con Katyn gracias al revisionista Gorbachov?

¿Cómo pudo utilizarse el Ciclón B, ácido cianhídrico, para gasear a mil personas a la vez, cuando la cámara de gas estadounidense, para un condenado a muerte (máximo 2), es increíblemente compleja y cara? ¿Por qué se afirmó en el juicio DEGESH en 1949 que tales gaseamientos eran imposibles e impensables?

¿Por qué el informe de Fred Leuchter, ingeniero responsable del mantenimiento de las cámaras de gas en Estados Unidos, afirmó en un informe pericial que no hubo gaseamiento en Auschwitz?

¿Por qué se prohíbe el Informe Rudolf, que confirma las conclusiones del Informe Leuchter? ¿Por qué se condena ante los tribunales a quienes lo divulgan, sin tener en cuenta la calidad ni la exactitud del informe?

¿Por qué se anuló (por primera vez en la historia) la tesis de Henri Roques sobre el Informe *Gerstein*, documento que fue rechazado en los juicios de Nuremberg, cuando el célebre historiador y ministro socialista Alain Decaux declaró en su libro ("*La guerre absolue*", 1998): "*Admiré la perfección del verdadero trabajo de cartista en el que se empeñó el Sr. Roques*" (en su tesis doctoral sobre el Informe Gerstein). (En su tesis doctoral sobre el Informe Gerstein).

¿Por qué Raymond Aron y François Furet afirmaron, en una conferencia en la Sorbona a la que no se invitó a ningún revisionista (sin duda por probidad intelectual y libertad democrática), que no existe el menor rastro oral o escrito de una orden de exterminio de los judíos? ¿Por qué no se menciona el plan de exterminio de los alemanes, mediante una esterilización general, tal como estaba previsto en el libro "*Alemania debe perecer*" del judío americano Kaufman? ¿Seguro que se trata de un pequeño detalle?

¿Por qué los servicios de higiene de Alemania utilizaron el Ciclón B a partir de los años 20 para algo más que despiojar la ropa para prevenir el tifus? ¿Por qué se encontraron grandes cantidades de Ciclón B en campos donde oficialmente se reconoce que nunca hubo gaseamiento?

¿Por qué siempre se nos habla de los "Seis millones - cámaras de gas" y nunca de los 80 millones de gentiles exterminados en la URSS bajo un régimen enteramente judío en el que los verdugos de las prisiones y campos de concentración se llamaban: Kaganovitch, Frenkel, Jagoda, Firine, Apetter, Jejoff, Abramovici, Rappaport, etc.? (unos cincuenta judíos).

¿Por qué, en el juicio de Zündel en Canadá, los conocidos exterminadores de judíos llegaron a hacer el ridículo hablando de "licencia poética" para justificar mentiras flagrantes, y por qué no comparecieron ante el tribunal en las citaciones posteriores?

¿Por qué necesitamos la ley Fabius-Gayssot? (Laurent Fabius, el judío, el responsable de la sangre contaminada, y Alain Gayssot, el comunista, que tiene doscientos millones de cadáveres a su nombre).

¿No es la prueba suprema de la impostura, la prueba por nueve, necesaria y suficiente? No necesitamos una ley estalinista-orwelliana, una ley que "*instituya el delito de opinión*" (el delito de pensamiento de "*1984*"), "*el delito de revisionismo hace retroceder la ley y debilita la historia*" como dijo el Sr. Toubon, poco antes de convertirse en Ministro de Justicia, una ley antidemocrática, antiderechos humanos, anticonstitucional, para establecer la verdad. Los hechos, los argumentos y las pruebas son suficientes. El profesor Faurisson exige ardientemente un debate público con un número ilimitado de oponentes y nunca lo ha obtenido. El Abbé Pierre lo pidió: fingimos aceptarlo, luego finalmente lo rechazamos. Dicho foro tuvo lugar durante un programa emitido por la televisión del Tesino (Suiza), en Lugano. Nadie lo sabe porque los medios de comunicación, que reciben órdenes del lobby judío, sólo mueven un dedo si el lobby globalista les autoriza a hacerlo...

¿Por qué, cuando un profesor declara que *"el holocausto de seis millones de judíos exterminados en cámaras de gas de ciclón B"* es un disparate aritmético-técnico, se le despide inmediatamente, instituyendo así por primera vez en la historia el aberrante concepto de un dogma histórico-religioso expuesto, en caso de no adoración perpetua del mito del holocausto, a la ira de la Inquisición laica?

¿Por qué, en su número de enero de 1995, L'*Express* afirmaba que *"la cámara de mostrada durante décadas en Auschwitz I era una reconstrucción de posguerra en su estado original y que todo sobre ella era falso"*?

Conclusión: efectivamente hubo un holocausto de 60 millones de personas en una guerra declarada por los judíos contra Hitler en 1933. Hitler había sacado del paro a seis millones de trabajadores y había dado pan a 21.500.000 personas que dependían de ellos. Había rechazado la dictadura del dios dólar y el totalitarismo judío, contaminador de la humanidad y del planeta, llamado "democracia" por mistificación semántica. Ahora sólo hay dos partidos: el globalismo, la Judeopatía totalitaria exterminadora de la humanidad y del planeta, y el nacionalismo de los Goyim que aún no han sido totalmente necrotizados por la influencia capitalista-marxista judía.

En el semanario *Marianne*, Jean François Kahn ataca a los burócratas del Congreso Judío Mundial. Comentando la conferencia sobre el expolio de los bienes judíos que concluyó en Washington el 2 de diciembre de 1998, escribe: *"Han reducido la Shoah a un mercado financiero. Así, la víctima típica de la barbarie nazi, el objeto principal del genocidio más atroz de nuestro tiempo no fue ni el obrero explotado de Cracovia, ni el humilde artesano de Lodz, ni el funcionario subalterno de Kiev, ni el pequeño tendero de la Rue des Rosiers, ni el artesano desconocido de Riga, sino el multimillonario cosmopolita que coleccionaba Rembrandts y Rubens, dormía sobre un montón de lingotes de oro, cultivaba su inmensa fortuna en Suiza, contrataba cómodas pólizas de seguros en todas partes y enviaba a sus hijos a hacer carrera en Estados Unidos.*[70] *Este poderoso lobby de oligarcas estadounidenses no se avergüenza de reducir la Shoah a una cuestión de mucho dinero".*

Si Faurisson se hubiera atrevido a decir eso, habría tenido una demanda más contra él por parte de una justicia servil a esos oligarcas...

Daré la última palabra en este apartado al escritor Paul Chevallet, autor del notable libro *"Urnocratie"*:

"La esencia del globalismo devastador es judía. Los judíos son sus inventores y aprovechados, en gran detrimento de toda la humanidad.

El artículo 131 del Tratado de Ámsterdam dice: "La política comercial común debe contribuir, de acuerdo con el interés común, al desarrollo armonioso del comercio mundial , a la desaparición progresiva de las restricciones a los intercambios internacionales y a la reducción de las barreras aduaneras."

Es obvio para cualquiera que siga pensando que el artículo 131 está fundamentalmente inspirado por los especuladores apátridas tipo Soros. No tiene nada que ver con la fabricación o la producción, sino exclusivamente con el desarrollo comercial, la eliminación de las restricciones al comercio internacional y ¡las barreras aduaneras!

Está perfectamente claro que el mundo debe favorecer no a los que trabajan, ¡sino a los que se benefician del trabajo de los demás (CQFD)! Hoy en día todos los estados están orientados y dirigidos en todos los sectores por los judíos. El sistema es suicida a largo plazo, a escala humana. Los amos están tan obsesionados con el oro

---

[70] Este periodista judío ignora o finge ignorar las realidades aritméticas y técnicas de este pseudoholocausto, pero lo que dice no es menos valiente y excepcional.

que no se dan cuenta de que, por encima de todo, ¡hay que preservar el agua potable si queremos sobrevivir todos!

Así que nos limitamos a constatar estos hechos indiscutibles, pero nos cuidamos de no denunciarlos porque, al contrario, sentimos un profundo júbilo ante la idea de que se acerca el Fin de los Tiempos anunciado por las Escrituras.

"Durante 5.000 años, hemos hablado demasiado: palabras de muerte para nosotros mismos y para los demás". (George Steiner, judío).

MÁS SOBRE LA ONU

Al igual que la antigua Sociedad de Naciones, las Naciones Unidas son radicalmente judías. Estos son los nombres de la alta burocracia del gobierno mundial en Flushing Meadows, Nueva York. Los burócratas son tan judíos como sus tenebrosos directores.

Lo que podemos decir sin equivocarnos es que la ONU, que quiere actuar como un supergobierno mundial formado por judíos, masones e izquierdistas para gobernar a los pueblos que aún no están bajo la dictadura socialista-comunista.

Nos habíamos enterado por los propios periódicos judíos de que un tercio de todos los judíos de los países controlados por los comunistas, unos cuatro millones, forman la cúpula principal y la burocracia de los países presos en el infierno rojo comunista. La misma proporción controla la ONU.

En resumen, tanto Oriente como Occidente están bajo el dominio de los circuncisos.

No es posible nombrar a todos los judíos integrados en las delegaciones políticas de los diversos países que se reúnen en la ONU; hacerlo exigiría imprimir un enorme directorio. Lo mismo ocurre con los innumerables burócratas judíos de menor importancia: el objetivo aquí es simplemente dar una idea no exhaustiva de los dirigentes importantes del órgano permanente de la ONU.

SECRETARÍA GENERAL

➢ Dr. H. S Bloch, Jefe de la Sección de Armamento.
➢ Antoine Goldet, Director del Departamento de Asuntos Económicos.
➢ David Weinstraub, Director de la División de Estabilidad y Desarrollo Económicos.
➢ Karl Lachman, Jefe de la División Fiscal.
➢ Henri Langier, Subsecretario General encargado del Departamento de Asuntos Sociales.
➢ Dr. Léon Steinig, Director de la División de Estupefacientes.
➢ Dr. E. Schwelb, Director de la División de Derechos Humanos.
➢ H.A. Wieschoff, Jefe de la Sección de Análisis e Investigación, Departamento de Confianza en los Pueblos no Autónomos.
➢ Benjamin Cohen, Secretario General Adjunto encargado del Departamento de Información Pública.
➢ J. Benoit-Lévy, Director de la División de Cine e Información Visual.
➢ Dr. Ivan Kerna, asistente a cargo del departamento jurídico.
➢ Abraham H. Feller, Consejero General y Director Principal del Departamento Jurídico.
➢ Marc Schreiber, asesor jurídico.
➢ G. Sandberg, Consejero Jurídico, División de Desarrollo y Derecho Internacional.
➢ David Zablodowsky, Director de la División de Impresión.

- Georges Rabinovitch, Director de la División de Interpretación.
- Max Abramovitch, Director Adjunto de la Oficina de Planificación.
- P. C. J. Kien, Jefe de la Sección de Contabilidad General.
- Mercedes Bergman, Oficial Ejecutiva, Oficina de Personal.
- Paul Radzianka, Secretario de la Oficina de Recursos.
- Dr. A. Singer, médico responsable del dispensario.

CENTRO DE INFORMACIÓN

- Jarzy Shapiro, Director del Centro de Información de la ONU en Ginebra.
- B. Leitgeber, Director del Centro de Información de la ONU en Nueva Delhi, India.
- Henri Fast, Director del Centro de Información de la ONU, Shanghai, China.
- Dr. Julius Stawinski, Director del Centro de Información de la ONU, Varsovia.

OFICINA INTERNACIONAL DEL TRABAJO (OIT).

- David.A. Marse (Moscovitch), Director General de la OIT en Ginebra.
- De los cuatro miembros que gobiernan la OIT, tres son judíos: Altman (Polonia), Finet, (Bélgica), Zellerbach, (EEUU).
- V. Gabriel-Garces, delegado para Ecuador, adscrito a la oficina de la OIT.
- Jan Rosner, corresponsal para Polonia, adjunto a la oficina de la OIT.

ORGANIZACIÓN DE LAS NACIONES UNIDAS PARA LA AGRICULTURA Y LA ALIMENTACIÓN (FAO)

- ➢ André Mayer, Vicepresidente primero.
- ➢ A.P Jacobsen, representante de Dinamarca.
- ➢ E. de Vries, en representación de los Países Bajos.
- ➢ M.M. Libman, Economista, Sección de Fertilizantes.
- ➢ Gerda Kardos, Jefa de la Sección de Fibras.
- ➢ B. Kardos, Economista, Sección de Productos Diversos.
- ➢ Sr. Ezechiel, Jefe de la Sección de Análisis Económico.
- ➢ J.P. Kagan, Oficial Técnico, Sección de Madera y Equipamiento.
- ➢ M.A Huberman, Oficial Técnico, Sección de Derecho, Gestión y Organización, División de Bosques y Productos Forestales.
- ➢ J. Meyer, Oficial Técnico, División de Nutrición.
- ➢ F. Weisel, División Administrativa.

Organización de las Naciones Unidas para la Educación, la Ciencia y la Cultura (Unesco)

- ➢ Alf Sommerfelt y Paul Carneiro, Comité Ejecutivo.
- ➢ Alf Sommerfelt, Presidente de la Comisión de Relaciones Exteriores.
- ➢ J. Eisenhardt, Director del Consejo Internacional Temporal para la Reconstrucción Educativa.
- ➢ Srta. Luffman, Jefa de la División de Tensión.
- ➢ H. Kaplan, Jefe de la Oficina de Información Pública.
- ➢ H Weitz, Jefe de la Oficina de Gestión Administrativa y Presupuestos.
- ➢ S.Samuel Selsky, Jefe de la Oficina de Personal.
- ➢ B.Abramski, Jefe de la División de Vivienda y Viajes.
- ➢ B.Wermiel, Jefe de la División de Contratación y Colocación.
- ➢ Dr. A Welsky, Director de Asia Meridional, Oficina de Cooperación en Ciencias Aplicadas.

BANCO MUNDIAL PARA LA RECONSTRUCCIÓN Y EL DESARROLLO

- Léonard B. Rist, Director Financiero.
- Leopold Scmela, miembro del Consejo de Gobernadores, en representación de Checoslovaquia.
- E. Polak, miembro del Consejo de Gobernadores, representante de Checoslovaquia.
- Sr. De Jong, Consejo de Gobernadores, en representación de los Países Bajos.
- Pierre Mendès-France, miembro del Consejo de Gobernadores, en representación de Francia.
- Sr. Bernales, miembro del Consejo de Gobernadores, en representación de Perú.
- Sr. M. Mendels, Secretario.
- Abramovic, miembro del Consejo de Gobernadores, en representación de Yugoslavia.

FONDO MONETARIO INTERNACIONAL (FMI)

- Josef Goldman, Consejo de Gobernadores, representante de Checoslovaquia.
- Pierre Mendès-France, miembro del Consejo de Gobernadores, en representación de Francia.
- Camille Gutt, Presidente del Directorio Ejecutivo y Director Gerente del FMI.
- Louis Rasminsky, Director Ejecutivo para Canadá.
- W. Kaster, director alternativo para los Países Bajos.
- Louis Altman, ayudante del director general.
- E.M. Bernstein, Director del Departamento de Investigación.
- Joseph Gold, asesor principal.
- Lee Levanthal, asesor principal.

ORGANIZACIÓN MUNDIAL DE REFUGIADOS

➢ Mayer Cahen, Director General del Departamento de Bienestar y Mantenimiento.
➢ Pierre Jacobsen, Director General del Departamento de Repatriación y Reasentamiento.
➢ R.J. Youdin, Director de la División de Repatriación.

ORGANIZACIÓN MUNDIAL DE LA SALUD (OMS)

Está presidido por el Dr. Chishlam, antiguo ministro federal de Canadá.

Este médico, hablando como una autoridad en salud mental, dijo a la radio canadiense que se está descarrilando el cerebro de los niños enseñándoles nociones del bien y del mal, contándoles leyendas cristianas.

La ONU ha encontrado al judío más cualificado del mundo para la salud física y mental de la humanidad.[71]

➢ Z. Deutschnobb, Jefe de la Sección de Tecnología.
➢ G. Mayer, Jefe de la Sección de Traducción.
➢ Dr. N. Goodman, Director General del Departamento de Operaciones.
➢ Sr. Siegel, Director de Administración Financiera.
➢ A. Zorb, Director del Departamento Jurídico.

ORGANIZACIÓN MUNDIAL DEL COMERCIO (OMC)

➢ Max Suetens, Presidente del Comité Interino de Comercio Internacional.

---

[71] Este es sólo uno de una Niágara de ejemplos de la erradicación del sentido moral producida por la circuncisión en el 8º día, que ha alimentado el antisemitismo a lo largo de los siglos con poderes especulativos no controlados por el sentido moral.

Unión Internacional de Telecomunicaciones (UIT)

➢ P.-C de Wolfe, miembro estadounidense del Consejo de Administración.
➢ Gerry C. Cross, Secretario General Adjunto.
➢ H.B.Rantzen, Director del Servicio de Telecomunicaciones de la ONU.
➢ A.G. Berg, Organización de Aviación Civil Internacional: Jefe de la Sección de Aeronavegabilidad. Además, el coronel A.G. Katzin representó a la ONU durante la guerra de Corea.
➢ Georges Movshon, Oficial de Información de la ONU en Corea.
➢ Ernest A. Cross, Representante Adjunto de Estados Unidos ante la ONU.
➢ Isador Lubin es el representante estadounidense en la Comisión de Economía y Empleo.
➢ Julius Katz-Sachy es el delegado permanente de Yugoslavia ante la ONU.

Cabe señalar que el Estado de Israel no tolera a ningún representante no judío en ninguna de sus delegaciones ante la ONU, como tampoco lo hacen el Comité Judío Americano, el sionismo internacional, el Congreso Judío Mundial y otras organizaciones parasitarias que se dan a sí mismas el estatuto de verdaderos Estados, perfecta ilustración del no racismo judío (¡bien por los demás!).

Fin de la segunda parte

TERCERA PARTE
UN TEXTO ABRUMADORAMENTE CIERTO ATRIBUIDO A UN JUDÍO

El siguiente texto, publicado en 1914 y de nuevo en 1934, tiene referencias precisas y un nombre de autor. La audacia y la agresividad de este texto son tales que dudo que un judío haya podido escribirlas de esta manera. La primera parte es evidente, pero a este nivel de acción directa, por así decirlo, los judíos son más bien discretos. Su discreción llega hasta el cambio masivo de nombres. Daré todas las referencias a este texto con la reserva necesaria, y si las doy es porque su contenido es rigurosamente exacto. Este texto podría pertenecer a la categoría de los "*Protocolos de los Sabios de Sión*": una falsificación que dice la verdad.

No sólo todo en él es verdad, sino que desde 1934, fecha de su publicación definitiva, todo ha sido superado en horror: guerra mundial, desempleo, desintegración moral, física e intelectual, música que mata, drogas, pornografía, colapso ecológico, extinción de especies animales y vegetales, violencia, crimen, etc. Y finalmente, el triunfo del globalismo Rothschildo-Marxista, señalando la muerte del planeta. Y finalmente, el triunfo del globalismo Rothschildo-Marxista, señalando la muerte del planeta.

He aquí las referencias exactas del texto que sigue, que no he querido atribuir a mis congéneres ni a los Goyim, sino simplemente a la verdad probada desde hace mucho tiempo.

Se dice que el autor es Isaac Blümchen, nacido en Cracovia el 14 de noviembre de 1887 (aunque hay que señalar que esta natividad de Escorpio se corresponde bien con el texto). Era hijo de Jacob Haïm Blümchen, fabricante de ataúdes, y de Salomé Sticka Pfaff, su esposa. Su tío Blümchen, que vivía en Leipzig, era conocido en toda Sajonia y en toda Alemania por su Blümchen-Kaffe. Isaac Blümchen llegó a París en 1904, invitado por la Alliance Israélite, cuyo presidente era Maurice Leven y cuyos gastos corrían a cargo de la Société des Enfants de Cracovie, cuyo presidente era Henri Weinstein, de Maisons-Alfort. Esperó a cumplir la edad del servicio militar activo para nacionalizarse francés. Desempeñó un papel importante en la campaña electoral de 1914, cuando la guerra le dejó otras cosas que hacer.

Los libros, titulados *"Le Droit de la Race supérieure"* y *"A nous la France"*, se publicaron en 1914 y de nuevo en 1934. Los libros fueron depositados en la Bibliothèque Nationale de France en 1913, con los números de referencia 8°Lb 57 18013 y Lb57 18012 A.

Los extractos que siguen no son en absoluto exhaustivos, ya que estos dos libros son, como cabría esperar, imposibles de encontrar en cualquier sitio...

EL DERECHO DE LA RAZA SUPERIOR

Por fin el pueblo judío es dueño de Francia. Gobiernos y naciones reconocen oficialmente el hecho. Alfonso XIII, rey de España de la Casa de Borbón, vino a Francia en noviembre de 1913. Fue a ver al Presidente Poincarré para un viaje de caza a Rambouillet. Pero también fue a ver a nuestro Edouard de Rothschild para hablar de los asuntos de España con Francia. Su Majestad Católica el Rey de España, anfitrión de un judío. Carlos V, Felipe II y Enrique IV nunca esperaron esto.

Cuando Carlos de Portugal colgó el Gran Cordón de la Orden de Cristo del cuello de un Rothschild, sólo estaba prostituyendo a su Dios al judío, pero Alfonso XIII se prostituyó a sí mismo. Fernando, el zar búlgaro de las casas de Orleans y Coburgo, que vino a Francia para ocuparse de los asuntos de su país, ni siquiera visitó al presidente Fallières: fue directamente a casa de nuestro Joseph Reinach, donde encontró a todos los ministros de la República.[72]

Nuestra conquista es ya un hecho consumado.

He explicado (véase el resto del texto) *que no queríamos expulsar a los franceses de Francia, como decían imprudentemente algunos de los nuestros exaltados por la victoria. Sólo suprimimos a los franceses que se rebelaron contra nuestra dominación, es decir, a un puñado de energúmenos. Necesitamos a la masa dócil y trabajadora de los nativos, igual que los espartanos necesitaban a los ilotas en Laconia y los ingleses a los hindúes en el Indostán. Todo lo que necesitamos es controlar el país y ejercer el mando. Podemos ejercerlo a plena luz del día. Durante los primeros treinta años de la República ocultamos nuestro poder y nuestro progreso; con el siglo XX comenzó la era judía. Gobernamos y queremos que el mundo lo sepa. Gobernamos Francia en virtud del mismo derecho que los europeos invocaron para aniquilar a los pieles rojas y esclavizar a los cafres o a los congoleños. El derecho de la raza superior sobre una raza inferior. Es una ley de la naturaleza. La superioridad de la raza judía y su derecho a la dominación quedan establecidos por el hecho mismo de esa dominación. Los vencidos se inclinan ante la evidencia.*

Al francés nativo no le falta cierta inteligencia. Empiezan a comprender lo que pueden ganar aceptando lo inevitable. Buscan nuestras enseñanzas, nuestros consejos y nuestro aliento en todos los ámbitos de la actividad política, económica, artística, filosófica y literaria.

Es en la escuela primaria, en el liceo, en la Sorbona, en las grandes instituciones de enseñanza superior donde se forman todas las clases de

---

[72] Cuando la policía de la República decidió registrar el domicilio de Reinach, el bandido de los ferrocarriles del sur de Panamá y de las camas militares, encontró expedientes diplomáticos que el Ministerio de Asuntos Exteriores se había negado a revelar a la comisión parlamentaria alegando "secreto de Estado".
Nuestros secretos están bien guardados por los Reinach de Fráncfort del Meno (nota del traductor).

la nación, donde la plebe adquiere las pocas nociones sobre las que vivirá toda su vida, y donde la burguesía adquiere las ideas que luego considera definitivas. Antes de desenmascarar nuestro designio político, nos habíamos hecho sabiamente con el control de la enseñanza pública a todos los niveles. La Universidad, sus consejos y sus programas están en nuestras manos. Los más modestos manuales de primaria y las más orgullosas cátedras universitarias están sometidos a nuestra censura. En la École Normale Supérieure y en la Polytechnique, nuestros hombres lo controlan todo y deciden sobre todo. Muchos de los editores de libros de texto son judíos y los profesores nativos que trabajan para ellos deben ajustarse a nuestro pensamiento. Toda la Sorbona nos está consagrada, el Collège de France tiembla ante nosotros. En el escandaloso asunto Curie, los pontífices y los maestros de la cultura "francesa" se unieron contra la madre de familia para servir a nuestra hermana Salomé Slodowska.

Hemos purgado la historia de Francia de su esplendor. Gracias a nuestra voluntad, los franceses autóctonos ignoran o niegan los siglos de su pasado que precedieron a nuestro advenimiento. Creen que Francia estaba sumida en la barbarie, el fanatismo, la servidumbre y la miseria antes de la época en que los judíos emancipados se dedicaron a emanciparla. La historia de Francia no es ahora más que la historia de la conquista de Francia por Israel, que comienza con la intervención de las logias masónicas a finales del siglo XVIII y culmina en la apoteosis del siglo XX. Joseph Reinach decía en 1895: "Al mismo tiempo que borramos del programa de estudios o eliminamos de la enseñanza esas leyendas inútiles, esas absurdas reviviscencias del pasado, proscribimos lo que los franceses llamaban ingenuamente 'l'Histoire Sainte', es decir, la historia de nuestras tribulaciones, el cuadro de nuestras supersticiones, el relato de nuestra furia y el recuerdo de nuestros orígenes".

Pregunte a los reclutas franceses que pronto formarán el electorado cuando lleguen a los cuarteles: le dirán fácilmente que Luis XI fue el padre de Luis XII y el abuelo de Luis XIV, todos tiranos imbéciles, lascivos y feroces, o que Juana de Arco fue una de las generales de

Napoleón. Nunca te dirán, porque no lo saben, que los judíos llegan de Palestina a través de los guetos de Rusia y Alemania, porque doscientos mil profesores estrechamente supervisados les enseñan que un judío es un normando, un provenzal, un lorrainés de una religión determinada tan buen y verdadero francés como los nativos.

Hemos abierto en París una Escuela de Altos Estudios Sociales para enseñar a la juventud burguesa moral, filosofía, pedagogía, sociología, periodismo y todo lo relacionado con la vida pública. Los directores, entre ellos un general con el predestinado nombre de Bazaine, son Théodore Reinach y Bernard, y en el consejo de administración figuran nuestros judíos Eugène Sée, Félix Alcan, Dick May (judío, secretario general), Diehl, Durkheim, Joseph Reinach y Félix Michel.

Los Profesores para el año 1913-14 (con algunos nativos cuya sumisión ciega está garantizada) son: Théodore Reinach, Léon Friedel, Cruppi-Crémieux, Dwelshauvers, Hadamard, Brunschwig, Milhaud, Meyerson, Blaringhem, Rosenthal, Lévy-Wogue, Gaston Raphaël, G. Bloch, Hauser, Mantoux, Moch, Worms, Yakchtich, Weyll-Raynal, Lévy-Schneider, Bergmann, Zimmermann, Rouff, Léon Cahen, Caspar, Georges-Cahen, Bash, Mandach, Boas-Boasson, Mortier, Bluysen, Elie May, Edmond Bloch, etc.

Todos ellos ocupan puestos importantes, de mando, en la enseñanza superior o en la administración central. ¡Ya nos han echado bastante en cara los nombres de nuestros guetos en el pasado! Pues bien, hemos convertido la Sorbona en un gueto, la Universidad en un gueto y las grandes escuelas francesas en otros tantos guetos. Es en el gueto de los Altos Estudios Sociales donde los jóvenes franceses de las clases acomodadas o ricas vienen a aprender a pensar, a aprender a vivir la vida pública, a modelar su pensamiento según el pensamiento judío, a abolir sus instintos hereditarios frente a la voluntad judía, a practicar el único papel al que les permitimos aspirar: ¡el de celosos servidores, perfectos servidores de Israel!

Pero nuestros jóvenes judíos siempre tienen preferencia. Cuando Lévy-Brühl, que presidía la filosofía juris, entregó los diplomas en la Sorbona, nombró primero a los estudiantes Abraham, Durkheim, Flilgenheimer, Gintzberg, Lambrecht, Kaploum, Lipmann, Guttmann y Spaler, y luego a los nativos.

Nuestro Joseph Reinach era vicepresidente de la comisión del ejército, de la comisión encargada de excavar los archivos de la Revolución, de la comisión encargada de explorar los documentos diplomáticos del Segundo Imperio y de arrojar luz sobre las causas de la guerra franco-prusiana. Todos los secretos militares y los archivos históricos estaban a merced de Joseph Reinach.

Cuando Joseph Reinach abandonó la tribuna parlamentaria donde acababa de resolver la organización del ejército francés, Théodore Reinach tomó el relevo (11 de noviembre de 1913) para defender las antiguas iglesias de Francia contra el vandalismo de los nativos.

En el congreso de educación, fue Théodore Reinach quien propuso la inhabilitación cívica y política y penas infamantes para los padres nativos que no entregaran a sus hijos a un profesor israelí autorizado.[73] *Fue Théodore Reinach quien se tomó la molestia de escribir pequeños tratados de gramática para enseñar a los franceses su propia lengua. Y Joseph Reinach reveló a los lectores de Le Matin (entre Blum, Porto-Rich, Weyll y Saüerschwein) que Corneille era el autor de Phèdre. Podríamos haber utilizado a más de los nuestros en estos diversos papeles.*

Tenemos a Herr en la Escuela Normal, a Carvalho en la Politécnica, a Bloch, Cahen y Lévy en todas las cátedras superiores. Pero hemos creído necesario repetir en todas partes el nombre de Reinach, que tantos

---

[73] El laicismo y la (pseudo) democracia son los dos medios necesarios para el enjuiciamiento total. Son los medios radicales para atontar y zombificar a las masas, de las que los políticos de todos los partidos, de izquierda y de derecha, son la punta del iceberg. Por tanto, hay que imponer estas dos imposturas por todos los medios posibles, empezando por la escuela infantil.

ultrajes sufrió en diversas épocas. Cuanto más insolentes se mostraron en su momento los nativos franceses, más importante es humillarlos, postrarlos ante la familia judía que se habían atrevido a mancillar. Cuando los eruditos judíos hayan enseñado francés a los nativos de Francia, les enseñarán entonces hebreo e idish, pues los vencidos deben hablar la lengua de los vencedores. L'Univers Israélite y l'Écho Sioniste hicieron esta propuesta con gran razón en octubre de 1912. "El hebreo es una lengua clásica del mismo modo que el griego y la República debería crear un bachillerato hebreo-latino en el que los candidatos pudieran elegir Isaías y Proverbios como textos. Esta enseñanza proporcionaría un trabajo remunerador a nuestros rabinos provinciales".

Por otra parte, tiene sentido enseñar nuestra lengua a los franceses, igual que éstos enseñan la suya a los anamitas y malgaches. Es incluso indispensable, ya que el hebreo y el yiddish se están convirtiendo en la lengua de las reuniones públicas (salle Wagram, presidencia de Jaurès), de los encuentros profesionales (Bourse du Travail, invitaciones especiales para l'Humanité) y de las campañas electorales (elecciones municipales en París, 4º distrito, candidatura socialista, con carteles en caracteres hebreos). La consecución de nuestros objetivos se retrasaría si los judíos importados de Alemania, Rusia, Rumanía y Levante se vieran obligados a aprender francés. Necesitamos que estén inmediatamente a salvo de la expulsión, y que sean inmediatamente elegibles, elegibles y elegibles para los más altos cargos del país.[74] Por eso hemos nombrado a nuestro Grümbach, cuidadosamente elegido por la Alliance Israélite, jefe del departamento de declaraciones de residencia, permisos de

---

[74] Durante mi infancia judía, fui testigo de la naturalización de muchos judíos que apenas hablaban francés. Pero esta desventaja se subsanaba rápidamente porque los judíos tienen un don para los idiomas y no tardaban en hablarlo perfectamente. Una vez conocí a un judío que estudiaba filosofía en la Sorbona y que, a pesar de hablar perfectamente francés, tenía un acento espantoso, de modo que en una frase como ésta, el efecto cómico era asombroso: "Me acusaron de haber sartré Heidegger y de haber Heidegerrisé Jean Paul Sartre"...

residencia, admisiones a domicilio y naturalizaciones de la Sûreté Générale.

Por eso también hemos impuesto a la Fiscalía y al Tribunal de la Seine un procedimiento especial para los inmigrantes judíos. Para los judíos, y sólo para los judíos, el Tribunal y la Fiscalía aceptan como prueba de identidad suficiente, en sustitución de cualquier estado civil, un acta de notoriedad redactada por cualquier rabino y certificada por siete de nuestros hermanos. Así, cuando nuestros judíos llegan, adoptan los nombres que les gustan, ocultando su pasado, sus convicciones y las razones por las que buscan refugio en Francia. El Ministerio Público llega incluso a eximir a los judíos, y sólo a los judíos, de cualquier legalización para los documentos que están dispuestos a presentar. La firma de un rabino, que ni siquiera tiene que demostrar que es rabino, es un talismán ante el que todo se inclina. Así es como hemos podido instalar en París un ejército de cincuenta mil judíos, que no saben francés, pero que son ciudadanos franceses.

Circunscripciones electorales casi enteras sólo hablan nuestra lengua, en Argelia por ejemplo, y en París en los distritos 3º, 4º y 18º. Varios miles de nombres del censo electoral de Constantina son Zaouch, Zemmour, Zammit, Zerbola, Kalfa hijo de Simón, Kalfa de Judas, Kalfa de Abraham, Marchodée de Abraham, Samuel de Aarón, Salomón de Isaac, Chloumou de Simón, Chloumou de Moisés, Elie de Isaac, etc. Y nuestros hermanos que dan a Francia sus legisladores y ministros (Etienne, Thomson) no sólo saben francés. Así que los franceses deben saber yiddish.

Queremos que el hebreo sea la lengua oficial de Francia para la próxima generación, al menos en pie de igualdad con el dialecto autóctono. En una tesis aprobada por la Sorbona y prologada por el profesor Andler, de la Facultad de Letras de París, nuestro doctor Pines ha establecido suficientemente que el yiddish es una lengua literaria ilustrada por nuestros escritores "que han transformado en diamantes las piedras del camino del exilio" y bien digna de ocupar su lugar junto a la jerga francesa. La Sorbona concedió a nuestro Pines un doctorado en literatura para respaldar su afirmación.

No hay profesores judíos en las escuelas primarias públicas porque el sueldo es demasiado bajo. Pero el personal de las escuelas primarias está formado por nuestros hombres. En los institutos de París, como el Janson de Sailly y el Condorcet, nuestros judíos están a cargo de todo. Nunca permitiríamos que un francés diera clases en una escuela judía, enseñara la historia de Israel y comentara nuestros libros sagrados delante de niños judíos. A los niños franceses, en cambio, les enseñan nuestros judíos y son formados por el pensamiento judío.

Fíjese en esta característica que resume la situación de dos razas: en ninguna familia francesa encontrará criados judíos, criadas judías. Todas nuestras familias judías están servidas por criados franceses: la raza superior servida por la raza inferior.[75] Deténganse ante el banco Rothschild, en la calle Laffite, o ante el hotel Rothschild, en la calle Rivoli y en la calle Saint-Florentin: verán policías uniformados vigilando a nuestros dirigentes, a los amos de Francia. Ni un crimen, ni una catástrofe les apartaría ni un instante de su deber. Es el símbolo de Francia consagrada al servicio de Israel.

Aquí hay un congreso de los Jóvenes Republicanos. En el estrado, como invitados de honor, nuestros Reinach, Strauss, Roubinovitch. Los presidentes, secretarios y oradores son nuestros judíos Hirsh, Stora, Lévy, Cahen, etc. Los jóvenes nativos escuchan y obedecen. Los jóvenes nativos escuchan y obedecen. Aquí hay una asociación de jóvenes republicanas: en el comité, Mlles Klein, Halbwachs.

En las conferencias de Annales, en los trabajos de la Secretaría de la Mujer, en las ligas por los derechos de la mujer, por el sufragio femenino, al frente de las obras filantrópicas y educativas, en la Escuela Normal

---

[75] Lo he visto cientos de veces, sobre todo en mi propia familia.

de Sèvres, de Fontenay, en todas las reuniones feministas o de mujeres de París y provincias, ¿quién preside, inspira, dirige?

Nuestras mujeres judías, nuestras Judiths modernas, nuestras devotas Esthers: Mme Cruppi-Crémieux, Mme Moll-Weiss, Mme Dick-Meyer, Mme Léon Braunschweig, Mme Boas, Mme Marguerite Aron...[76] Y las francesas, las jóvenes francesas, dóciles, conscientes de la inferioridad de su raza y de su inferioridad personal, permanecen modestamente ante el presidente judío, el conferenciante judío, el director judío, como las pequeñas anamitas y las pequeñas malgaches alrededor de un profesor europeo. ¡Raza superior, raza inferior!

Treinta y ocho millones de franceses sólo leen revistas y periódicos escritos por nuestros judíos o goyim a sueldo nuestro. Estudian su historia sólo en libros de texto producidos bajo nuestro control y sus autores clásicos sólo en ediciones anotadas y comentadas por nuestros escribas. La moral, la psicología, la política, el periodismo, el arte o las finanzas, nada saben salvo por nosotros.

Y cuando creen beber cerveza de una fábrica "Pousset", en realidad están bebiendo cerveza judía de una fábrica "Lévy" (la familia Lévy, Jacob y Reiss). Si creen armar sus barcos con artillería francesa, en realidad compran sus cañones a una fábrica Lévy (Commentry).

Incapaces de producir y vender los objetos necesarios para su vida material o las obras necesarias para su vida intelectual, ¿cómo podían gobernarse los franceses? ¿Cómo podrían explotar el admirable país que Jehová nos había destinado desde la destrucción del Templo?

---

[76] El símbolo de esta espantosa inferioridad mental goyish y de la capacidad de uniformidad global del zombismo es el horrendo uso de los vaqueros azules de Levis, una espantosa manifestación de la desaparición incluso del juicio estético elemental, de toda personalidad. Nadie puede creer que la distorsión mental sea tal que a menudo no sólo se lleve esta prenda por conformidad gregaria, ¡sino también por coquetería! ¡!

Tomamos el poder en nuestras manos. En las elecciones de 1910 se presentaron treinta judíos. Una docena fueron elegidos. Esto significa que en una docena de circunscripciones, los franceses autóctonos ya han comprendido que no encontrarán entre sus hermanos representantes como nuestros judíos. La superioridad del judío es evidente para el pueblo. En 1914, tendremos el doble de candidatos y ocuparemos el doble de escaños.

El Presidente de la República está bajo nuestra estrecha dependencia.[77] *Los ministerios están ocupados por judíos o gentiles casados con judías. Cuando un político soltero muestra ambiciones como los jóvenes Besnard o Renoult, le obligamos a casarse con una judía si quiere una cartera. Si un político está casado con una francesa, le obligamos a divorciarse y a casarse con una judía.*

Como Baudin, "Le grand dépendeur d'andouilles", a quien habíamos empujado a la Marina. Repudió a su esposa francesa para casarse con nuestra hermana Ochs, que le acompañaba en las inspecciones de la flota (abril de 1913). Cuando llegó a la Rue Royale, lo primero que hizo fue nombrar a nuestro hermano Schmoll abogado del Ministerio. El Colegio de Abogados de París no se inmutó. Hay que reconocer que carece de heroísmo: lo único que tiene es culto al éxito. Había rechazado duramente a Aristide Briand, un mendigo con mala reputación. Durante el asunto Dreyfus, cuando la victoria de los nacionalistas parecía probable, los abogados insultaron a los dreyfusards en el Palacio de Justicia, les dieron una paliza y quisieron arrojarlos al Sena. Desde la victoria judía, el Colegio de Abogados está sometido a los judíos. Nuestros abogados judíos se apoderan de los buenos casos, monopolizan la publicidad fructífera, intimidan a los magistrados incircuncisos.

---

[77] Nuestro ingenioso y considerable Henri Amshell (en el teatro Henri de Rothschild), que utiliza las palabras de un autor, llama familiarmente a M. Poincarré "le sire concis". Nuestros grandes críticos Blum, Weyl y Porto-Rico dit Porto Riche encuentran esta palabra exquisita. Ya la habíamos visto aplicada a Pepín el Breve en *La vie de Bohême*. Pero la broma de Henri Amschel es más deliciosa porque apunta tanto a la estatura del Presidente como a su celo por Israel.

Asistí a una vista de la sala novena, en la que nuestro Lévy-Oulmann, que defendía a unos judíos de los bajos fondos, recién salidos de un gueto ruso, proclamó con seguridad: "Mis clientes son buenos franceses, son tan buenos franceses, mejores franceses que cualquiera de los presentes en esta sala". *Los abogados indígenas, así como el diputado y los tres jueces, permanecieron mudos ante el insulto. Así es como hay que tratar a los franceses. El tiempo de la prudencia ha pasado. Osadía hermanos, insolencia: los vencidos agachan la nariz.*

Este rasgo del colegio de abogados de París es simétrico al rasgo de la Société des Gens de Lettres que eligió para representar a escritores franceses en Rusia a nuestro judío Kohan, de Odessa, conocido como Séménoff, que se jactaba de sacar de Francia a franceses problemáticos. La Société des Gens de Lettres fue advertida y se le dijo que evitara a sus miembros este ultraje, pero persistió. Porque nos tiene miedo: ¿Quiénes son los pintarrajeadores de papel que no tenemos por alguna sportula? "Oignez vilain, il vous poindra, poignez le Français, il vous oindra". *Por eso nuestra hermana Ochs obligó a su marido Baudin a entregar los archivos navales a nuestro Schmoll. Si el marido no se declara en contra de los proveedores Lévy y Paraf, el caso está visto: Baudin, el ministro, ha caído, Schmoll permanece.*

Para atacar al ministro de la Guerra, Etienne, la oposición socialista repitió que este hombre de negocios era al mismo tiempo proveedor del ejército: presidente de la fábrica de trefilería de Le Havre, que suministraba el material para las vainas de los cartuchos. Pero los socialistas nunca señalaron que en el Consejo de Administración figuraban, junto al presidente Etienne, nuestros judíos Weiller, Hauser, A. Cahen, E. Cahen, Einhorn (vicepresidente), etc. La proporción de judíos es la misma en todas las grandes empresas de suministros, especialmente para la guerra y la marina. Necesitamos información confidencial y queremos grandes beneficios. Nuestro Lazarel-Weiler se permite el lujo de regalar algunos rollos de monedas de oro a los aviadores militares: es dinero bien invertido. Nuestro Cornélius Herz y nuestro Reinach de camas militares lo sabían. También lo sabían nuestros Lévy, Salmon, Caïn, Hanen y Wertheimer que enviaban "La charogne à soldats" *a las guarniciones fronterizas. Pero no nos gusta hablar de ello.*

En la Cámara, tanto si el Presidente se llama Brisson como Deschanel, nunca está permitido pronunciar el nombre de Rothschild, como tampoco lo está incriminar a un judío. El Partido Socialista es nuestro porque mantenemos sus periódicos, sus organizaciones y sus tribunas. El partido radical y radical-socialista es nuestro: su secretario general es un Cahen. Sus miembros solicitan y reciben subvenciones para sus elecciones de los bancos Rothschild y Dreyfus.

El comité Mascuraud, que es la agencia electoral más rica y quizá más influyente de la República, es judío en un 80%: cinco Bernheims, nueve Blochs, seis Blums, nueve Cohens, cuatro Cahens, diez Kahns, siete Dreyfuss, cinco Goldschmidts, cuatro Hirshs, veintinueve Levys, etc.

Del socialista Jaurès al radical Clémenceau, no hay político gordo o flaco que no esté a sueldo nuestro. Los vigilamos a través de sus secretarias judías y sus amantes judías, teatreras o ludópatas, baronesas de aventuras o mercachifles. Cuando sus rivalidades dan lugar a peleas que interferirían con nuestra política, les obligamos a mantener la paz. Fuimos nosotros quienes reconciliamos a estos dos enemigos mortales, Clémenceau y Rouvier, en la siniestra noche en que pereció un Reinach.

Fuimos nosotros quienes reconciliamos a los dos pérfidos rivales, Deschanel y Poincaré, en Astruc, ante nuestros Merzbach, Sulzbach y Blumenthal. Para sostener la sinagoga y el Comité de la Alianza Israélite, hemos fundado en París logias masónicas donde nuestros hermanos deliberan solos, al abrigo de los laicistas. Todas las Logias masónicas están pobladas por nuestros judíos, pero nadie puede penetrar en nuestras Logias judías, como la Logia Goethe fundada en 1906 por nuestros hermanos Dubsky, Fisher y Bouchholtz. Allí sólo se habla alemán e yiddish.

Desde allí saldrán las órdenes que lanzarán a nuestros cincuenta mil inmigrantes a las calles, puño en alto, para la gran Pascua al son de los cañones alemanes. Nuestro hermano Jost van Vollenhoven, un buen judío de Rotterdam, ha sido nombrado virrey de la Indochina francesa por la República. Su suerte es aún mejor que la de Gruenbaum-Ballin, un buen judío de Frankfurt, Presidente del Consejo de la Prefectura del Sena, o la de Isaac Weiss, Secretario General del Consejo Municipal. Nada más naturalizarse, Vollenhoven se incorporó a la administración colonial como escribiente de dos mil francos. Diez años más tarde, reinaba sobre un inmenso imperio salpicado de sangre y oro franceses. Nunca un francés había hecho semejante carrera. Los annamitas vieron con sus propios ojos la distancia que separaba al judío del francés: ahora conocían a su verdadero amo.

Un país en el que, de doce millones de habitantes, no hay un hombre capaz de administrar su mayor colonia, que se reduce a traer a un pequeño judío de Rotterdam para gobernar París, y de todos los guetos alemanes, rusos, rumanos y levantinos, judíos para gobernar sus provincias, sus finanzas, sus oficinas, sus ejércitos, es un país acabado, un país vacante, un país que hay que tomar: ¡Bien, lo tomaremos!

Marruecos correría la misma suerte que Indochina. Comercialmente, todo lo que escapó a los alemanes cayó en manos de empresas fundadas por nuestros Cahen, Nathan, Schwab y Blum. Los oficiales franceses hablan con ingenua emoción de los niños judíos que les saludaban en las ciudades marroquíes con un cumplido en francés: Como si no fuera natural ver a nuestros hermanos oprimidos por los marroquíes recibir a los franceses como libertadores. En pocos años, gracias a los franceses, los judíos de Marruecos se encontrarán dueños del país donde gemían en la inmundicia, amos de los marroquíes derrotados, amos también del ejército francés, "la espada y el escudo de Israel".

Argelia es un buen ejemplo. Los árabes y cabilas que antaño nos trataban como perros son hoy, gracias a Francia, menos que perros ante nosotros. Sus tierras, sus rebaños, los frutos de su industria son nuestros. Si se mueven, los soldados franceses nos defenderán.

En Crimea, en Italia, en México, en Madagascar, en Tonkín, en los campos de batalla de 1870, árabes y cabilas derramaron su sangre por Francia. Pero Francia sigue teniéndolos en el polvo de nuestras sandalias. Francia nos ha hecho ciudadanos, electores y soberanos. Somos nosotros quienes nombramos a los Etienne y a los Thomson, gestores de nuestros asuntos, árbitros de los destinos franceses.

En el Journal Officiel del 16 de diciembre de 1912, encontramos esta impúdica petición firmada por varios miles de firmas (Argelia, Madagascar, Tebessa, etc.):

Sr. Presidente,

Nos permitimos señalarles la situación verdaderamente deplorable en la que nos encontramos en comparación con la de los israelitas y extranjeros domiciliados en Argelia. Como nosotros, al igual que ellos, estamos sujetos al impuesto de sangre, somos sus iguales desde el punto de vista del deber, pero desde el punto de vista del derecho, no será así y nos encontramos en una situación claramente inferior a la de ellos.

En cuanto abandonan el regimiento, los israelitas disfrutan de todos los derechos de los ciudadanos franceses, mientras que nosotros no. Permítanme darles dos ejemplos:

1/ Hoy llega a Argelia una familia de cualquier nacionalidad, la mayoría sin hablar ni entender una palabra de francés. La familia tiene un hijo que quiere alistarse en el ejército y su padre se limita a firmar una declaración para que lo recluten y el hijo hace el servicio militar durante dos años. Cuando abandona el regimiento, es francés y disfruta de todos los derechos y prerrogativas de un ciudadano francés. ¿Podemos establecer un paralelismo con nuestros hijos que, desde su más tierna infancia, aman a Francia? Pues bien, este extranjero que, a pesar de su servicio militar, no habla francés, y que cuando vuelve a casa retoma su lengua de origen, es francés y nuestros hijos siguen siendo extranjeros.

2/ Un antiguo oficial Spahis o Tirailleurs retirado, casi siempre condecorado con la Legión de Honor, vuelve a la vida civil. Sigue siendo un extranjero absoluto. No tiene ningún derecho como ciudadano francés, aunque durante treinta años haya dado su vida en los campos de batalla, ¡mientras que un extranjero que sólo ha hecho dos años de servicio militar tiene la nacionalidad francesa!

Si tenemos deberes que cumplir, nos gustaría tener los mismos derechos que los israelitas... ¡Fíjate! Los mismos derechos que los israelitas.

Los diputados no respondieron a esta insensata petición.

El árabe es el súbdito del francés, que es el súbdito del judío.

Nuestra conquista de Francia se ha visto facilitada por una serie de circunstancias afortunadas. Jehová lucha tan abiertamente en nuestro favor que incluso la resistencia a nuestros esfuerzos se convierte en una ventaja para nosotros. Encontramos aliados inesperados a cada paso. Y nuestros enemigos, sin saberlo, nos sirven.

Durante los últimos veinte años hemos tenido ante nosotros al partido nacionalista, al partido católico, al partido neorrealista: los nacionalistas capitularon inmediatamente, la Iglesia romana no se arriesga a devolver golpe por golpe, el partido neorrealista es nuestra mejor salvaguarda. El partido nacionalista, formado por los escombros del partido Boulangiste, era nuestro sin luchar. Déroulède, subvencionado por Rothschild (200.000 francos), amigo íntimo de Arthur Meyer, antiguo acólito de Alfred Naquet; los señores Galli y Dausset, futuros socios de nuestro Isaac Weiss de Budapest en el Hôtel de Ville.[78] Barrès, el ornamento de los salones de Willy Blumenthal; y los diecinueve judíos de Le Gaulois, los veinte judíos de Le Figaro, los judíos de L'Echo de Paris, los judíos de todos los periódicos, de todas las revistas, de todas las agencias de prensa jugaban nuestro gran juego incluso cuando fingían resistirse a nosotros. Arthur Meyer nos respondió

---

[78] Véase *Le Testament d'un antisémite* de Edouard Drumont.

desde el staff nacionalista, como nos había respondido desde el staff boulangista: intimidando a unos, comprando a otros, a nuestra costa, espiándolos a todos, nos los entregó a nuestra merced. El Partido Nacionalista y "La Patrie française" no tenían mucho peso.

La Iglesia católica parecía una fuerza a tener en cuenta. Pero cuando llegué de Cracovia y vi el enorme y ruinoso edificio del Sacré Coeur cerniéndose sobre Montmartre, se me pasaron las preocupaciones: la gente que se gasta cincuenta millones en escombros y no tiene cincuenta mil francos para mantener un periódico no es peligrosa. Nos parece inteligente mantener la leyenda de que la Iglesia nos persigue furiosamente; entonces nos convertimos en los mártires y paladines del librepensamiento; la masonería no tiene otra preocupación que glorificarnos y servirnos; los anticlericales se empeñan en cubrirnos: toda la República atea, laica y secularizadora es cosa nuestra.

De hecho, algunos miembros del alto clero se llevaban muy bien con nosotros. La esperanza de convertir a algunos millonarios judíos y obtener de ellos ostentosas limosnas atraía a los prelados. El bautizo de Gaston Joseph Pollack, conocido como Pollonais, lacayo de Arthur Meyer en Le Gaulois, por el padre Donnech, en la iglesia de Santo Tomás de Aquino, fue el principal éxito del que se enorgulleció la Iglesia durante la terrible crisis de Dreyfus: nuestro renegado, sostenido en la pila bautismal por la condesa de Béarn y el general Récamier, hizo poco honor a sus padrinos.

Aquel temible jesuita, el padre Dulac, que asustaba a la Libre-Pensée, almorzó con nuestro Joseph Reinach. El Padre Maumus con Waldeck-Rousseau. Estos paladines de la fe católica, como los de Muns, trabajaron con nuestros judíos: el marqués (...) en finanzas dudosas con Lazare Weiler, el conde (...) en periodismo equívoco con Arthur Meyer. El obispo de Albi hizo votar a su clero por nuestro mejor secuaz, el ciudadano Jean Jaurès, y los católicos del Loira se manifestaron por el ex-prefecto Lépine, cómplice de todas nuestras maquinaciones.

El venerable monseñor Amette, cardenal arzobispo de París, cuando la República expropió las congregaciones, negoció con nuestro judío Ossip Lew, agente de nuestro judío Cahen, comerciante de café, el levantamiento de la excomunión impuesta a los compradores o arrendatarios de bienes religiosos confiscados.

En la época del proceso de Kiev, al prelado académico Duchesne y a ciertos obispos católicos de Inglaterra se les ocurrió, por alguna razón, protestar contra la acusación de "crimen ritual" (el tema del proceso de Kiev) *tan enérgicamente como nuestros rabinos. No sabemos lo que pensaron sus rebaños: estábamos más disgustados que encantados.*[79]

Si mantenemos que nuestros libros y nuestros sacerdotes no propugnan el crimen ritual, y afirmamos la inocencia de uno de los nuestros acusado de crimen ritual, no podemos garantizar que nunca lo haya habido y que nunca lo haya entre los sanguinarios fanáticos que hay entre nosotros. La Iglesia romana es responsable. ¡Sus cardenales y obispos son más judíos que nosotros! Hacen todo lo posible: no nos corresponde a nosotros quejarnos.

El comercio de objetos de piedad en el barrio de San Sulpicio, así como en la ciudad milagrosa de Lourdes, es, en general, un monopolio judío. Por otra parte, nuestros judíos, en posesión de un escaño parlamentario, conceden de buen grado protección a los párrocos de su circunscripción. Pueden hacerlo sin incurrir en la sospecha mortal de clericalismo, y obtienen algún beneficio de ello.

Pero es esencial que el antisemitismo sea considerado en Francia como la peor expresión del fanatismo clerical. Los nativos de este país viven de frases hechas y leyendas absurdas: aprovechémoslas.

---

[79] Este tipo de observaciones, al igual que el tono del conjunto, me llevan a creer que este documento fue concebido por un goy consciente con un admirable conocimiento de todos los recovecos de la actualidad. Lo que siguió después de 1934 fue lo mismo, pero multiplicado por diez, y los nombres judíos de la época fueron sustituidos por Aron, Wahl, Soros, Bleustein-Blanchet, etc.

El único grupo de franceses autóctonos que sigue oponiéndose a nosotros es el grupo neorrealista. Ya he dicho cómo nos deshacemos de los individuos que nos estorban. No nos costaría más deshacernos de un grupo organizado. Pero este grupo es precioso para nosotros. Si Action Française no existiera, tendríamos que inventarlo. Después del asunto Dreyfus, en la embriaguez de la victoria, cometimos alguna imprudencia, alguna torpe brutalidad. Las bandas antisemitas, derrotadas y dispersas, se agruparon en torno a unos extraños partidarios de Dreyfus, más enardecidos contra nosotros y más implacables que nuestros adversarios anteriores. Una nueva oleada de antisemitismo golpearía los muros de Jerusalén antes de que se apagara nuestro canto de triunfo.

Afortunadamente, apareció Action Française, expuso sus doctrinas y nos permitió vincular nuestra causa a la de la República.

Durante las tumultuosas veladas del asunto Bernstein en la Comédie-Française, cuando Lépine flanqueaba a cada espectador con dos pelirrojos para hacer respetar a Israel, una judía alta dijo a sus gorrones franceses: "No es nada, sólo una panda de granujas, los Camelots del Rey gritando "Abajo los judíos"", y nuestra Judith fingió reírse. Como ella, nos reímos cuando oímos "Abajo los judíos". Son los Camelots du Roi, son el Ancien Régime, el feudalismo, el droit du seigneur, el oscurantismo, la gabelle, la mainmorte, la corvée. Estos son nuestros adversarios. Nosotros somos la República, la Libertad, el Progreso, la Humanidad, la Ciudad futura...[80] Para los franceses ignorantes e irreflexivos, que se dejan llevar a donde quieren con el cebo de una fórmula hueca, eso es todo lo que hace falta. En lugar de ser vistos como Camelots du Roi, como secuaces del Ancien Régime, los franceses nos permitirán todo, nos perdonarán todo, nos entregarán todo. Si Action

---

[80] La ciudad del futuro es algo hermoso: en Estados Unidos y Francia, miles de ciudades han sido abandonadas a la violencia, el paro, la droga y todo tipo de delincuencia, y en el año 2000, donde estaremos mañana, esto es sólo el principio. *"El mundo acabará en una anarquía sangrienta"*, escribí en mi libro *"J'ai mal de la terre"*, hace 50 años (Nota de R. Dommergue Polacco de Ménasce). A eso conduce la hegemonía judía y la ausencia de toda religión.

Française se queda alguna vez sin dinero, le proporcionaremos algo más que los dowagers: es nuestra seguridad.

Es más, no tememos el improbable prodigio que restablecería la monarquía: la monarquía sería nuestra como la República. Felipe VII iría de caza a casa de Rothschild como el rey de España y almorzaría en casa de Reinach como el zar de Bulgaria. La monarquía no se apoyaría en un clan de folclóricos sobreexcitados sino en la aristocracia y la alta burguesía. La aristocracia es uno de nuestros apéndices y la alta burguesía su sirviente.

Mantenemos a raya a las clases medias altas en los consejos de administración. Hemos comprado lo que quedaba de la aristocracia. Los burgueses que quieren hacer carrera tienen que ser nuestros yernos o nuestros estafadores. Los descendientes más o menos auténticos de las antiguas grandes familias también se casan con nuestras hijas o viven de nosotros. Si hay un desajuste, es por nuestra parte. Somos la primera aristocracia del mundo.

Para darnos una apariencia francesa, usurpamos los signos externos de la nobleza francesa. Hay varias maneras de hacerlo. La más sencilla y barata es tomar un nombre de tierra, una partícula o un título por nuestra propia autoridad, como hacen muchas cortesanas y estafadores. Por ejemplo, nuestra Finkelhaus compró un château en Andilly y lo firmó Finkelhaus d'Andilly, (F. d'Andilly). Nuestra señorita Carmen de Raisy, una de las gallinas de Rostand (Chantecler), es nuestra hermana Lévy. O Bader et Kahn des Galeries Lafayette, B. et K. de Lafayette, baron et comte de Lafayette. Otros, avergonzados por los escrúpulos, adquieren un pergamino real de un monarca trabajador y venal: así los Rothschild. O del Papa: el conde Isidore Lévy, que pagó al contado el Breve papal del 8 de enero de 1889.

El gobierno de la República nos hace el mismo servicio por menos dinero. Por menos de cincuenta luises, nuestro Wiener se convierte, por decreto presidencial, en Monsieur de Croisset. Finalmente, si somos vanidosos sólo por nuestros nietos, simplemente compramos a nuestras hijas caballeros de buena estirpe. ¿No es mejor para ellas restaurar su reputación casándose con una judía honesta que casándose con una vieja puta, como están obligadas a hacer?

El príncipe de Bidache, duque de Grammont, emparentado con los Ségur, Choiseul-Pralin, Montesquiou-Fézensac, Lesparre, Conegliano, etc., se casó con una Rothschild. El príncipe de Wagram y Neuchâtel (Berthier) se casó con una Rothschild. El duque de Rivoli (Masséna) se casó con una Furtado-Heine, que anteriormente se había casado con el duque de Elchingen (Ney), cuya hija se casó con el príncipe Murat. El príncipe de Chalençon-Polignac se casó con una Mirès. Nuestra Marie-Alice Heine, antes de casarse con el Príncipe de Mónaco, fue esposa del Duque de Richelieu. La duquesa de Étampes es una judía de Raminghen. La marquesa de Breteuil es judía de Fould. La Vizcondesa de la Panouse es judía de Heilbronn. La marquesa de Salignac-Fenelon, judía de Hertz. La marquesa de Plancy, una judía Oppenheim. La duquesa de Fitz-James (de los Estuardo, querida), *judía de Loevenhielm. La marquesa de Las Marinas, una judía jacobina, tal vez una fugitiva de Turcaret. La Princesa Della-Roca, una judía de Embden-Heim. La marquesa de Rochechouart-Montemart, judía de Erard. La Vizcondesa de Quelen, la Baronesa de Baye, y la Marquesa de Saint Jean de Lentilhac, son tres hermanas, tres judías de Hermann-Oppenheim. La duquesa de la Croix-Castries es una judía de Sena. Viuda, se volvió a casar con el Conde d'Harcourt: entró así en todas las familias d'Harcourt, los Beaumonts, los Guishe, los Puymaigres, los Mac Mahons, los Haussonvilles. Personalmente, los D'Haussonvilles tuvieron otras oportunidades de aliarse con los judíos Éphrussi* (véase una famosa novela de Gyp sobre este tema). *La marquesa du Taillis es una judía cahen. La princesa de Lucinge-Faucigny era otra judía cahen. La Condesa de la Rochefoucault era una judía Rumbold. La marquesa de Presles no es una Demoiselle Poirier como creía el ingenuo Augier, sino una judía Klein. La condesa de Rambervilliers era una judía Alkein. La marquesa de Groucy, la vizcondesa de Kerjégu y la condesa de Villiers eran hermanas Haber. La marquesa de Noailles, judía Lackmann, la condesa d'Aramont, judía Stern...*

*Se incluiría todo el armorial. Nuestra Finkelhaus publicó una obra muy extensa del vizconde de Royer sobre este importante tema. Desde entonces, estas familias "*old rock*" han pululado. Sus hijos han crecido y otras familias "*old rock*" ávidas de dinero judío han seguido su ejemplo. Así que tenemos una pizca de buena sangre cuando vemos a los neorrealistas de Action Française prodigar su energía, talento y elocuencia para devolver a la antigua nobleza al lugar que le corresponde y devolver a Francia a su destino. La "*antigua nobleza*" se compone ahora de nuestros yernos, nietos, sobrinos y primos hermanos: todos ellos medio o un cuarto kike. ¿Acaso el buen Monsieur Charles Maurras no recibe nunca un aviso cuando se produce un fallecimiento en una casa noble? Mezclados en una edificante ensalada con los nombres más antiguos de ascendencia francesa, leería los nombres de nuestros Grumbachs, Lévys, Schwobs, Kahns y Meyers, que son "*estos señores de la familia*".*

Sin embargo, encontramos en la propia Action Française un relato del funeral que la nobleza de Francia tributó al suegro de Arthur Meyer, un d'Antigny Turenne. Toda la armería y todo el gueto se mecían en un abrazo fraternal. Ah, sería una bonita ceremonia para nosotros que Felipe VII fuera coronado rodeado de sus valientes y sus pajes: los hijos y nietos de nuestras judías lucirían los vellones crespos, las narices aguileñas, los labios lascivos y las orejas de soplillo que constituyen nuestra marca de fábrica.[81] *Está estampada por nosotros, la fina aristocracia francesa: nuestras hijas o nuestras hermanas pusieron los huevos.*

La Vie Parisienne" *cuenta cómo Tristan Bernard se peleó con un noble anciano en uno de los salones más aristocráticos. Así como el nacionalista y católico Barrès era un invitado habitual de los Blumenthal, nuestro judío Bernard bien podría serlo de los Breteuil o de los Larochefoucauld, ya que la marquesa y la duquesa son precisamente de su tribu...) y el noble anciano le dijo: "*Mi abuelo fue

---

[81] Este es el tipo de comentario que me lleva a concluir perentoriamente que este texto es "una falsificación que dice la verdad".

asesinado durante la conquista de Argelia, mi tatarabuelo fue guillotinado por Robespierre, uno de mis primos hermanos fue asesinado por Enrique de Guisa, otro de mis antepasados murió gloriosamente en Pavía...".

Ah, señor -interrumpió el célebre ironista-, créame que tomo parte en este cruel y repetido duelo.

Bravo, buen judío Bernard, hiciste bien en insultar al noble anciano.

Su nobleza y vejez merecieron insultos entre los nobles anfitriones que acogían a los judíos y cuyos lujos probablemente eran pagados por una dote judía o un ama de llaves judía. Todas las distinciones sociales son nuestras por derecho.

Cuando Napoleón I creó la Legión de Honor, no pensaba en nosotros. Con la República, la Legión de Honor nos pertenece.[82] *Se podría decir que la cinta o la escarapela rosa han sustituido al gorro amarillo de la Edad Media: así se reconoce a un judío en las calles de París. Parece que llevamos en el ojal lo que nos han cortado en otras partes. Nuestros May, Mohr, Hahn, Sue, Sacerdote, Klein y el barón James de Rothschild, condecorados como "hombres de letras" en 1913, fueron sin duda los últimos en no serlo. Desde Schmoll, administrador de Le Gaulois, Oficial de la Legión de Honor y Meyer Arthur d'Antigny-Turenne, Comendador de la Orden de San Estanislao, hasta Mme Guillaume, de soltera Goldschmidt* (en literatura, Jean Dornis), *pasando por Marcel Cahen, "plantador de caïffas" y Lévy-Brühl, que transmitió las subvenciones de Rothschild a L'Humanité, nuestras doce tribus lucieron la Estrella de los Valientes.*[83]

---

[82] Es cierto que en el transcurso del siglo XX, que prácticamente ha abarcado mi vida, me sería imposible dar la enorme cantidad de judíos que han obtenido esta condecoración que consagra la democratización...

[83] Cuando al Sr. Rouvier, Presidente del Consejo, le recomendaron un periodista para la cruz, dijo: "¡Es imposible, no está en mi lista de fondos secretos! Lógica

Nuestro Lazare Weiler, socio del Marqués de Mun, fue nombrado Comendador de la Legión de Honor por su asalto a los ahorros franceses en la General Motor Cab, la New York Taxi Cab y la Anglo-Spanish Copper & Cie Ltd., que le valió el título de Comendador de la Legión de Honor. Del mismo modo, nuestro Bonnichausen (conocido como Eiffel) *fue nombrado Oficial de la Legión de Honor por su despido por prescripción del escándalo de Panamá*: "Un poco de gloria para la gran humillada de 1870, Francia", *explicó su abogado Waldeck-Rousseau. ¡No dejamos de dar a la humillada Francia la limosna de nuestras glorias! Nunca podrá condecorarnos lo suficiente como para reconocerlo. Cada una de nuestras familias aporta a la crónica de la vida nacional de Francia más de mil familias autóctonas.*

¿Dónde no encontrar a nuestros Bloch? Jeanne Bloch, la gran artista; Bloch, el satírico que clavaba alfileres en los pechos de las francesas; Bloch, el funcionario que robó medio millón de la suscripción para las víctimas del Mont-de-Piété (Martinica); *Bloch-Levallois, que desvalija todas las propiedades antiguas y desvalijará el Palais Royal. ¿Quién representa a los dramaturgos franceses? Bloch. ¿Quién preside los grandes círculos de boulevardiers? Bloch. ¿Quién se encarga de los derechos humanos? Bloch. ¿Quién robó a los 14 Húsares, la niña de Quinsonnas? Una segunda Jeanne Bloch. ¿Quién mató a Minnie Bridgemain? Nuestra Rachel Bloch. ¿Quién enseña moral y sociología en el Collège des Hautes Études Sociales? Tres maestros Bloch.*

Podría seguir durante diez páginas, y si cogiera a la familia Lévy o a la familia Cohen, llenaría dos volúmenes: sólo somos nosotros. Vaya a la Place des Victoires, alrededor de la estatua de Luis XIV y el bajorrelieve que conmemora el cruce del Rin. Las casas de negocios están regentadas por Bloch, Lippmann, Weill, Klotz, Kahn, Lévy, Wolff, Alimbour-Akar, Cohn, ¡Nosotros somos los que cruzamos el Rin!

---

rigurosa. El gobierno sólo puede condecorar a sus auxiliares. Los judíos de Le Gaulois siempre han sido designados en la plaza Beauvau como "miembros de la oposición".

Sólo nosotros. ¿Quién está en el comité ejecutivo de la Société des Commerçants et Industriels de France? Sr. Hayen, secretario general, Sr. Klotz, adjunto, Sr. Cohen, secretario administrativo, Sachs, Schoeen, Sciami, Zébaum. Las oficinas fueron barridas por los franceses. Sólo estamos nosotros. ¿Quiénes son los consejeros franceses de comercio exterior nombrados por la República para vigilar los intereses nacionales? Los Sres. Amson, Baruch, Moïse Bauer, Moïse Berr, A. Bernheim, G. Bernheim, Aaron Bloch, Louis Bloch, Meyer Bloch, Raoul Bloch, Isidore Blum, Brach, Brunswick, E. Cahen, A. Cahen, H. Cahen, Jules Cahen, Joseph Cahen, A. Dreyfus, Moïse Dreyfus, Dreyfus-Bing, Dreyfus-Rose y así sucesivamente por orden alfabético hasta Weil, Weill, Weiss y Wolf.

Los franceses ayudan a la exportación clavando las cajas de embalaje. Los franceses ni siquiera son capaces de cometer robos rentables. Roban una barra de pan cuando tienen hambre, pero para robar collares de perlas, romper paredes y cofres de joyeros, estafar a joyeros, realizar robos de 100.000 francos a 3.000.000 de francos, sólo están nuestros judíos: Kaourbia, Aaron, Abanowitz.

¿Y los héroes del asunto Meyer-Salomons, y los héroes del misterio Goldstein? ¿Quién dirige la industria más floreciente de París: la trata de blancas? Nuestros judíos Max Schummer, Max Epsten, Jacques Jeuckel, Sarah Smolachowaka, Samuel Rosendthal, Sarah Léovitch, Sarah Planhouritch. El director de la escuela municipal donde se refugiaban los proveedores de Flachon y Nitchevo era nuestro hermano Weill.

Lea "Les communiqués de la vie mondaine" *de nuestro órgano* "Le Matin": *nada más que los duelos o uniones de nuestros Aron, Abraham, Gobsek, Schwob, Meyer, Worth, Kuhn, etc.*

Abrir "Excelsior": *una fotografía de los salones de Madame Navay de Foldeack, antes Madame Dreyfus, de soltera Gutmann.*

¿Accidentes de coche? El Sr. Bodenschatz choca con el Sr. Gutmann, la Sra. Gutmann, la Srta. Gutmann y la Sra. Rosenstein. "Una familia parisina", *dice Le Matin. O quizás es nuestro Théodore Reinach quien aplasta a una anciana francesa bajo su 60HP. Todos los periódicos callan y el tribunal valora la vida de la nativa en 15.000 francos.*

Somos soberanos para decidir cuestiones de honor. En el caso Bernstein, tres parejas de testigos nativos descalificaron a nuestro gran dramaturgo austroamericano por motivos de estado civil. Hebreo por raza, francés por fantasía. Inmediatamente convocamos un jurado de honor y un almirante francés declaró solemnemente que la deserción no empañaba en absoluto el honor de un caballero de Israel. Los seis franceses que habían fallado en su contra no cedieron.

¿Ha visitado la exposición de regalos que recibió nuestra Myriam de Rothschild cuando se casó con nuestro Barón de Goldschmidt?

Los donantes habían inscrito sus nombres en tarjetas monumentales para mostrar su devoción a las familias Rothschild y Goldschmidt. Eran la duquesa de Rohan, el duque y la duquesa de la Tremoille, el duque y la duquesa de Guiche, el marqués y la marquesa de Ganay, de Jaucourt, de Noailles, de Breteuil, de Mun, de Montebello, de Saint-Sauveur, los príncipes de Broglie, de la Tour d'Auvergne, el duque Vogue, de Talleyrand-Périgord, de Chevigné, de Beauregard, de Kergorlay, de Pourtalès, de la Tour-du-Pin, Chambly, etc.

¿Lo hizo? ¿Crees que nuestro pequeño Goldschmidt tenía derecho a cachondearse?

Y cuando nuestro Maurice de Rothschild, hijo del barón Edmond, se casó con nuestra Noémie Halphen, menuda muchedumbre se agolpó en la sinagoga de la rue des Victoires, vigilada por el agente de paz del distrito IX. Era siempre la misma multitud de Rohan, Harcourt, Ganay, Breteuil, Morny, Sauvigny, Mouchy, Bertheux, Fitz-James, La Rochefoucault, etc. La mayoría de ellos medio judíos respondían ellos mismos a la pregunta: "¿Qué hacéis aquí? La mayoría de los propios medio judíos respondieron como judíos a la Ketubah y al Aschrei Kol Yerci entonados por el Gran Rabino Dreyfus tras las siete bendiciones del rabino Beer. Toda la Francia real estaba allí, la nueva Francia, resumida en su aristocracia.

En cuanto a la burguesía francesa, suele pagar el precio de nuestra grandeza. Cuando llegamos a la maravillosa tierra de Chanaan, huyendo de la policía rusa o de los gendarmes alemanes, con sólo nuestras pulgas y algunas enfermedades asiáticas (elefantiasis, conjuntivitis purulenta) como equipaje, la Alliance Israélite y la masonería nos proporcionaron el desembolso inicial para un pequeño negocio que nos diera cierta "superficie". *En el espacio de unos pocos años, mediante quiebras afortunadas, mediante la emisión de títulos fantásticos, mediante un tráfico que no tiene nombre preciso en ningún idioma, nos hemos metido en el bolsillo la fortuna de diez, cien, mil familias francesas. La República nos protege, el poder judicial es nuestro, las leyes ya no existen.[84] Cuando digo que el poder judicial es nuestro, no estoy traicionando ningún secreto.[85] Muchos de los magistrados, jueces y consejeros de París son judíos. Los magistrados nativos saben muy bien que el ascenso depende de su celo por la causa judía. En la novena cámara, el juez suplente Péan proclamó que su primer deber era proteger a los judíos contra la rebelión de los franceses. Inmediatamente nombramos al Sr. Péan jefe de gabinete del Ministro de Justicia y le hicimos condecorar. En la 8ª Cámara, un torpe juez de instrucción juzgó a nuestro hermano Leib Prisant como vallista. Su*

---

[84] Mejor aún, a finales de este siglo, imponen a los políticos y a los magistrados de barrido leyes anticonstitucionales, antiderechos humanos y antidemocráticas, que les otorgan todos los derechos y les prohíben ser criticados so pena de ser acusados de racismo. Su racismo megalómano se vuelve totalitario en nombre del antirracismo. Aquí apoyan a los árabes que masacran en Palestina, en nombre de un antirracismo que les permite institucionalizar el mestizaje con la escoria del mundo afroasiático. El globalismo ya está en coma. Se llama "Fabius Gayssot": un judío responsable del atroz asunto de la sangre contaminada y un comunista que arrastra tras de sí 200 millones de cadáveres...

[85] Esto era aún más cierto en 1999.

abogado judío, el Sr. Rappoport, sólo tuvo que presentar un certificado de la sinagoga:

"Yo, el rabino abajo firmante de la asociación religiosa Agondas Hakehilok, certifico que el señor Prisant Leib ha alcanzado ya un grado muy alto de perfección en el estudio del Talmud y que pronto será digno del título de rabino" (Firmado, rabino Herzog).

El tribunal absolvió inmediatamente a nuestro hermano. ¿Qué tenemos que temer? El burgués francés trabaja veinte, treinta años como un galeote. Acumula escudo tras escudo. Niega a su familia, y a menudo a sí mismo, todos los placeres de la vida. Cuando es rico, aporta su botín a nuestras arcas, porque le prometemos una renta del 40 o del 400% y se acabó la broma. No hace tanto tiempo, la farsa aún presentaba algunos peligros.[86] *Recordamos el desastre de nuestro Benoist-Lévy, que robó a varias familias locales y fue asesinado por un arruinado Sr. Caroit de tres tiros de revólver. El asesino fue defendido por Henri Robert, hoy presidente del Colegio de Abogados, quien dijo:* "El señor Benoist-Lévy se hacía llamar Benoist. Sin embargo, Lévy es un bonito nombre. No todo el mundo puede llamarse Abraham, Lévy o Matusalén. Practicaba el sistema de la araña que deja acercarse a la mosca y la atrapa en el momento oportuno. Todos estos lobos y halcones de la bolsa no merecen ninguna consideración. Su riqueza proviene de nuestra pobreza, sus esperanzas de nuestras penas. Si crees en la protección de los franceses honrados, absuelve a Caroit sin dudarlo. *El asesino fue absuelto y a la viuda Lévy sólo se le concedieron veinte céntimos por daños y perjuicios.*

Pero el tiempo avanzaba.

---

[86] Hoy, el extendido sistema judío de bolsa, banca y seguros les da todo el derecho, sin riesgo alguno.

Hoy el jurado proclamaría el derecho legal de Lévy sobre los restos de Caroit: el derecho de la raza superior.[87]

Este invierno estuve en casa de una de nuestras bellas judías. Me dijo que su cuñado Salomon gasta trescientos mil francos al año, y que había regalado a su hija un soberbio collar de perlas. Entre las nativas que habían venido a admirar nuestro lujo, vi a una madre y a una hija a las que Salomon había aligerado trescientos mil francos el año anterior. La pequeña francesa ya no tiene dote: se casará con uno de nuestros empleados o enseñará a nuestros hijos. Pero no se rebela. Ella y su madre están llenas de respeto por la riqueza hecha con su miseria, por el coche, el hotel, el castillo histórico de la gran dama israelita.[88] *Una vez al año, Salomon sólo necesita encontrar una familia francesa de este tipo para sostener su tren y elegir a sus yernos entre la nobleza monárquica* (Noailles o La Rochefoucault), *la nobleza del imperio* (Wagram o Rivoli) *o la nobleza republicana* (Besnard, de Monzie, Kruppi, Crémieux, Renoult-Wormser, Delaroche-Paraf o Baudin-Ochs).

La pequeña francesa, con el bonete de Santa Catalina y los pies en el barro, verá su cortejo nupcial ascender por la gran escalinata de la Madeleine. Somos el pueblo elegido. Porque está escrito el Tractate Hid: "Dios dio a los judíos poder sobre las fortunas y las vidas de todos los pueblos". *El Señor nos había dado las vidas de los filisteos, los amalecitas, los madianitas, los amonitas, los moabitas, los de Betel, los de Rabba y los de Galgala. Los destruimos. Los masacramos, los crucificamos, los colgamos y los cortamos en pedazos, los asamos en estatuas de bronce, los despedazamos vivos bajo gradas de hierro,* (Pentateuco, Libro de los Reyes).

---

[87] Todo, absolutamente todo, en el contexto político y jurídico demuestra que esta afirmación es cierta. El derramamiento de sangre judía se ha vuelto multilateral y perfectamente legal. Y en un grado que supera la inteligencia humana.
La explotación desvergonzada de un holocausto cuya ineptitud aritmético-técnica es deslumbrante es el clavo en el ataúd de este monstruoso sistema de ruina goy.

[88] Esta anécdota ilustra lo que siempre digo: "no hay cuestión judía, sólo hay cuestión de gilipolleces goyescas"...

El Señor nos ha dado la vida de los zares, grandes duques, gobernadores y generales de Rusia, y continuamente estamos haciendo un gran chérem (masacre, matanza) de ellos con bombas y cañones browning.

Pero el Señor nos dio Francia para que fuera nuestra tierra de abundancia y a los franceses para que fueran nuestros esclavos.[89]

Hágase su voluntad: ¡glorificado sea el nombre de Jehová! Somos la raza superior...

---

[89] Esclavos consentidores y satisfechos que, en sus horribles vaqueros Levy, proclaman dichosos "libertad, igualdad, fraternidad" mientras ven un partido de fútbol o una película pornográfica...

¡À NOUS LA FRANCE!

Francia es un concepto geográfico. El nombre de Francia designa el territorio situado entre el Canal de la Mancha y los montes Vosgos, entre el golfo de Vizcaya y los Alpes. Los hombres que gobiernan esta región se llaman franceses. Ahora los judíos gobernamos y mandamos en Francia. Los nativos nos obedecen, nos sirven y nos enriquecen. Así que los franceses somos nosotros. Un pueblo sustituye a otro, una raza sustituye a otra: con los nuevos franceses, Francia continúa. Somos una gran nación de doce millones de habitantes. Una de las más ricas y, a pesar de nuestra dispersión, la más homogénea, la más unida y la más fuertemente organizada de la tierra. Más de cinco millones de los nuestros están acampados en Rusia, dos millones de ellos en la Polonia rusa. Más de dos millones en Austria-Hungría, setecientos mil en Alemania, trescientos mil en Turquía, trescientos mil en Rumania, doscientos cincuenta mil en Inglaterra, pero sólo hay sesenta mil hebreos en Jerusalén. Hay ciento cincuenta mil en Londres y un millón doscientos mil en Nueva York.[90]

Pero nuestro país elegido es Francia. El clima es saludable, la tierra es rica, el oro es abundante, y los nativos se ofrecen a nuestra conquista. Privados de patria, debemos establecernos en la patria de otros. Buscando la línea de menor resistencia, hemos penetrado más fácilmente en el organismo francés y nos hemos establecido más firmemente. Antes del asunto Dreyfus, éramos cien mil en Francia. Desde principios del siglo XX, gracias a los esfuerzos del Consistorio y de la Alianza, con la ayuda de los sucesivos ministerios, a los que hemos

---

[90] En 1999 habrá que revisar al alza todas estas cifras. Hay más judíos en Estados Unidos que en Israel. El gobierno americano es radical y totalmente judío. El payaso Clinton, que es objeto de un grotesco proceso (por haber manoseado a una chica judía) y del que evidentemente quieren deshacerse mediante este ridículo procedimiento, tiene nueve asesores judíos de cada diez. Fue elegido por el 60% de los votantes judíos.

mantenido bien atados, y de nuestros propios hombres a los que hemos destinado a la administración, nuestros hermanos han sido llamados, traídos, asentados, provistos de lo necesario y de lo superfluo en esta tierra de Chanaan en tandas de treinta a cuarenta mil al año.

El Presidente Loubet y el Presidente Fallières perdurarán en la memoria de Israel. En diciembre de 1912, la sección oficial del órgano del judaísmo en Túnez publicó esta expresión de nuestra gratitud:

Presidente Armand Fallières,

Ahora que nuestro querido y venerado Presidente de la República, Armand Fallières, termina su mandato de siete años y se retira para convertirse en un ciudadano más de la Francia republicana, queremos aprovechar esta ocasión, en esta revista francesa, para saludarle respetuosamente.

El Sr. Fallières es amigo del judaísmo francés y siempre ha mantenido las relaciones más corteses con nuestros correligionarios de la Francia metropolitana. Cuando vino a Túnez en 1911, recibió con gran cordialidad a las diversas delegaciones judías que habían ido a rendirle su deferente homenaje. Tuvo palabras de simpatía por la lealtad de nuestros hermanos autóctonos y por su abnegada colaboración en la obra civilizadora y emancipadora de nuestra querida patria. Recordemos también que fue él quien concedió la Legión de Honor a nuestro eminente colega Elie Fitoussi, honrando así a todo el judaísmo tunecino en la persona de nuestro delegado.

Renovamos a M. le Président Fallières la expresión de nuestro más profundo respeto y nuestros mejores deseos le siguen en su jubilación. Las últimas firmas otorgadas por el venerado Presidente Fallières concedieron el título y las prerrogativas de ciudadanos franceses a nuestros hermanos: Marcus Grunfeld, Vohan Sholak, Fermann, Zeftmann, Guitla-Ruchla Merovitz, Jacob-Ariya, Altsschuler, Taksen, Wurtz, Hanna Guelbtrunk, Weinberg, Kayser, Kummer, Ott, Lew Spivakoff, Reifenberg, Kopetzky, Hanau, Wittgenstein, Valsberg,

Esther-Lévy Ruben, Schmilovitz, Dobès dit Dobison, Goldstein, Isaac Azoria, Kapelonchnik, Robenowitz, Baretzki, Nephtali Gradwohl, Meyer, Abraham Garfoukel, Isaac de Mayo, Roethel, Kuchly, Friess, Sarah Kaluski, Nathalie Schriftgiesser, Martz, Mecklenburg, Bernheim, Tedesco, Schmidt, Fisher, Ehrhardt, Wachberg, Strasky, Miraschi, Weiss, Schellenberg, Moïse Cohen, Finkel, Aron, Rabinovitch, Handverger, Josipovici, Ornstein, Rosenthal, Frank, Dardik, Sternbach, Max Goldmann, Lubke, Rossenblat, Bleiweiss, Mayer, Belzung, Salomovici, Kahan, Salomon, Kopeloff, Isaac Danon, Wertheimer, Kleinberg, Himstedt, Lewy, Reichmann, Weill, Schuffenecker, Moïse Saül, Wend, Oberweiss, Meyer, Goldstein, Elmach, Schamoun, Isaïe, Feldman, Weinberg, Kahn, Rosenblum, Mozes Wallig, Stern, Jakob-Karl, Noetzlin, Karnik Kevranbachian, Isaac Silberstein, Fremde Rosenzweig, Engelmann, Bloch, Jontor Semach, Spitzer, Freidlander, Lévy, Lilienthal, Taub, Zucker, Friedmann, Meyer, Klotz, David Salomon, Navachelski, Jacob Meyer, Eljakim-Ellacin Ubreich, Schlessinger, Weiss, Wolff, Aaron Viesschdrager, Sarah Id, Gombelid, Abraham Zaslawski, Ettla Granick, Ouwaroff, Ruhl, Maienberg, Feier, Munschau, Leib David, Rosenthal, Israël Quartner, Simon-Baruch Prechner, Fürst, Haym Cohen, Saül Blum, Goldenberg, Lichtenberg, Schwartz, Leichle, Bachner, Haberkorn, Pfaff, Abraham Berger, Leib, Axebronde, Elie et Simon Arochas, Ephraïm Marcovici, Eisenreich, Pfirsch, Moïse Sapsa, Miriam Sapsa, Sura Hamovicy, Hack, Nathalie Jacob-Isaac, Schweke, Mifsud, Isaac Mayer, Bertchinsky, Moïse Seebag, Moïse Bedoncha, Ephraïm Bronfein, Necha Arest, Jacob Bronfein, Haïm Tcherny, Stoianowsky Liba, Metzger, Marcus, Friedmann, Zacharie Zacharian, Nathalie Pitoeff, Leonhart, Hofrath, Unru Fisher, Katuputchina Fisher, Kieffer, Schick, Schor, Abraham Eptein, Esther Goldenberg, Jacob Kozak, Kamm, Abraham Rabinovitcz, Abrahamovitcz, Suralski, Jacob Bercovich, David Guenracheni, Cohen, Cahen, Mohr.

(Extracto del Journal Officiel).

Nuestro querido Presidente Poincarré, apoyado por Klotz, el ministro judío, y Grumbach, el viceministro judío, sigue resueltamente los pasos de sus predecesores. Ya nos había dado pruebas de su devoción en varias ocasiones. Fue él quien, como ministro de Finanzas, valoró el patrimonio de nuestro gran Rothschild (Amschel Meyer) en trescientos millones, remitiendo así a los herederos derechos que habrían ascendido a varios cientos de millones, y sobre todo ocultando a los ojos de la plebe francesa la enormidad de las fortunas alimentadas por su servilismo.

Fue también el Presidente Poincaré quien, como antiguo Presidente del Consejo y abogado, tomó bajo su protección a nuestra hermana Marfa-Salomé Slodowska, Dame Curie, y no escatimó esfuerzos para hundir a una francesa insensata; gracias a su influencia, se detuvieron investigaciones embarazosas, se silenciaron documentos comprometedores, se intimidó a testigos peligrosos. Fue necesaria una desafortunada casualidad para que la francesa y su prole escaparan a la trampa tan bien tendida por nuestro audaz compatriota.

Las primeras firmas otorgadas por el nuevo Jefe del Estado concedieron el título y las prerrogativas de ciudadanos franceses a nuestros hermanos: Jacob Eisenstein, Stein, Kissel, Moïse Abraham, Rachel Lehmann, Nahïn Zaïdmann, Nessi Flachs, Tugendhat, Steinmetz, Acher Lourie, Slata Rocks, Weismann, Loeb, Reicher, Bassa, Weksler, Abraham, Kerestdji, Bohn Gruenebaum, Kouttchneski, Zelenka, Klotz, Moïse Leibowitz, Olga Herscovici, Reisner.

(Extracto del Diario Oficial).

Así es como el Sr. Poincaré continuó el trabajo de la Sra. Loubet y Fallières. No podemos echarle de menos. No es de él de quien aceptaríamos la resistencia a la introducción de elementos extranjeros en el cuerpo francés.

Le permitiremos un nacionalismo a desfile; él sabe bien qué consideraciones esgrimiríamos para prohibirle un nacionalismo efectivo. Nunca se arriesgará: la prudencia es el rasgo principal de su vigoroso carácter. Durante la crisis que sacudió a su país durante varios años, M. Poincarré tuvo el valor de callar, de no tomar partido, de refrenar a la vez su pasión por la justicia y su instinto patriótico. Más tarde, tras la victoria, "liberó su conciencia" y reconoció públicamente que los vencedores tenían razón.

El 13 de septiembre de 1913, durante su viaje real, el Sr. Poincaré presidió el banquete ofrecido en su honor en la prefectura de Cahors. A su derecha estaba Madame Klotz, judía y esposa del Ministro, y a su izquierda Madame de Monzie, judía y esposa del Viceministro. Las mujeres nativas ocupaban taburetes un poco más abajo. Entre las dos princesas judías, el Presidente de la República desplegaba su papel y su devoción: ¡Viva Poincaré!

Francia es ahora nuestra. Somos la República.

Estos Sternbachs, Goldmans, Kohans, Schuffeneckers, Schamanns, Oberweisfs, Kaksens, Scholacks, Ruchlas, Merowitzs y Guelbtrunks, que cada año engrosan nuestras filas por decenas de miles y a quienes los Presidentes de la República declaran inmediatamente "franceses de primera clase", pueden parecer al principio un poco desorientados. Es natural que no estén familiarizados con la lengua y las costumbres, la historia y las tradiciones, la gente y las cosas de Francia. Pero enseguida se dieron cuenta de que toda la organización política y todos los poderes sociales estaban a su servicio. Naturalizados en 1912 y 1913, ayer jefes de obra, como mi venerado padre, peleteros, comerciantes ambulantes en las profundidades de Tartaria, Ucrania, Galitzia, Polonia, Suabia, Prusia, Moldo-Valachia, los veremos antes de diez años prefectos, diputados, directores de grandes periódicos, profesores de la Sorbona, concesionarios de haciendas coloniales y monopolios metropolitanos, caballeros, oficiales de la Legión de Honor, propietarios de bosques y castillos históricos, señores indiscutibles de Francia.

Y el pueblo francés les saluda por lo bajo.

Franceses por los decretos de Loubet, Fallières y Poincaré, siguen siendo al mismo tiempo alemanes, rusos, austriacos, rumanos por las leyes de su país de origen: tienen así varias nacionalidades ficticias que utilizar según las circunstancias. Pero sólo tienen una nacionalidad real: la nuestra, la judía. Somos extranjeros, huéspedes hostiles en todos los países, y al mismo tiempo estamos en casa en todos los países donde somos los amos. Por eso protestamos aquí contra la pusilanimidad, contra la lamentable cobardía de los judíos que inventan sofismas para ocultar su derrota a los vencidos y hacer creer a nuestros vasallos que no somos sus barones.

Algunos pretenden sostener que no hay razas humanas, que un español o un esquimal, un japonés o un noruego, un cafre, un siciliano, un patagónico, son todos seres de la misma especie, con las mismas facultades, la misma fisiología, la misma mentalidad, la misma sensibilidad. Una teoría groseramente absurda. Hay razas de hombres como hay razas de perros o de caballos, tan diferentes, tan distantes, físicamente enemigas, que los elementos de sus cuerpos no pueden juntarse.

En el congreso de cirugía celebrado en París en octubre de 1912, el doctor Serge Voronoff demostró experimentalmente que era posible injertar los ovarios de otra oveja de la misma especie en una oveja y que ésta seguía siendo fértil. Sin embargo, es imposible realizar un injerto entre dos ovejas de especies diferentes.

¡Qué abismo entre el judío y la francesa! ¡Entre el judío y el francés!

Otros hebreos, como nuestro hermano Weyll (conocido como Nozières) *en su comedia* "Le Baptême" (El Bautismo), *piden piedad a nuestros súbditos franceses, gimiendo*: "Ser judío no es una religión, ni una raza, es una desgracia". *¡Una desgracia! ¡Cuando todo lo que tenemos que hacer es cruzar la frontera hacia Francia, con nuestras alforjas sobre los hombros, y declararnos judíos para recibir inmediatamente de la República un nombre francés, tierras, fructíferos privilegios, honores, innumerables inmunidades, poder e* *inviolabilidad! Mientras que a nosotros nos basta con declararnos judíos para ver a los franceses autóctonos arrastrarse ante nosotros.*[91]

¡Vamos! ¡Nada de falsa humildad!

Atrás quedaron los días en que teníamos que agachar la cabeza, bajar a hurtadillas por la escalera de atrás, aceptar las insinuaciones y los desaires. Tenemos la fuerza, y por tanto el derecho, de hablar, de presentarnos tal como somos, de estar orgullosos de nuestra condición. Es vergonzoso que tantos judíos pidan a la Cancillería francesa un nombre francés o se den a sí mismos un seudónimo. ¿Por qué nuestros Meyer Amschel se llaman Rothschild y los Rothschild se llaman Mandel? ¿Qué son todos esos nombres falsos de Tristan Bernard, Francis de Croisset, Cécile Sorel, Henri Duvernois, Isidore de Lara, Jeanne Marnac, Jean Finot, Séménoff, Nozières? Cuando llegué de Cracovia, nuestros jefes de la Alianza Israelita me aconsejaron que tradujera mi nombre Blümchen y que en adelante me llamara François Fleurette, para apaciguar a los nativos. En la oficina de naturalización, nuestro hermano Grumbach quiso crearme un estado civil a nombre de Raoul d'Antigny o Robert de Mirabeau, para facilitarme el acceso al gran mundo y a los salones oficiales. Me negué con desprecio: sé mejor lo que valemos hoy. Qué bajeza es hacer creer a los franceses que somos uno de sus pueblos esclavizados cuando somos el pueblo soberano.

Honor a nuestros Jeanne Bloch, Henry Bernheim, Sulzbach, Merzbach, Blumenthal, Gugenheim, Bischoffsheim, nuestros Cohen, Cahen, Kohn, Kahn, Kohan, nuestros Meyer, Lévy, Rosenthall, Roseblatt, nuestros Stern, Klotz, Schrameck y Schmoll, que llevan con orgullo el nombre hebreo o germánico.

Estos son los dignos hijos de Judá, los verdaderos conquistadores, y la recompensa a su valor se encuentra en la humildad del pueblo

---

[91] Esto es cada vez más cierto: el último Presidente de la República sólo fue elegido porque se arrastró ante los judíos. El otro candidato se negó y no fue elegido, a pesar de que las encuestas le eran considerablemente favorables.

conquistado, doblegado ante ellos, llevando su propia cosecha a sus graneros y sus ahorros a sus arcas.

En Inglaterra y en otros países donde aún sólo tenemos grandes intereses financieros, sin mucho poder político, se nos acusa de crear un Estado dentro del Estado.

En Francia, ese periodo ha terminado: somos el Estado.

El almirante católico de Cuberville hizo una vez el ridículo ante los franceses librepensadores al decir que "Francia debe ser la espada y el escudo de la Iglesia". Las Cruzadas son cosa del pasado. Hoy, Francia es la espada y el escudo de Israel. Podemos poner a cuatro millones de franceses bajo las armas para apoyar nuestras especulaciones internacionales, para recuperar nuestras grandes deudas, para liberar a nuestros hermanos oprimidos, para llevar a cabo nuestra política nacional.

¿Cómo se atreve alguien a cuestionar nuestro amor por Francia?

Le queremos como un rico terrateniente quiere a su hacienda, como un cazador a su perro, como un epicúreo a su bodega y a su amante, como un conquistador a sus pretorianos de élite.

Judíos históricos, de esos que a veces ponen en peligro nuestros negocios con sus meteduras de pata, amenazaron a los franceses con "sacarlos de Francia". Se referían a los poquísimos franceses que aún se atreven a plantarnos cara: un puñado de lunáticos, sin crédito ni recursos, que serán lapidados por sus compatriotas a la primera de cambio.[92]

Pero, por Jehová, ¿qué haríamos con Francia sin su buena gente, ganado fácil de esquilar, dócil al látigo, laborioso, ahorrativo, humilde ante sus

---

[92] Es tan cierto: son los políticos y los jueces franceses los que aplican la ley Gayssot contra los que se rebelan contra todas las manifestaciones de judeopatía totalitaria... Los judíos no se mueven: aprueban las leyes como el "gran hermano"...

*amos, productivo más allá de lo que podríamos esperar de la Tierra Prometida?*⁹³ *Amamos a los nativos de Francia como amamos a Francia: son el ganado de nuestra granja. Todo lo que teníamos que hacer era someterlos, y lo hemos hecho, y lo hemos hecho bien.*

No sólo en las asambleas, en los cafés, en los lugares públicos, sino en las redacciones, en casa, en sus propias mesas, los nativos bajan la voz cuando hablan de nosotros: Como hicieron los italianos en Milán bajo el terror austriaco. A veces murmuran contra nosotros, lanzando una mirada preocupada a su alrededor. Pero si algún insensato les incita a la acción, se apresuran a responder: "No puedo, tengo familia, necesito ganarme la vida, ellos lo tienen todo".⁹⁴ *Del mismo modo que Alemania hace que la República Francesa destituya a los ministros que le desagradan, nosotros hacemos que las revistas y periódicos franceses destituyan a los escritores sospechosos que intentan resistirse a nosotros o que simplemente eluden nuestro control.*⁹⁵ *Los periódicos más grandes y poderosos de Francia ya ni siquiera se atreven a publicar la palabra* "judío"*, que les parece dura y agresiva. Para ellos, ya no hay judíos. En casos de absoluta necesidad, con mil precauciones, escriben tímidamente* "israelita".

Hemos impuesto un silencio absoluto sobre nuestra dominación y sobre cualquier incidente que pudiera recordar a los nativos el hecho de

---

⁹³ Desgraciadamente, las condiciones socioeconómicas impuestas por la judería han cambiado a este pueblo infeliz, que ya no se ve animado a trabajar por las cotizaciones a la seguridad social y los impuestos, y se ve reducido al desempleo...

⁹⁴ Un comentario así merecería la aplicación de la ley Gayssot por parte de un juez goyim. Multa, prisión. Ya no existe la más mínima libertad para hablar de las atrocidades judías.

⁹⁵ Louis Ferdinand Céline fue el causante de la primera ley racista contra los judíos, a través de sus excepcionales panfletos que exponían la verdad fundamental sobre las atrocidades judías. Fue la primera ley Pléven y Marchandeau, que evolucionó hacia una forma cada vez más totalitaria hasta la ley Fabius Gayssot.

nuestra dominación.⁹⁶ Esta maravillosa disciplina de la prensa francesa merece un capítulo aparte: Je l'écrirai.

Nuestra victoria es tan completa, nuestra conquista tan definitiva, que ni siquiera permitimos que los franceses recuerden que hubo una batalla, que una vez fueron los amos del país, que lo que es no siempre fue lo que fue. Y no permitimos que se lo recuerden. Un ejemplo muestra cómo a nuestros súbditos. El comercio de París está agrupado en dos grandes asociaciones. Una, la agencia Mascuraud, está dirigida efectivamente por una docena de Cohen, Weill, Meyer y Lévy, y la otra, la asociación de comerciantes franceses, está dirigida por Hayem.

Recientemente, un gran comerciante de la rue de la Paix permitió que su nombre figurara en las listas de patrocinio de un candidato que había hecho declaraciones antisemitas en el pasado. El candidato no le dio importancia y sus partidarios le ignoraron. El gran empresario no tenía dudas al respecto. Pero nosotros lo sabíamos: nuestros archivos están bien guardados, nuestra policía vigilante, nuestra memoria segura. Todas las judías ricas que compraban a este gran comerciante le reclamaban sus cuentas durante el día. El lamentable francés corrió inmediatamente hacia cada una de sus clientas para apaciguarlas. Protestó su inocencia, "habían utilizado su nombre sin avisar". Se humilló, pidió disculpas y sustituyó a sus expensas los carteles del candidato por otros que no llevaban su firma. Afirmó su devoción a los generosos israelitas, a los bellos israelitas, a todo Israel.

*¡Vaya! ¡Qué entrenamiento!*⁹⁷

---

⁹⁶ Los periódicos hablan de las monstruosas hazañas de Soros (desestabilización de economías, planificación de medicamentos sin receta) pero NINGUNO dice que Soros sea judío. En ninguna parte de los periódicos llamados democráticos encontrarás que los WARBURG que financiaron la guerra del 14-18 y el bolchevismo son judíos.

⁹⁷ Lo mismo ocurrió con FORD, que escribió un duro estudio contra la judería mundial. Se vio obligado a plegarse o a enfrentarse a la ruina. Recientemente, el famoso actor de "*El Padrino*", que había denunciado la hegemonía judía sobre el cine, ¡se vio obligado a arrepentirse hasta las lágrimas! (Marlon Brando).

A cualquiera que pretenda enfrentarse a Israel y que sueñe con arrebatarnos Francia, lo calumniamos, lo difamamos, lo matamos de hambre y lo asesinamos.[98] De hecho, nuestros secuaces franceses lo calumnian, lo difaman y lo asesinan.[99]

A cien francos al mes, nuestros barones de Rothschild encuentran tantos lacayos franceses como quieren, a los que disfrazan de estafadores para asesinar a campesinos culpables de cazar un conejo o robar un fardo en el bosque antiguamente francés. A veinticinco luises, diez luises, podemos encontrar cuanto queramos de los degolladores franceses para intimidar a nuestros detractores, o jueces para condenarlos, para amordazarlos.

Todos los nativos de Francia tiemblan ante el amo judío como los nativos de la India tiemblan ante el amo inglés. No es que los franceses teman derramar sangre humana, tienen el mismo gusto que otros pueblos por la matanza, especialmente la matanza de los débiles y los vencidos.[100] En Madagascar, Sudán y Marruecos, los franceses han matado y siguen matando. En China, han igualado o superado el espantoso sadismo de alemanes y rusos. En la propia Francia, de vez en cuando se degüellan unos a otros con implacable ferocidad. La Revolución exterminó metódicamente a casi un millón de franceses: en Vendée, París, Lyon y Burdeos, hubo guillotinas, fusilamientos, ahogamientos y septembrinas que estremecen.

En junio de 1848, la burguesía acabó con la mitad de los viejos de París, y acabó con el resto en mayo de 1871. Como resultado, la gran ciudad, inteligente, viva y generosa, estaba ahora poblada sólo por inmigrantes que venían a enriquecerse explotando los vicios de los ociosos y los bribones. París había caído al nivel de Bizancio: un

---

[98] Hoy, la simple ley Fabius Gayssot se encarga de todo: multas y cárcel.

[99] Por eso sigo diciendo que no hay una cuestión judía sino LA cuestión de la gilipollez goyesca.

[100] El amo inglés delegado por el judío, porque la colonización era una operación judía, especialmente en la India.

enjambre de baladistas, bufones, casamenteras, rameras y ayuda de cámara. Presa fácil para los conquistadores que somos. Pero estos mismos franceses, despiadados con los demás, despiadados entre sí, son presa de un terror pánico en presencia del judío, su amo.

Cuando Monsieur Antoine, después de haber hecho del Odeón un teatro hebreo del mismo modo que su emulador, M. Claretie, había hecho de la Comédie Française un teatro hebreo, dio "Esther, princesa de Israel" en febrero de 1912, fue una espléndida demostración de nuestro poder y de nuestro odio.

Veinte veces se llenó el auditorio con nuestros ardientes judíos, vitoreando el sangriento triunfo de Ester y Mardoqueo, la esclavitud de Asuero, el tormento de Aman y su familia.

El malogrado Asuero simbolizaba al antiguo pueblo francés, mientras que Aman y sus hijos simbolizaban a nuestros últimos adversarios.

Mardoqueo testificó que nuestra raza
es la raza elegida y la raza eterna,
Que Dios mismo dictó a nuestros antepasados,
El libro de la vida y la verdad;
La raza a la que se le prometió toda la tierra,
y que debe conquistar a la humanidad subyugada.
Cuando añadió con voz ronca:
En Israel hay una fuerza que rompe
¡Cualquier movimiento humano desatado contra nosotros,
que toque nuestros derechos, ¡está condenado de antemano!

Toda la sala rugía con orgullo y furia: "¡Abajo los goyim, muerte, muerte!
Sí, quienquiera que toque nuestros derechos por adelantado está condenado. Nuestros derechos son mi conquista y dominio del mundo, la destrucción despiadada de los filisteos, los amalecitas y los madianitas, y la explotación hasta la sangre de toda la humanidad goy, vil ganado.

El desdichado Aman imploró clemencia, al menos para sus hijos. Así que nuestra Esther:
>
> Aman me recordó que tiene diez hijos en el frente
> Encantadores, jóvenes, guapos y fuertes, que podrían
> vengarle un día si les dejamos vivir.
> ¡Dame sus diez cabezas
> Asuero: Te las doy.
>
> Nuestro Mardoqueo rugió inmediatamente estos admirables versos
> Así perezcan los enemigos de Israel,
> Y que el ejemplo sea tal que el Universo aprenda
> Que, señalado por su Dios para la obra soberana,
> Fuerte en la meta infalible a la que este Dios lo ha conducido,
> Ayer como mañana, mañana como hoy,
> Nuestro pueblo - inconsciente del tiempo, del siglo y de la hora,
> entre las naciones que pasan, ¡sólo permanece!
> En vano, Asuero trató de eludir su promesa, asustado por la inmensidad de la matanza.
> ¡Sangre, siempre sangre!

Esther:
> Quiero más, quiero más
> Para que los hijos de Israel puedan, hasta el amanecer,
> masacrar sin remordimiento, sin piedad, sin misericordia,
> a los enemigos de Dios... que también son míos.
> Matábamos, seguíamos matando.
> En la sala, nuestros hermanos sentían una embriaguez secreta.
> Durante tres días enteros, sin parar, sin descanso,
> ¡Golpead, golpead uno a uno, por rebaños,
> por casa, por tribu.

Esther:
> Huelga en multitudes
> Y si es necesario, arrojar a los vientos de la soledad
> ¡La semilla de las generaciones futuras!
> ¡Qué noche tan cálida
> ¡Qué bueno es estar vivo!
> Así que aquí está, el día de la venganza,

El tan esperado día de la consagración,
Vibrante de clamor y caliente de matanza,
¡El triunfo prometido a mi pueblo eterno!
En veinte representaciones, cincuenta mil judíos impacientes
gritaron junto a la bella actriz judía:
¡Despertad, cantores del esplendor de Israel
¡Tocad las arpas de los reyes, las trompetas de los levitas!
Que las espadas sean veloces, que las flechas sean veloces
¡Que la venganza corra con pies de loco!

Las paredes del teatro temblaron con el clamor. Cuando se marcharon, el entusiasmo de nuestros hermanos resonó en todo el barrio. Los pálidos franceses se escondieron bajo sus mantas, asustados cuando pasó la tormenta. ¡Bellas veladas! Pagadas con el presupuesto de la República, en un teatro oficial de la República, ¡para mostrar el apoyo de la República a nuestros planes y su obediencia a nuestros deseos!

Los tendremos, los tres días de Ester. No podemos tenerlos en Rusia, no podemos tenerlos en Alemania, ni en Inglaterra porque los nativos todavía son capaces de defenderse.[101] *Los tendremos en Francia, donde el pueblo bastardo, hábilmente castrado por nosotros, cobarde y destripado como Asuero, somete voluntariamente sus espinas dorsales a nuestros látigos y sus gargantas a nuestros cuchillos.*

En Israel hay una fuerza que rompe
cualquier movimiento humano desatado contra nosotros,
y quienquiera que toque nuestros derechos,
¡está condenado de antemano
¡Tardes inolvidables!

Todos los versos me obsesionan y entonan una deliciosa melodía en mi interior.
¡No me canso de releerlos y copiarlos!

---

[101] Ya está hecho: la revolución judeo-bolchevique de 1917 les entregó Rusia. Con sus 80 millones de muertos víctimas del bolchevismo...

*Masacrar sin remordimientos sin piedad sin misericordia,
a los enemigos de Dios que también son míos.
Golpear, golpear uno a uno, por rebaños,
por casas, por tribus,
¡Qué dulce la noche, qué bueno vivir
El hermoso día que consagra
¡El triunfo prometido a mi pueblo eterno!*

¡Ah, Francia, querida Francia, preciosa Chanaan! ¡Qué fuente de venganza y deleite ibas a ser para nosotros! ¡Ahora nos toca a nosotros! Durante veinte siglos hemos soportado la violencia y el ultraje, hemos doblado la espalda, sólo hemos opuesto bajeza a la brutalidad. Por fin, hemos encontrado a alguien más resignado que nosotros, más rastrero que nosotros, más cobarde que nosotros: los nativos de Francia. ¡Nos ha tocado a nosotros empuñar el látigo y el palo! ¡Nos tocaba desnudar al vencido e insultar al esclavo! Mientras esperamos las hermosas noches rojas de la masacre, ya hemos conseguido degradar este maravilloso país.[102] Nuestro colega Grumbach, a quien la Alianza Israélite ha colocado a la cabeza del servicio francés de naturalización, no se contenta con naturalizar a decenas de miles de nuestros compatriotas de Alemania, Rusia, Rumanía y Turquía, los refuerzos que necesitamos para ocupar París. Grumbach naturaliza también a lotes de escoria de Europa, convictos, contumaces y bandidos de todos los países, convirtiéndolos en ciudadanos franceses, magistrados franceses, diplomáticos franceses, legisladores franceses y principales redactores de los principales periódicos franceses para presidir los destinos de Francia e ilustrar a la opinión francesa.

¡Ah, le sacaremos los piojos del pelo al viejo león antes de fusilarlo!

---

[102] Lo conseguirán: la yuxtaposición de etnias inasimilables hace inevitable la revolución entre franceses y africanos. Los africanos tienen escopetas y otras armas. Los franceses están desarmados por ley.

¡Ah, habremos arrastrado a la bella Francia, a la gran Francia, a la gloriosa Francia sobre el estiércol antes de haber acabado con ella!

*Nuestro pueblo, ajeno al tiempo, al siglo y a la hora
Entre las naciones que pasan, ¡sólo ellos permanecen!*

¡Viva la República!

JUDEOPATÍA GLOBALISTA TOTALITARIA

Tres judíos construyeron NBC, ABC y CBS, que son los epicentros de la textura de la sociedad estadounidense. Los judíos dominan casi todos los estudios de Hollywood. Cuatro de cada cinco de Viacom, Disney-ABC, Time-Warner y AOL son judíos. También lo es Murdoch, que dirige el mundo. Fundaron tres cadenas de televisión en Inglaterra: Associated-Rediffusion, Associated-Télévision y Granada. El New York Time y el Washington Post son judíos, al igual que el Wall Street Journal. El mayor grupo televisivo de Canadá es judío, al igual que el segundo de Brasil. Entre el 50 y el 60% de la economía rusa está controlada por un puñado de oligarcas judíos, algunos de los cuales tienen doble nacionalidad rusa-israelí. En Rusia, dos de cada tres cadenas de televisión son judías. Un estudio realizado en 1973 demostró que 21 de los 36 productores y editores de las cadenas de noticias eran judíos. Otro estudio estableció que el 59% de los directores, guionistas y productores de cincuenta películas que tuvieron un éxito económico definitivo entre 1965 y 1982 eran judíos. Según un estudio de los años setenta, el 70-80% de los guionistas de Hollywood son judíos. Cuatro judíos crearon el famoso *Festival de Woodstock*. Un judío construyó y dirigió la fama de los Beatles. La gran mayoría de la escena del rock 'n' roll está controlada por judíos: The Rolling Stones, Credence, Clearwater, Bruce Springsteen, etc. La base de la música popular estadounidense "*Tin Pan Alley*" está dominada por judíos, que dominan la industria musical. El 80% de los cómicos estadounidenses son judíos, al igual que el 80% de los pioneros de la industria del cómic. Los judíos dominan el teatro y la música clásica. Dos judíos dirigen el Museo de Arte Moderno y el Museo Whitney, sólo los más famosos de una larga lista de magnates judíos del mundo del arte. Uno de ellos apoya a un partido de derechas en Israel y también dirige un conglomerado televisivo con presencia en una docena de países de Europa Central y Oriental. Un judío fundó la empresa informática Intel y el número dos de Microsoft es un medio judío que apoya causas israelíes. En los últimos años, los judíos han estado al timón de Compaq, Hewlett-Packard y Dell.

El jefe de la NASA es judío. Los judíos desempeñaron un papel fundamental, junto con la mafia italiana, en la fundación de Las Vegas. A su desarrollo contribuyó en gran medida el mayor sindicato del crimen de la historia de Estados Unidos, dirigido por un judío. En la mafia rusa, los judíos desempeñan un papel inmenso. En los años 70, el 80% de los negocios de Nueva York eran propiedad de judíos. 5 de los últimos 8 poetas laureados son judíos y también lo son 15 de los 21 intelectuales más destacados. Estos intelectuales son promocionados por revistas fundadas y editadas por judíos, como la New York Review of Books y la Partisan Review. Simon and Schuster, Alfred A. Knopf, Farrar Strauss and Giroux son el comienzo de una larga lista de editoriales fundadas y controladas por judíos neoyorquinos. La mitad de los equipos de baloncesto están dirigidos por judíos, y la Liga Nacional de Hockey y el béisbol profesional son judíos. Los judíos supervisan las agencias que velan por las carreras y los intereses de los deportistas profesionales. Cinco de las ocho universidades de la Ivy League están dirigidas por judíos.

En el gabinete de Clinton había judíos: el Secretario de Trabajo, Comercio, Finanzas, Agricultura y el Secretario de Estado. El Secretario de Defensa tenía un padre judío. Los dos nominados de Clinton para el Tribunal Supremo eran judíos. Las dos senadoras californianas son judías y ambas son miembros de una organización de mujeres activistas proisraelíes. Un periódico judío de los años 90 revela que cuatro de los siete directores de la CIA eran judíos. También lo era el máximo responsable, que más tarde fue indultado por Bill Clinton por infracciones de seguridad antes de que concluyeran las investigaciones sobre sus actividades.

Aunque sólo representan el 5% de la población total de Estados Unidos, el 45% de los cuarenta estadounidenses más ricos son judíos. En el año 2000, los judíos aportaron cuarenta y dos donantes principales a las elecciones nacionales estadounidenses. Proporcionan la mitad de la financiación del Partido Demócrata. Su principal prioridad es siempre la política exterior a favor de Israel. En 1997, el jefe del Comité Pro-Israel se convirtió en líder del Partido Demócrata y unos meses más tarde, el responsable de asuntos políticos del lobby pro-Israel se convirtió en director financiero del Partido Demócrata. En la década de 1990, el presidente del Fondo Monetario Internacional era judío, al igual que los dos directores del Banco Mundial. Un judío dirige la Reserva Federal y la Comisión Federal de Comercio.

En 2001, una "oligarquía" judía controlaba entre el 50 y el 80% de la economía rusa. El segundo hombre más rico de Australia es judío y poseía una parte del World Trade Center, la otra parte pertenecía a un judío de Nueva York. Alrededor de 1990, un judio dirigia Mac Donald, otros, el Banco de America, United Airline, y esto es solo el principio de una larga lista. Un judío escribió un libro sobre el monopolio de los diamantes, que está totalmente en manos judías. También dominan la industria de la moda: Calvin Klein, Tommy Hilger, Ralph Lauren, Donna Karan, Kenneth Cole, etc.

Estos son sólo ejemplos, la punta del iceberg de la gigantesca influencia judía en nuestra sociedad. Su actividad en favor del Estado de Israel es enorme. Pero si mencionas estos simples hechos, llueven las condenas: "prejuicios, intolerancia, racismo, odio", entonces eres antijudío, lo que destruirá tu vida y tu carrera. Se le acusa de racismo, mientras que la cuestión judía no puede en modo alguno formar parte del mito del racismo (las razas existen y las etnias se constituyen por siglos de pertenencia a un entorno fijo, lo que no es en modo alguno el caso de los judíos. La etnicidad es el resultado de la adaptación hormonal a un entorno fijo: el particularismo judío procede exclusivamente de la circuncisión al octavo día, primer día de la pubertad). Ningún político occidental puede conservar su bien remunerado cargo electo si pronuncia UNA sola palabra de verdad sobre los judíos. Disponen de organizaciones con presupuestos millonarios cuyo único objetivo es silenciar a todos los que se oponen a su dominación condenándolos por antisemitismo. En Francia, la ley Gayssotine, antidemocrática, contraria a los derechos humanos, inconstitucional y, por tanto, ilegal, es la gota que colma el vaso.

Cualquier profesor distinguido que quisiera publicar los resultados de una investigación que desagradara a los era despedido y condenado. Por lo tanto, es imposible desenmascarar sus mentiras, salvo en la prensa clandestina, que ahora es considerable. (El disparate aritmético-técnico del mito de los "seis millones de cámaras de gas" no puede, bajo ningún concepto, ser mencionado). La mayoría de la gente, embrutecida por el laicismo, la televisión, la quimioterapia en los alimentos y los productos farmacéuticos, y las vacunas, no tiene ni idea de las dimensiones de la cuestión judía, porque la censura es omnipresente, al igual que en *1984* de Orwell, cuando la gente es condenada por "*delito de pensamiento*".

Por ejemplo, si hablas del predominio judío en Hollywood, tienes que defenderte del antisemitismo frente a quienes exigen silencio sobre la cuestión del predominio judío en Hollywood.

En una sociedad robotizada donde el poder judío es radical, Hollywood nos hace ignorar que la Segunda Guerra Mundial fue urdida por los judíos, que dejó sesenta millones de muertos y no sólo seis millones de judíos (cuyo trabajo revisionista nos ha revelado la enorme inflación y la imposibilidad de gaseamiento con Zyklon B). Hollywood ha reinventado la guerra en beneficio de los judíos internados, a pesar de que declararon la guerra a Hitler en 1933, y nunca nos habla de las decenas de millones de cadáveres de la Rusia soviética radicalmente judía, desde sus ideólogos como Marx y Hegel hasta sus verdugos de cárceles y campos de concentración como Kaganovitch, Frenkel, Yagoda, etc.

En Francia y en todas partes, la situación es la misma. Como bonus, tenemos a Badinter, que hizo anular la pena de muerte y la institucionalizó para un número ilimitado de inocentes, ya que una vez condenado un asesino no hay riesgo de que vuelva a ser condenado si vuelve a matar de seis a quince veces, cosa que a veces hace... Este mismo Badinter nos dice que para ser un buen padre hay que ser un poco pederasta y pedófilo, mientras que la señora Badinter nos dice que el instinto maternal no existe. Lang y Kouchner nos dicen que los niños *"tienen derecho al placer sexual"*, Simone Veil instituye el aborto en autoservicio para los niños sanos, mientras los locos pululan. Lang también promueve la música patógena y criminógena y las rave-parties... La pornografía de los Benezaref se exhibe en la "*athée-lévy-sion*" y en otros lugares...

Tenemos aquí una hueste de criminales extradimensionales de lesa humanidad... La inmoralidad se ha convertido en un sistema...

CONCLUSIÓN

Para mí está bastante claro que estos hechos, que han estado en las noticias desde 1934 y ofrecen un Niágara de nueve pruebas, no fueron escritos por un judío (a menos que haya pruebas de lo contrario) sino por un goy que estaba tan asqueado por la perversidad judía como por el repugnante servilismo de los goyim, "*esa vil semilla de ganado*".

La abolición radical de la circuncisión en el 8º día zanjaría la cuestión judía (como he explicado en mis obras secretas). Pero, ay, el judeocartesianismo está lanzado y nada puede detener su carrera hacia la nada.

El Rothschildo-Marxismo nos va a exterminar. Después de las ruinas... ¡Ya veremos!

Después de la edad de hierro, hormigón y oscuridad, habrá una edad de oro, pero no estaremos aquí para verla.

* * * *

OTROS TITULOS

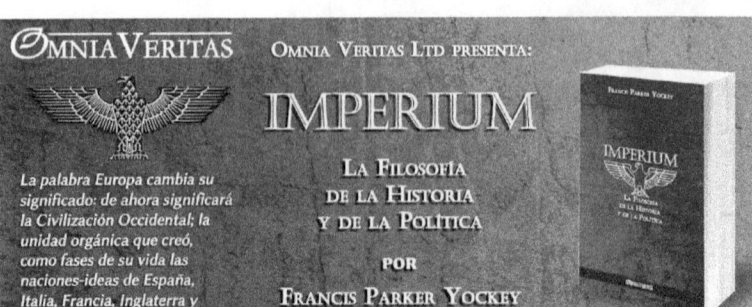

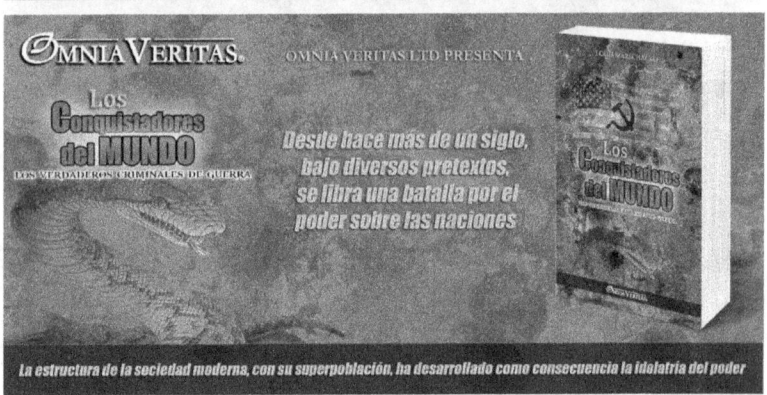

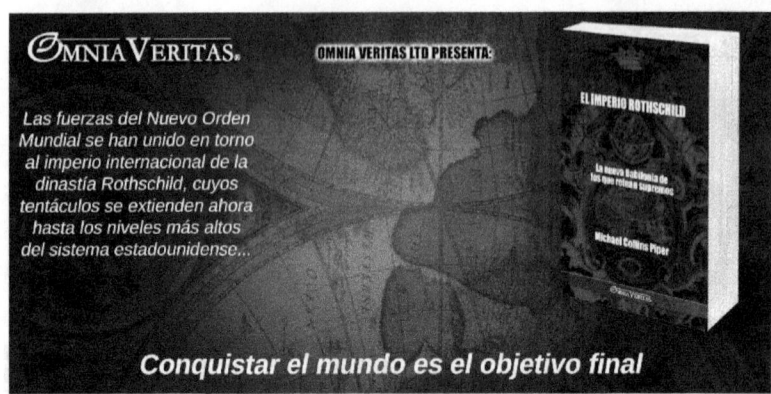

www.ingramcontent.com/pod-product-compliance
Lightning Source LLC
Chambersburg PA
CBHW050134170426
43197CB00011B/1826